성보의 명리학 天干地支

천간론 지지론

안종선·정국희 공저

천간론 지지론

인 쇄 일 : 2015년　8월 25일
발 행 일 : 2015년　8월 29일
저　　자 : 안종선·정국희
발 행 처 : 도서출판 산청
신고번호 : 제2014-000072호
주 소 : 서울시 금천구 시흥대로104다길2(독산동)
전　　화 : (02) 866-9410
팩　　스 : (02) 855-9411
이 메 일 : sanchung54@naver.com

성보의 명리학 天干地支

천간론
지지론

안종선 · 정국희 공저

도서출판 산청

들어가며

　명리학(命理學)이란 끝이 없다. 바다와 같은 학문의 세계라 무엇 하나 쉬운 과정이 없고 이해도 쉽지 않다. 그래도 모두 볼 수는 없으니, 모두 배울 수 없으니 조각내고 잘라내어 공부를 하고 살피고 진도(進度)를 나가는 것이라 어느 것은 잃고 지나가고, 어느 것은 배워야 한다는 것을 알면서도 듬성듬성 배우고 엉금엉금 지나간다.

　명리학의 끝은 보이지도 않고 문턱에서 엉금거리다 보니 배울 것이 또 앞에 산더미이다. 지나온 것 같은 그곳에도 놓친 것이 쌓여 있다. 엉금거리고 뒤뚱거리며 가다보니 또 빼먹고 온 것이 있는 듯하다.

　명리학이란 무엇인가? 추명학(追命學)이란 무엇인가? 사주팔자(四柱八字)란 무엇인가? 아무리 살펴도 알기 어렵지만 그래도 살피고 지나가야 할 것들은 있더라는 것이다. 가장 중요한 것부터 따진다면 무엇인지 알 수 없지만 배울 것을 하나둘 챙기다 보면 그래도 짚고 넘어가야 할 것은 하나둘이 아니다.

이 글은 내용을 정리라고 하여 두고 싶다. 책을 쓴다는 것이 아니고, 쓰려고 하는 것도 아니다. 배우고 정리한 것이다. 누군가에게는 필요치 않은 내용이 될 수도 있을 것이다. 그러나 필자에게는 매우 필요한 내용이고 잊어버린다면 안 되는 내용이기에 정리를 하여 둘 필요가 있었다. 그래서 모으고 정리하고 내 수첩의 내용을 기록하니 그럭저럭 내가 반드시 알아두어야 할 필요한 내용의 한 분분이 되었다.

돌이켜 보면 무엇이 시작이고 무엇이 진행인지도 정확하게 모르지만 사주학이라는 것이 천간(天干) 10자와 지지(地支) 12자를 모아 이룩된 것이고, 그것을 이해하지 못하면 진정한 의미를 알 수 없으니 어쩔 수 없이 천간과 지지를 파악하려고 할 수밖에. 그래서 다시 돌아와 천간과 지지를 조금 더 세밀하게 파악하고자 했다.

사실 이 내용은 나를 위한 것이고 나와 함께 공부하는 학인(學人)들에게 도움이 되었으면 하는 마음에 정리를 한 것이다. 조금 더 재미있고 부드럽게, 혹은 이야기처럼 정리하지 못한 것이 흠이기는 하지만 그래도 나름 재미있는 내용이 아닐까 하는 생각이 든다.

명리학을 배우다 보면 머리가 참으로 복잡해진다. 무엇부터 배워야 할까? 단순하게 음양오행(陰陽五行)의 원리만 배우고 천간과 지지를 파악하면 되는 걸까? 단순히 천간의 한 글자가 의미하는 것이 오행에서 무엇을 말하는 것인지만 알고 지나가면 바로 육친(六親)을 배우고 12운성(十二運星)을 배우며 지장간(地藏干)을 대입하고, 용신(用神)을 찾고 격국(格局)과 신살(神殺)을 적용했다고 운(運)만을 풀어 말하고 모든 것을 해결하였노라고, 잘 적용했다고 할 수 있을까?

　　사실, 누군가의 사주를 파악하고자 한다면 그 사주의 주인이 어떤 사람인지 알아야 할 것이다. 그것이 일주(日柱)이고 일주를 파악하고자 한다면 천간과 지지를 정확하게 이해하고 분석하며 성정에 대해 세밀하게 파악해야만 하는 것이 아닐까?

　　어쩌면 이 글의 내용은 그런 목적 때문에 정리되어진 것이다. 그 객체(客體)의 운을 따라가는 명리가 아니라 그 객체의 본 의미를 파악하기 위해서는 천간과 지지에 대하여 적용을 위한 정의가 필요했기 때문에 먼저 이 정리가 필요했던 것이다.

누구에게나 도움이 되지는 않을 것이다. 그러나 나에게는 도움이 되는 내용이었다. 그래서 나와 함께 공부를 하는 학인들에게도 도움이 되리라는 생각에 이제 이 내용을 묶어 한 권으로 만들고자 한다. 어쩌면 이 소소한 내용만으로 많은 것을 얻는 사람이 있을 지도 모르겠다. 사실 그런 학인이 있었으면 한다. 그리 된다면 내가 원했던 이상의 목적이 이루어진 것이 될 것이다.

　많은 것을 표현하기 보다는 조금 더 깊숙하게 들어가 들여다본다는 생각으로 정리를 하였다. 이제 내 노트에 있던 내용의 일부를 모두 옮겨 적은 모양이다. 나의 노트에는 아직도 많은 이야기가 있고 정리되지 않은 내용이 풀풀 날리고 있지만 그래도 작은 정리가 있으므로 기쁨을 느낀다.

　성보(晟甫)를 아는 사람들에게 이 정리가 진정으로 도움이 되기를 바라면서 작은 집 너머로 보이는 목련꽃에 시선을 던진다.

轟轟軒에서　晟甫　安鐘善

정국희

차례

1부.

천간론

1부. 천간론(天干論)

　사주(四柱)를 구성하는 여덟 개의 글자를 원국(原局)이라 하고, 사주는 각기 하늘을 의미하는 글자가 4개, 땅을 의미하는 글자가 4개로 이루어진다. 년(年)을 의미하는 글자가 상하(上下)로 2개 글자로 기둥을 이루니 이를 년주(年柱)라 하고 월(月)도 마찬가지이니 2개 글자로 이루어진 기둥을 월주(月柱)라 부른다. 일(日)과 시(時)도 각각 2개의 글자로 하나의 기둥을 이루는데 각기 일주(日柱), 시주(時柱)라 하니 상부와 하부를 구성하는 글자가 있다. 이중에서 상부에 놓이고 하늘을 의미하는 글자를 각기 천간(天干)이라 하는데 생각을 의미하는 것이고, 하부에 놓여 땅을 의미하는 글자는 지지(地支)라 하는데 행동력을 나타내게 된다.

　하늘을 의미하는 글자는 모두 10개이니 달리 십간(十干)이라 부르는 것이고 사주를 구성하는 원국에서 상부를 이루는 글자들이다. 사주란 4개의 기둥으로 이루어지는 데 각기 년주, 월주, 일주, 시주이다. 각각의 기둥은 2개의 글자로 이루어져 있으며 상부는 천간이 자리하고 하부는 지지가 자리한다. 어떤 경우도 천간은 하부로 내려오는 경우는 없으며 지지도 상부로 올라갈 수 없다.

　흔히 음양(陰陽)이라는 말과 오행(五行)이라는 말을 사용한다. 십간의 체(體)는 하나같이 음양(陰陽)과 오행(五

行)에 의해 이루어지고, 어떤 십간도 음양과 오행이 없이는 그 형상이나 움직임을 드러내지 못한다. 따라서 천간은 각기 소속된 음양이 있으며 각기 의미하는 오행이 배정된다. 이처럼 천간을 이루는 10개의 글자는 각각 음양과 오행의 의미를 나타내며, 변화를 나타내는 것으로 글자로서의 의미와 그 글자의 생김과 그 글자의 배치를 모두 따지는 것이니 의미를 지닌 부호(符號)로 생각함이 타당하다.

십간은 이와 같은 이유로 각각의 독립된 체성(體性)을 형성하는데 모두 열 개로 분리되어 있다. 체는 그 형상이 드러내는 바이니 그 형용과 적용은 오행(五行)과의 상응(相應) 관계로 이루어진다. 적용을 함에 있어 음양(陰陽)의 변화에 따라 수시로 달라지니 이는 십간(十干)의 용(用)이 된다.

예를 들어 보자. 천간의 10개 글자 중 가장 먼저 나오는 것이 갑(甲)이다. 갑은 목(木)을 의미하고 양(陽)을 의미한다. 따라서 갑(甲)은 단순히 갑이 아니라 갑목(甲木)이라는 본질적(本質的)인 모습이 있다. 을(乙)은 을의 본질이 있으니 같아 보이는 목(木)이라 하지만 질(質)이 다르다. 즉 모든 천간은 음양의 조화의 오행의 조화가 따른다. 같은 오행이라 할지라도 음양에 따라 조화와 변화가 달라지는 것이다. 모든 오행의 음양의 조화와 주변의 조화, 즉 다른 오행의 배치에 따라 그 격이 달라진다.

예를 들어보면 갑목은 목질(木質)이며 양(陽)이다. 갑은 목질이라 봄을 알리는 인월(寅月)에 생(生)할 때와 가

을이 저물어 가는 신월(申月)에 생(生)할 때가 전연 다르다. 신월의 생이란 가을의 차가운 바람이 불어오는 계절의 목성(木性)이니 씨앗을 맺는 것이지 목 자체가 성장하는 것은 아니다. 갑목이라 해도 주변에 어떤 오행이 나와 있느냐에 따라 역할과 그 힘이 달라진다. 화(火)의 오행이 배치되어 있는지에 따라 다르고 수(水)가 있는지에 따라 또한 변화하게 되는 것으로 이는 갑목 하나만 놓고 살필 수는 없는 것이다. 즉 주변의 오행 배치와 음양의 배치에 따라 그 용도와 쓰임, 변화가 달라진다.

이처럼 갑목(甲木)이라는 오행의 천간 하나만 보더라도 그 체(體)는 갑목이라는 천간 하나이지만 그 쓰임(用)은 주변의 오행배치와 음양배치에 따라 천변만변(千變萬變)의 변화를 일으키고 미래의 변화를 내장하고 있으니 어찌 한마디로 갑목(甲木)을 단순하게 목이며, 양이며, 천간이라 잘라서 말할 수 있겠는가?

열 개의 글자, 열 개의 상징, 하늘의 기운을 표현하는 부호가 열 개이므로 십간(十干)이다. 십간은 단순히 음양을 표현하고 오행을 표현하는 것으로 그치지 않고 글자의 의미와 글자의 문형(紋形)으로 나타내는 여러 가지 의미를 표현하니 이는 단순히 십간이 하늘의 기운만을 의미한다고 상징하기에는 부족한 것이다.

십간이 모두 이렇듯 획일성(劃一性)을 벗어나 각각의 특징을 두드러지게 하니 독특한 개성(個性)이라 할 수 있다. 천간은 단순히 천간으로서만 작용하는 것이 아니다.

천간은 체(體)로서 다른 오행을 지닌 천간에 대해 서로의 관계를 가진다. 변화와 용융(熔融), 화합(化合), 충살(衝殺), 합(合), 합화(合化)의 격동까지 포함된다.

천간의 작용은 천간끼리의 작용만으로 정리되고 종결되는 것이 아니다. 천간은 하늘의 기운이니 땅의 기운에 영향을 미친다. 땅의 기운은 지지(地支)로 완성되는데 영향이 구구하다. 즉 천간을 이해하고 분석함에 단순하지 않은 천간끼리의 비교, 변화를 분석하는 것으로 그치지 못하고 지지와의 상응관계(相應關界)까지 계산에 넣어야 한다.

마음이 급한 자는 우물에서 숭늉을 찾는 격이라. 천간을 이해하지도 못하며 지지의 변화를 이해하고 천간과 지지의 상응성을 논하고 이해하려고 덤비는 것이니 천간과 지지의 변화와 용융성(熔融性)은 서둘러서 얻을 수 있는 것이 아니다.

천간은 하늘의 기(气)이며 상징성이니 지지(地支)에 작용하는 면에서 행동적이라고 볼 수는 없는 일이다. 천간(天干)은 행동적인 면이 강한 지지(地支)의 작용적 측면에 비하여 대단히 기화적(氣化的)인 요소로 볼 수 있는 데, 달리 줄여 말하면 기적(氣的)의 작용으로 볼 수 있으며 행동적인 측면이나 육체적인 측면 보다는 정신적(精神的)인 면에 강하게 작용하게 된다.

천간과 지지의 작용이 다르다. 천간은 정신적이고 지지는 육체적이다. 천간은 현상적인 의의를 가진다. 그러므로 흐름에 따라 달라지는 여러 가지 상황에서 대부분의 성패

(成敗)는 천간(天干)에서 좌우되는 측면이 있으니 기적으로 보이는 것이고 지지(地支)는 길흉(吉凶) 부분에서 작용력이 크게 나타나게 되는 것이니 행동적이고 변화적인 것은 지지에서 크게 작용하는 것이다.

천간과 지지의 다른 특징 중 하나는 십간의 기운이 매우 현상적(現象的)이라는 것이다. 변화를 유도하지만 자신이 변화하는 것은 아니다 라고 말할 수 있는 변화의 측면이 있다. 십간(十干)은 열 개의 천간이 특징이 있고 특색이 있어 각각이 갖고 있는 기운(氣運)이 지지와 달리 정제되고 상징적이고 순수한 것으로 기(氣)의 취산(聚散)을 말할 뿐이다. 지지는 방위적(方位的)이며 행동적이다. 그러나 천기를 다루는 천간은 기상(氣象)의 흐름을 이야기 하니 변화의 측면은 물론이고 방위적 개념이 지극히 약하므로 극(剋)은 있으되 드러나는 상징적인 것과 달리 충(沖)은 성립되지 않는다.

천간을 논하며 음양을 논하지 않는다면 오행조차도 변화를 논하기 어렵다. 세상의 모든 만물은 음의 기운이거나 양의 기운이다. 음이 있으면 양이 존재하고 양이 없으면 음도 없는 것이다. 오행의 관계는 표면적으로 대립의 관계이고 상충의 관계처럼 여겨지지만 음과 양의 관계는 상존(尙存)의 관계이다.

양과 음은 비례(比例)의 관계이다. 음이 사라지면 양도 사라지고 양이 없다면 음도 존재할 이유가 없다. 존재의 가치처럼 그 질량(質量)도 가치의 존재를 가진다. 마치 서

양 이론의 질량보전의 법칙과 다를 것이 없다. 모든 존재하는 만물(萬物)에 부여되는 음양(陰陽)의 질적(質的)인 비율은 항상 같아야 한다. 즉 강약(強弱)은 있을 수 있지만 그 양이 변화하는 것은 아니다. 변화한다고 하는 것이 그 양을 줄이는 것은 아니다.

음양의 이치는 마치 저울이나 균형을 맞추는 작대기와 같다. 한쪽이 무거우면 한쪽이 가벼워지는 이치와 같다. 한쪽이 기운다고 다른 한쪽이 약해지거나 질(質)이 줄어든 것은 아니다. 이는 모두 변화의 용(用)일 뿐이다.

음양의 이치는 저울과 같고 바다의 조수(潮水)와 같다. 양(陽)이 성(盛)한 곳에 음(陰)이 쇠(衰)하고 음과 양은 때로 움직이는 생물과 같아 변화가 무궁하다. 음(陰)이 성(盛)한 곳에는 양(陽)이 쇠(衰)하는 것이 이치이다. 그와 달리 양이 성하면 음이 쇠한 것 또한 이치이다. 양(陽)이 성(盛)해진다고 해서 음(陰)이 줄어드는 것이 아니고 음이 성한다고 양의 질량이 부족해지거나 사라지는 것이 아니다. 양이 성하다고 해서 음이 질량적으로나 에너지적인 면에서 줄어들거나 파괴되는 것은 아니다. 어떤 현상이 양을 표방한다고 해서 극단적으로 음(陰)이 사라진다는 것은 아니다.

음양으로 표현되는 것은 음이 아니고 양이 아니다. 양으로 표현된다고 모두 양은 아니다. 그 양속에 음이 내포되어 있는 것이다. 음도 음으로 표현되는 것에도 양은 내포되어 있는 것이다. 양은 양이지만 양만은 아니다. 음은 음이지만 음만은 아니다. 양이 드러나거나 음이 드러나는 것은 음양(陰陽)의 표면적 운동(運動)만 보이는 것이다. 음이 드러난다고 양이 없는 것이 아니며 양이 드러난다고 음이 존재치 않는 것은 아니다. 음(陰)이 드러나면 양(陽)이 쇠한 듯 보이고 양(陽)이 드러나면 음(陰)이 쇠한 듯 보이는 이치이다. 음과 양 중에서 어느 하나가 드러난다고 해서 드러나지 않는 존재가 사라지는 것은 아니다. 음과 양 중에 어느 하나가 표면적으로 드러난다고 해서 음양(陰陽)의 어느 하나가 영원히 소실되고 사라지거나 손실되는 것은 아니라는 사실이다.

이와 같은 이치는 오행의 특성을 지닌 모든 천간에 적용된다. 목(木)은 목(木)으로서의 음양(陰陽)의 균형을 이루고 있으니 각각 양의 성정을 나타내는 갑목(甲木)과 음의 성정을 나타내는 을목(乙木)으로 나뉘고, 천간에서 오행상 화(火)는 음양으로 나누어진 화(火)로서 양의 성정을 지닌 병화(丙火)와 음의 성정을 지닌 정화(丁火)로 나뉘어져 음양(陰陽)의 균형을 갖추고 있는 것이다. 천간에서 오행상 토(土)는 음양으로 나누어진 토(土)로서 양의 성정을 지닌 무토(戊土)와 음의 성정을 지닌 기토(己土)로 나뉘어져 음양(陰陽)의 균형을 갖추고 있는 것이다. 천간에서 오행상 금(金)은 음양으로 나누어진 금(金)으로서 양의 성정을 지닌 경금(庚金)과 음의 성정을 지닌 신금(辛金)으로 나뉘어져 음양(陰陽)의 균형을 갖추고 있는 것이다. 천간에서 오행상 수(水)는 음양으로 나누어진 수(水)로서 양의 성정을 지닌 임수(壬水)와 음의 성정을 지닌 계수(癸水)로 나뉘어져 음양(陰陽)의 균형을 갖추고 있는 것이다.

사물을 판단할 때 그러하듯, 천간을 파악할 때도 내부의 본질적인 모습과 외부와 대응하는 모습을 모두 보아야 한다. 이를 체(體)와 용(用)이라고 했듯 이 두 가지를 이해하지 못하고 보이는 면만을 파악하고 강조한다면 본질은 이해하기 어려워진다. 세상의 모든 만물은 태어나 성장하고 쇠하기 마련이다. 음양에는 흥망과 성쇠가 있으니 음양(陰陽)의 성쇠(盛衰)로 구분하면 총체적으로 살펴 양의 성정을 지닌 갑(甲) 을(乙) 병(丙) 정(丁) 무(戊)는 양(陽)을 나타내는 성정으로 태어나고 자라는 것을 의미하니 성장(成長) 과정이고 음의 성을 지닌 기(己) 경(庚) 신(辛) 임(壬) 계(癸)는 음(陰)의 성장과정이라 할 수 있다. 그러나 오행의 적용 측면에서 음양을 적용하면 달리 오행의 개체(個體)로 접근하여 그 측면은 달라질 수도 있다.

성장 측면이 아니고 개개적인 오행(五行)의 개체로 구분하면 양적 기운이 충만한 갑(甲) 병(丙) 무(戊) 경(庚) 임(壬)은 양(陽)이 되고 음적 기운이 충만한 을(乙) 정(丁) 기(己) 신(辛) 계(癸)는 음(陰)이 된다.

조후(調喉)라는 말은 명리에서만 사용하는 것은 아니지만 명리학에서 조후는 필수적으로 반드시 적용되어야 하는 것이니 한난(寒暖)으로 구분하면 차고, 덥고, 습하고, 건조함을 살피지 않을 수 없는데 병화(丙火)를 중심으로 갑(甲) 을(乙) 정(丁) 무(戊)는 난(暖)하다 하고 계수(癸水)를 중심으로 기(己)경(庚)신(辛)임(壬)은 한(寒)한 기운(氣運)을 조장하게 된다. 이는 계절적 의미를 포함한 것이기도 하다. 봄과 여름은 따스하고 가을과 겨울은 차갑다는 의미를 지닌다. 이중에서 병화(丙火)와 계수(癸水)는 사람의 목숨을 의미하는 명(命)의 조후에 지대한 영향을 미치게 되는 것으로 조심스런 관찰이 필요하다.

1장

갑목론
(甲木論)

1장. 갑목론(甲木論)
甲木(陽/陽干:直)

  갑목(甲木)은 성정이 목(木)이며 목질(木質)의 대표적
인 상(象)이다. 천간(天干)을 의미하는 부호 중의 하나로
서 사용되며 포괄적으로 양간(陽干)이며 협의적으로 양
(陽)에 속한다. 생(生)하여 펼치는 기운이 직선적이니 직
(直)이라 한다. 사물이 자라는 의미를 가지고 있으며 펼치
는 기운을 도와주어야 하니 본성이 병화(丙火)를 바란다.
  갑(甲)은 봄철에 싹을 터트리고 뿌리가 달리며 솟아나
는 모양이다. 흔히 씨앗에서 뿌리가 나오는 형상을 의미하
기도 한다. 따라서 생장(生長), 성장(成長)을 의미한다.
흔히 큰 숲을 이룬다는 의미를 지닌 대림목(大林木)으로
표현하는 물상으로 큰 나무, 곧은 나무, 열매가 맺히는 나
무, 씨앗을 남기는 나무, 목재(木材), 원목(原木), 기둥,
대들보, 숲을 이루는 나무, 하늘을 가리도록 자라는 나무
를 의미한다.
  갑은 흔히 거북이를 의미한다고 한다. 갑옷을 의미하기
도 하는데 이는 나중의 일이다. 갑을 타고 나면 단단한 거
북의 등껍질처럼 자기만의 세상에 빠져서 살아가는 사람이
고 성정이 그러하니 외뿔고집이라, 고집이 지나치게 세고
앞서 나아가기를 원하고 혼자서 연구하는 것을 좋아한다.
갑의 아랫부분이 붓의 끝부분과 비슷하게 뾰족한 것처럼

글 솜씨가 좋고 서예(書藝)를 하여도 잘한다. 직관력(直觀力)이 있으니 기억력(記憶力)이 뛰어나고 예지력(銳智力), 영감(靈感)이 좋다. 히스테리, 불평불만, 신경질이 많은 경우도 있다. 여자의 경우는 이러한 성정 때문에 부부 인연이 그다지 좋지 못하다. 갑(甲)은 하늘을 향해 자라고 치솟는 성질을 가지며 화(火)가 있으면 최고의 명을 이루는데 목화통명(木火通明)이라 좋다. 봄에는 초목의 싹을 베니 금(金)을 꺼리고, 가을에는 토(土)를 꺼리며, 화(火)가 많으면 물기 머금은 진(辰)을 필요로 하고, 수(水)가 많으면 물을 설기시킬 있는 인(寅)을 필요로 한다.

1. 자의(字意)

갑목(甲木)은 성장(成長)의 기운이다. 그 글자의 모양이 머리에 껍질을 쓰고 아래로는 뿌리가 나오는 모습을 형상화 한 것이니 초목(草木)의 최초 생장(生長)을 의미하며, 머리에 껍질을 이고 나오는 모습은 지난날의 씨앗이라는 존재에서 벗어나 초(艸)로서 자라남과 최초라는 의미를 형성화된 것이다.

갑목은 다양한 의미를 가진다. 글자만의 근본적인 의미로는 갑옷, 딱지, 가죽, 껍질, 첫째, 씨앗이라는 의미를 지니며 조금 더 확대하여 의역하면 이름대용으로 사용하는 아무개, 장자(長子), 장손(長孫), 손톱, 천간의 첫째, 거북이를 본뜬 글자, 처음, 제일, 앞선 자, 딱딱하고 견고하다. 〈상형문자(象形文字)〉에서는 씨앗이 딱딱한 땅을 뚫고 올라오며 아직 씨앗의 껍질을 벗어버리지 못하고 뒤집어쓴 상태로 올라오는 모습이다. 싹이 난다. 싹이 나기 시작 한다 등등의 의미를 지니고 있다. 따라서 성명학(姓名學)에서도 갑(甲)은 장자와 장남(長男)의 이름에 사용하는 글자에 속한다.

통론으로 살피면 첫째천간 갑, 갑옷 갑, 껍질 갑, 초목의 씨에 곧은 껍질이니 그것이 움이 터서 껍질로 이루어진 갑을 이고 땅 위로 올라오는 것을 형상화한 것이다. 또한 갑은 생명(生命)을 보호하는 껍질이니 전쟁(戰爭)에서 몸을 보호하는 굳게 만들어진 옷을 의미하고 있음으로 해서 결국 갑옷이라는 의미를 가진 것이다.

또한 갑은 사람의 머리를 상형한 것이니 우두머리, 지도자, 앞서서 나아가는 사람이라는 의역이 가능하다. ≪설문(說文)≫에 이르기를 "東方之盟陽气萌動 從木戴爭甲之象 一日人頭宣爲甲 甲象人頭古狎切甲 古文甲始於十 見於千 成於木之象"이라 했다.

2. 성정(性情)

숲을 이루는 나무이고 잘라내면 대들보나 기둥으로 사용이 가능하게 자라는 굵고 큰 나무이니 앞만 보고 위로 뻗어 올라가는 기상으로 매사에 선두(先頭)가 되길 원하며 태양(太陽)을 향해 자라는 나무처럼 타인(他人)에게 눌리거나 지기 싫어한다. 따라서 갑목은 인(仁), 생(生), 두(頭), 시(始), 연(演)의 속성을 갖는다.

'인의예지신(仁義禮智信)'으로 따지는 오상(五常) 중 인 (仁)의 속성이고 방향은 동쪽 방향을 나타내고 계절은 봄을 의미한다. 색은 청색(靑色)을 나타내고 맛은 신맛이며 숫자는 3이다. 신체적으로는 머리, 담낭(膽囊), 얼굴, 수족(手足), 동맥(動脈)을 의미한다.

갑목은 하늘의 기운을 이루는 10개의 천간에서 가장 먼저 나서는 글자로 앞서나간다는 의미가 매우 강하다. 이러한 배치는 우두머리이니 시작을 나타내고, 통치권자, 책임자, 한 가정의 중심, 가장(家長), 조직의 인솔자, 책임자를 나타내는데, 앞서 이끄는 자의 성정을 지니니 매사 솔선수범(率先垂範)에 누구보다 자존심이 강하다. 매사에 자존감(自存感)이 강하니 어렵거나 두려움이나 한계에 부딪치기 전까지 누구에게나 아쉬운 소리를 하지 못하고 타인에게 지배당하거나 구속되기도 거부한다.

앞서 나가고 이끄는 리더의 성향이라 누구에게도 굽히기 싫어하고 어떠한 상황에서도 당당하며 통솔력과 배짱을 갖추고 명예를 추구한다. 성격은 솔직한 편이며 곧은 성품이 돋보인다. 어질고 착하지만 때때로 드러나는 우월감은 사회생활에 역효과가 있으나 활동적이고 긍정적 사고에 적극적이다. 배우기를 좋아하지만 가르치기도 좋아한다. 직업적 성향으로는 틀에 박힌 직장생활보다 자영업(自營業)이 좋다. 약한 사람을 보살피고 도와주는데 열심이지만 때때로 지나치게 표시가 나서 곤혹스럽다.

갑목은 태양을 보고 자라는 특성을 지닌 터라 허영과 낭비는 어쩔 수 없이 피하기 어렵다. 이는 남들보다 앞서고자 하는 욕심이 많은 탓이며 때때로 지나치게 앞서나가는 기운으로 인해 타인을 무시하니 욕을 먹는다.

앞서 나갈 때는 과시욕이 있으니 조금은 참아야 주변에 친구가 많다. 앞을 보고 자랄 줄만 알고 내달릴 줄만 알아 융통성이 부족하니 독불장군(獨不將軍)으로 보이기도 하고 마음과 달리 외향적인 면이 다소곳한 내성적인 모습을 감춘다. 모든 상황에 대해 반항적으로 행동하는데 자신의 잘못은 파악하지 않고 남 탓으로 무마하려 한다. 독단적인 행동은 주변을 의식하지 않기 때문이며 시기, 질투, 변덕, 게으름은 갑목의 약점이다.

늘 자신감이 넘치지만 분위기와 자신감이 상실되면 조급해지고 폭력성(暴力性)도 드러내는데 이러한 성정이 약점으로 작용한다. 서두르는 성격은 일정부분 좋은 효과를 내지만 타인에게 혐오감이나 부담감을 주고 결국은 타인에게 도움을 바라게 된다. 서두르는 성정에 시작은 잘하지만 마무리가 약해지니 용두사미(龍頭蛇尾)라는 말을 듣는다. 나서기를 좋아하니 타인에게 피해를 주어 원망을 받는다.

갑목은 지지의 '술해자축인묘(戌亥子丑寅卯)'에서는 활성(活性)을 띠고 살며, '진사오미신유(辰巳午未申酉)'에서는 퇴색(退色)을 나타낸다. 따라서 사주원국에서 지지가 무엇인가에 따라 달라지고 세운(世運)에서 어떤 지지가 오는가에 따라 활성화가 달라진다.

3. 음양적(陰陽的) 관점

갑목(甲木)을 음과 양의 조화에서만 바라보면 양보다는 음이 강한 상태이다. 즉 내면의 양이 외측을 장악하고 있는 음의 기운을 아직은 완벽하게 밀어내지 못한 상황이다. 지난 한기(寒氣)를 이어온 차가운 음의 기운이 아직 떠나거나 멀어지지 않은 상황이라 표면적으로는 음의 기운으로 보일 수 있다.

갑목은 음과 양의 조화에서 내면은 양으로 채워지고 외측으로는 음의 기운이 둘러싸여 있는 형국이다. 내면으로는 주체하지 못할 정도로 강한 양(陽)의 기운을 갖고 있다. 그러나 외면은 차가운 동절기(冬節期)의 음기(陰氣)가 아직 완벽하게 사라지지 않았다. 마치 소나무의 껍질처럼 단단하고 외피(外皮)가 싸인 듯 지나치게 단단하고 두껍게 보호되고 있으며 움직임이 없는 듯이 보이는 경직된 모습을 갖고 있다.

갑목의 시기는 1월, 즉 인월(寅月)과 같다. 봄이 살아나는 시기이고 모든 초목(草木)이 양기(陽氣)를 받아 허리를 펴고 두 팔을 벌려 하늘의 태양의 광휘로운 빛과 열을 받아들이는 시기이다. 씨앗이 발아(發芽)하는 시기이다. 내면에서 생성되어 자리를 잡아가던 양기가 점점 자라 단단해진 음기의 표피(表皮)를 깨고 외부로 나가려는 모습이다. 아직 완벽한 양기의 발현이 이루어지지 않았지만 퍼져나가고 바뀌어 점차 양의 모습으로 드러나는 모습이 갑목(甲木)의 모습이다.

갑목은 매우 단단하다. 아직 음기가 충만하여 만들어졌던 냉기(冷氣)가 완벽하게 떠난 것은 아니다. 온 세상에 양기가 퍼져나가기 시작하여 음기가 점차 멀어지고 있다. 하지만 초목을 감싼 차갑고도 단단한 기운에서 완벽하게 사라진 것은 아니다. 내부는 피어오른 생명의 기운처럼 양기로 충만하다. 그렇지만 아직 외부는 음(陰)의 기운이 작용하니 경직(硬直)과 음한지기(陰寒之氣)의 기운이 둘러싸고 있다. 아직도 외부는 음의 기운이 에워싸고 있어 단단한 표피처럼 보여 경직된 듯 보이지만 내부는 양의 기운이 새록새록 피어나는 시기이다. 양의 기운이 충만하게 채워지는 때이므로 가까운 시일이 지나지 않아 음의 기운을 밀어내고 힘차게 밖으로 뚫고 나가려는 모습을 지닌다.

갑목은 글자의 모양에서 보이며, 천간을 의미하는 글자에서 가장 먼저 나오는 글자인 것처럼 도전적이고 진취적인 기상을 지녔다는 인식을 심어준다. 즉 강한 힘이 작용하는 듯하나 아직은 에워싼 음기가 강해 을목(乙木)처럼 양(陽)의 기운이 풀어지고 드러나며 번져나가듯 활발하지 못하다.

갑은 고목(古木)이다. 갑은 고목(高木)이다. 갑은 대림목(大林木)이다. 갑은 대들보를 만들 수 있는 큰 나무다. 봄이 오면 나무보다 풀이 먼저 싹을 보이듯 갑은 서둘지 못하고 천천히 자신의 양기를 드러내는 성정이다. 아직까지는 음(陰)이 외부로 작용하니 아직은 잎을 펴지 못하고 헐벗은 모습이다. 다만 하늘을 향해 서서 우람함을 자랑하는 나무의 모습이다. 즉 겉모습은 아직 깨어나지 못하니 죽은 것과 같아 변화를 주지 못해 딱딱하다. 큰 나무이니 휘어짐도 없이 고정된 것처럼 경직되어 보인다. 이러한 모습이 우람한 나무의 모습이니 자연 갑목은 크고 곧으며 강하고 부러지는 나무인 것이다. 소나무, 전나무, 측백나무, 잣나무의 물상이다.

봄의 기운이다. 양광(陽光)이 비추고 얼음이 풀려 뿌리로부터 따스한 기운이 들고 뿌리에 얼었던 얼음이 녹아 물로 변하며 서서히 수관(水管)을 타고 오른다. 이제 양기가 수간(樹幹)과 잎으로 퍼져오를 시간이다. 따라서 내부는 양의 기운이 강하게 작용하니 이미 봄이다. 양은 팽창하여 균열(龜裂)만 있으면 태양(太陽)처럼 폭발할 기운이며 기회가 주어지면 단단한 각질 성분의 나무 표피(表皮)를 뚫고 밖으로 표출하려고 기회를 호시탐탐 노리고 있다. 이제 태양만 따사롭고 주변의 음기만 물러가면 모습을 드러낼 것이다.

갑목(甲木)은 이미 내부로부터 양과 음의 조화가 이루어진 상태이다. 음은 이미 점령한 기운이고 양은 이제 새로이 피어나는 기운이다. 음은 정체되어 물러나려 하고 양은 역동적으로 움직이려 하고 팽창하려 한다. 양적(陽的)인 기운이 생동감을 주어 주체적 역할을 맡게 되는 시기이고 음은 회피하려한다. 그러하니 양이 음을 밀어내고 벗어나려는 성향을 내포한다.

양은 번져나가는 것이고 음을 밀어내기 위해서는 강력한

힘이 필요하다. 그 모습에서 운동적인 성향은 대단히 직선적(直線的)이어서 직(直)이라 하지만 갑(甲)이라는 글자에서 보이듯 그 운동성은 씨앗에서 뿌리가 나오는 모습이라. 뿌리는 직선으로 자라는 경우는 그다지 많지 않다. 마치 꼬인 듯, 고불거리는 모습으로 작용한다. 겉으로 보아서는 운동이 직선형으로 작용하여 씨앗에서 싹이 나고 뿌리가 나서 땅속에서 직선으로 밀고 올라온다. 직선의 운동성이지만 그 속 모습은 나선형으로 보인다.

4. 오행적(五行的) 관점

갑목(甲木)은 목(木)의 기운이고 목질(木質)의 대표적인 물상(物象)이며 성정(性情)이다. 갑목은 일반적으로 큰 나무, 크게 자라는 나무, 우람한 나무, 하늘을 향해 자라는 나무를 의미한다. 하늘을 향해 자라고 태양을 지향하는 성정은 상향지기(上向之氣)에 있다. 무작정이라고 볼 수 있을 정도로 상향하는 기운이 강하다.

목(木)이 지나치게 강하거나 세력을 이루어 강해지면 상향(上向)에 대한 지나친 맹목적 성향이 더욱 강해지게 되고 주변을 돌아볼 줄 모르니 주변에 피해를 주게 된다. 갑이 지닌 성향은 오로지 솟구치고 태양을 향해 자라나는 것이다. 직(直)이 강해진 모습이 갑이고, 갑은 주변은 아랑곳 하지 않는다.

지나치게 자라는 목의 근성을 제어하고 다듬어 주어야 한다. 지나치게 무성해지면 목재(木材)가 되지 않는다. 나무를 잘 자라게 하기 위해 가지를 치고 제어하듯 전정(剪定)을 하는 가위의 역할이 필요한데 이를 금(金)의 성분이라 한다. 갑목이 올바로 자라기 위해서는 금(金)이 절대적으로 필요한데 천간(天干)에는 이를 제어할 수 있는 금의 성분으로 신금(辛金)과 경금(庚金)이 있다. 이 두 개의 금 성분에서 신금보다는 경금이 있어야 더욱 효율적이다. 갑목은 굵은 나무이고 신금은 가위나 면도칼이니 갑목을 제어할 수 없거나 약하다. 그러나 이러한 경우 경금은 거대한 철광석(鐵鑛石)이라는 의미보다 더욱 강한 쇠의 기능이니 능히 갑목을 제어할 수 있다.

갑목은 나서 자라고 버틸 수 있으려면 흙이라는 성분이 필요하다. 산(山)이 필요하다. 벌판이 필요하다. 흙은 토(土)의 성분이다. 갑목은 뿌리가 깊다. 뿌리를 박을 수 있는 토의 성분이야말로 갑목을 바로 세우는 기틀이다. 토가 있어야 뿌리가 안정되고 직립(直立)할 수 있으나 토가 지나치게 많으면 오히려 좌절(挫折)을 맛보게 된다. 토가 많다는 것은 지나치게 넓은 땅이니 나무가 많아도 벌판에 선격이라. 또한 토가 부실하면 근기(根氣)가 오래가지 못하니 조토(燥土)와 습토(濕土)의 관계를 따지는 것이다.

나무가 자라기 위해서는 태양(太陽)과 더불어 수기(水氣)가 반드시 필요하다. 갑목에서 가장 중요한 것 중의 하나는 화(火)의 존재이다. 화기가 없다면 꽃도 피우지 못하고, 혹시 꽃이 피워진다 해도 수정(受精)은 불가능하다. 따라서 태양이 없다면 열매를 맺을 수 없고, 열매가 없다면 가을이 되어도 결실(結實)이 없다. 따라서 갑목의 경우에는 어떤 경우라도 태양의 존재를 무시할 수 없다. 그러나 화기가 지나치면 잎과 가지가 마르고 화기가 부족해지면 무성한 가지에 열매를 보기 어렵다.

갑목이 자라기 위해서는 수(水)의 존재가 중요하다. 수기(水氣)가 없다면 갑목은 바싹 마른 나무가 되어 고사목(枯死木)의 경우에 해당한다. 그러나 수가 지나치게 많으면 뿌리가 상(傷)하고 수기가 부족하면 열매를 키우지 못하고 지키지 못하니 화려함이 극에 달한다고 해도 얻는 것이 없다.

5. 계절적(季節的) 관점

1) 춘절(春節)

우선 절기(節氣)를 파악한다. 입춘(立春)이 입절(立節)이라 목의 기운이 가득하지만 아직은 추운 기운에 갑목이 서둘렀다가는 차가운 기운에 얼어 죽을 수 있다. 일찍 뿌려진 씨에서 싹이 나면 냉해(冷害)를 입어 얼어 죽는 것이나 다름없다.

지나치게 일찍 싹을 틔운 초목(草木)은 아직 물러가지 않은 냉기(冷氣)와 한기(寒氣)에 의해 얼어 죽을 수도 있다. 절기를 따져 우수(雨水)를 전후로 한기(寒氣)의 작용을 관찰한 후에 화(火)의 쓰임을 살펴야 한다.

우수 이전은 한기가 지나치기 때문에 병화(丙火)와 정화(丁火)의 배치를 살피지 않을 수 없다. 우수 전후로 사주원국에 한기(寒氣)가 유여(有餘)하면 지나치게 차가운 성정이다. 아직 싹을 틔울 상태는 아니지만 양기의 발현으로 싹을 틔워야 하니 병화(丙火)의 쓰임이 중요해진다.

절기가 따스해지면 땅이 데워져 싹을 틔울 수 있다. 절기를 따져 우수(雨水)를 지나 양기(陽氣)가 왕성해지면 생명력의 충일한 성장을 볼 수 있다. 이제 초목이 기지개를 펴고 자라나고 싹을 틔워야 하니 병화(丙火)와 더불어 수기의 쓰임을 살펴야 한다. 병화와 수기의 조화를 살핌에 진토(辰土)의 역할을 참작해야 한다.

아직 차가운 날이라면 수기의 과다(過多)는 병으로 작용한다. 차가운 날에 물의 기운이 강하고 물이 많으면 싹이 나기도 전에 얼어 죽는 경우에 해당한다. 즉 한기가 왕한 중에 수기의 생이 강하면 뿌리가 자라나지 못하고 얼어버리니 이를 상(傷)이라고 한다. 뿌리가 상하면 성장하지 못하고 병이 드니 이를 근(根)에 병이 들었다고 한다. 그렇지만 수기가 없으면 지나치게 건조하여 피해가 생기므로 지지(地支)로 수(水)의 부드러운 도움을 원한다. 따라서 진토(辰土) 하나만 있어도 성장이 가능하다는 것이다. 달리말하면 지지에 수기가 있으면 생장의 조화를 이룰 수 있다고 본다. 이때 지지의 수기라는 말이 수를 표방하는 지지의 글자가 아닐 수 있음을 파악하는 것이 중요하다.

갑목이 자라려면 반드시 필요한 것이 땅, 물, 태양이다. 이중 토(土)는 갑목의 뿌리를 잡아주는 귀한 역할을 한다. 어디에나 균형(均衡)이라는 것이 있다. 춘절(春節)의 목은 토가 적어야 양생(養生)의 근거가 되는데 토가 지나치게 많으면 생의 힘을 잃게 된다. 지지와 천간의 토를 살피지 않을 수 없는 이유가 된다.

봄철의 갑목은 이제 막 싹이 피어나는 것이나 같은데 금(金)이 많으면 생목(生木)에 상처를 입게 되니 번거로움을 피할 수 없다. 금기는 날카로운 예기(銳氣)이고 나무를 다듬는 성분이다. 때로는 잘 자라는 나무를 잘라버리거나 결정적인 상처를 입힐 수 있다. 금의 성분은 목(木)이 왕(旺)할 때 쓰임이 있다. 그러나 그 쓰임이라는 것도 벌초(伐草)하듯 사용하는 것이 아니라 가지를 약간 잘라주는 정도의 쓰임이다. 이는 여름의 쓰임이지 춘절의 쓰임은 아니다. 과일나무의 가지치기 정도를 한다면 약간 사용할 수 있지만 춘절에 금의 사용은 상당이 조심스럽다.

갑목이 잘 자라기 위해서는 화(火), 토(土), 수(水)의 조화가 필요하다. 특히 춘절의 목은 화가 천간에서 도와주고 수기가 지지에서 받혀주어야 한다. 지지에 수의 기운이 있는데 천간에 다시 수가 뜬다면 이는 뿌리가 썩거나 뿌리째 뽑혀 물에 둥둥 떠다니는 물상(物象)이 될 수도 있다. 따라서 항시 지지의 토와 수를 살펴야 한다.

인월(寅月) 묘월(卯月)의 갑목(甲木)은 이제 싹이 열리는 시기의 여린 풀과 같은 목이니 새롭게 피어나는 새순에 해당한다. 따라서 건록(建綠) 양인(陽刃)이라도 드러나는 오행(五行)의 세력(勢力)만 강(强)할 뿐 아직도 진정한 목의 기운들 드러내고 양의 기운을 표출할 정도는 아니다. 따라서 양의 기운이 강한 시기이라도 해도 목(木)의 기(氣)가 상향(上向)하지 못하니 진정으로 왕성하다 하기 어렵다. 따라서 경금(庚金)이 투간(透干)하면 자라지도 못하고 이제 막 싹을 틔우는 생목(生木)을 건드리는 것이 되니 앞날이 캄캄하다. 이처럼 춘절의 갑목에 경금이 투간하여 갑목에 위해(危害)를 가하고 제극(制剋)을 하면 바른 나무로 키우기 어려워 통제(統制)되지 않는 명(命)이 된다. 다행히도 정화(丁火)가 있어 경금(庚金)을 다스린다면 활인지명(活人之命)으로 어려움을 해결해주는 직업을 갖는다.

2) 하절(夏節)

갑목이 하늘을 향해 뻗어 올라 잘 자라려면 태양과 수기의 도움이 절대적이다. 계절이 하절기라면 이미 태양의 온도와 빛을 얻었으므로 수기의 중요성이 더욱 커진다. 따라서 어떤 경우라도 뿌리를 지키고 잎을 자라나도록 하기 위해 수의 근원(根源)이 마르지 않아야 한다. 아울러 토(土)는 물을 막는 역할을 하니 배치에 신경을 쓰지 않을 수 없다. 어떤 경우에도 토가 지나치거나 위치가 좋지 않아 수기의 흐름을 막서는 안 된다. 토가 지나쳐 수기의 흐름을 막으면 병이 오고 꽃이 영글지 못한다.

갑목은 땅에 뿌리박고 태양과 수기의 적절한 조화 속에 성장한다. 하절의 갑목은 가을의 결실을 위해 자라고 번성하는 시기이다. 이 시기에 자라고 무성해지지 못하면 병목(病木)이다. 수가 적거나 없다면 금이라도 있어 물을 생성시켜 주어야 하니, 금은 수의 바탕이 되고 생성을 하며 자원이 된다.

수의 자원이 없다면 금이라도 살펴야 한다. 하절의 갑목에 금은 물을 보충해주고 생산해 내는 수원(水源)으로의 작용이 대단히 중요한데, 지나치게 무성해지면 아래쪽의 가지와 잎은 무성한 상부의 잎으로 빛을 받지 못해 병에 시달린다. 이때 가지를 쳐주고 잎을 정리해주는 것이 바로 금의 성분이다.

금의 성분은 초목에게는 해가 될 듯 보이지만 하절의 갑목(甲木)으로서는 올바른 생장(生長)을 조절하게 된다. 금의 성분이 결여되면 초목이 무성(茂盛)이라. 목이 많으면 나무가 자라 가지가 벌고 잎이 퍼져 숲만 무성해지지만 크게 자라는 힘은 약하다. 무성함은 하늘을 향해 뻗어나가는 갑목의 성분에 치명적으로 좋지 않은 영향이다. 가지가 벌고 잎이 많으면 가지가 하늘로 뻗어나가지 못하고 키도 자라지 못한다.

금의 기운이 있으면 횡적으로 가지가 벌고 키가 자라지 못하는 현상을 잡아 제극(制剋)하고 지나친 가지의 번성을 정리해준다. 아울러 수기가 지나치게 왕하여 오히려 화기가 극(剋)을 당하면 또한 외화내빈(外華內貧)이라. 수가 지나치면 꽃만 무성하고 화기가 없거나 제극당하면 열매를 맺을 기회를 주지 않는다. 화가 제극 당하면 오히려 본신(本身)에 피해가 간다.

3) 추절 (秋節)

추절(秋節)은 나무가 마르는 시기이다. 그러나 처음부터 나무가 마르는 것은 아니다. 추절은 열매를 익히고 성숙시킨 후에 다시 자신의 몸을 말리는 시기로 접어든다. 추절의 갑목이라 해도 어느 시기에 득령(得令)했는가는 매우 중요하다. 열매를 결하는 시기인지, 성숙하는 시기인지, 모두 익어버린 시기인지를 파악해야 한다.

추절의 초기에는 갑목이 아직 생목(生木)으로 작용이 남아 있다. 잎도 푸르고 열매를 맺게 하지만 아직은 성장의 여운이 끝난 것이 아니다. 추절의 초기에는 금(金)의 기운이 필요하기는 하다. 금의 기운이 있어야만 열매가 맺히는 것이나 지나치게 강해지면 열매가 충실하지 못하게 된다. 추절의 초기에는 아직 열매를 맺히게 하고 자라게 해야 하니 토를 바탕으로 하고 태양과 수기의 도움을 받아야 한다. 이때는 수와 화의 도움이 끝나지 않았으며 토가 적당하여야 한다. 만약 수가 왕성하다면 토의 기운 또한 왕성해야 막을 수 있는데 기토(己土)는 위치에 따라, 혹은 특성에 따라 물을 막지 못한다는 것을 생각해야 한다. 수가 지나치게 강하거나 금이 있어 수를 생(生)하면 토의 배치와 그 세력이 중요해진다. 이룸을 보려면 수가 지나치게 강해지는 것을 조절해야 한다. 따라서 이 시기에는 기토(己土)보다 무토(戊土)가 역할을 잘 수행할 수 있다.

열매가 익는 것은 금의 기운이다. 금기가 없다면 열매는 맛이 들지 않으니 먹을 가치가 없는 열매가 되어버린다. 중추(中秋)가 지나면 갑목은 더 이상 자라지 않고 서서히 잎을 물들이니 이를 단풍이라 한다. 단풍은 차가운 한기의 시작을 알리기도 하지만 갑목 스스로 다가올 차가운 기운에 대비하여 모든 수기를 뿌리로 내려 보내는 것이기도 하다. 이를 사목(死木)이라 하는데 이미 목적을 달성했다.

이제 열매를 숙성시키는 일만 남으니 금(金)이 강해야 뜻을 이룰 수 있다. 중추를 지나 상강(霜降)이 지나면 서리가 내린다는 의미이니 가을이 깊어진 것이고 수가 왕해지는 것은 얼어붙는 것을 이르니 지극히 꺼리게 된다.

봄에 싹이 트고 여름동안 무성했으며 가을에 이르러 자손(子孫)을 보고자 열매를 맺어 성숙시키고 씨앗을 키우면 이제 잘려져 목재(木材)로 사용되어야 할 시기이다. 한로(寒露)가 지나 술월(戌月)이 되면 화가 있어야 재목이 되는데 토가 왕해지는 것은 뜻을 이루기 어렵다.

4) 동절(冬節)

동절기의 나무는 사목(死木)이다. 아니 휴목(休木)이다. 잎을 떨구고 수간(樹幹)의 모든 물기를 뽑아내어 얼어 죽지 않게 각질(角質)을 단단하게 한다. 동절기의 갑목은 자라는 것이 아니고 휴면기(休眠期)에 속한다. 바람이 불고 음기가 강하여 눈도 뜨지 못할 지경이니 토가 왕하여 뿌리를 보호해야 한다. 그 토속에 씨앗을 감춘 격이다.

동절기의 수는 얼음이다. 수가 지나치게 왕해지면 부목(浮木)이 되고 만다. 그러나 수의 기운이 지나치면 부목이

기 이전에 이미 얼어 죽을 수도 있으므로 병이 많다. 금(金)이 강해지면 직접적인 피해는 적으나 금생수(金生水)하여 음기(陰氣)가 지나치게 강해지니 화(火)의 도움이 있어야 한다. 이래저리 화는 갑목에게는 반드시 필요한 존재이다.

6. 희기(喜忌)

갑목(甲木)은 직진성(直進性)이다. 하늘을 향해 곧게 자라기를 희망하고 높은 곳을 향해 주위를 돌아보지 않고 내달리는 성정이다. 갑목의 목적은 태양을 향해 뻗어나가는 것이다. 기(氣)가 상향(上向)되기를 원하니 직(直)이고 병화(丙火)를 필요로 하며 갑목과 병화는 마치 연인처럼, 부부처럼 서로 좋아하는 구조를 갖는다.

갑목은 내달리는 성정이고 주변을 돌아볼 줄 모르는 성정이라 자신을 제어해줄 도구가 필요하다. 갑목은 앞을 보고 달리고 하늘을 향해 뻗어가느라 주위를 둘러보지 않으니 주위에서 가지를 쳐주고 잘 자랄 수 있도록 붙들어 매어주어야 한다. 이러한 역할을 하는 것이 경금이다. 그러나 가지를 쳐 준다고 해도 가지를 잘릴 때는 아픈 법이다. 경금(庚金)은 갑목(甲木)의 기운을 자제 시키는 역할을 할 수 있는 기운이지만 상처를 주고 억제시키는 기운이므로 그다지 좋아하지는 않는다. 그러나 갑목이 올바르게 자라고 지나침을 제어해주는 역할이 있어 반드시 필요로 하는 것이 된다.

갑목을 잡아주는 지지(地支)로는 축미(丑未)가 있어 천을귀인(天乙貴人)이 되며 해수(亥水)와 진토(辰土)를 좋아한다. 갑목은 진토 하나만으로도 수의 기운을 충분히 충족할 수 있으므로 진토가 있다면 다른 수기는 보이지 않아도 충분하다.

갑목(甲木)이 천간에서 기토(己土)와 합이 되고 명(命)이 습기(濕氣)가 많은 지지를 깔고 있거나 천간과 지지에 수의 오행이 지나쳐 원국이 습(濕)하면 항시 자신을 놓쳐 본분(本分)을 지키기 어렵다. 수가 왕하면 말려주고 흡수하여 수기를 빼 주어야 하니 인목(寅木)이 필요하고 화(火)가 지나치게 왕(旺)하면 조절할 수 있는 진토(辰土)가 필요하다.

7. 상(象)

목재(木材), 기둥, 대림목, 대들보, 관(冠), 탑(塔), 3.8, 동방(東方), 동쪽, 비석(碑石), 장남, 청(靑), 두(頭), 간(肝), 담(膽), 척추, 갑투, 건축(建築), 큰 도로, 토목(土木), 녹(綠), 장녀, 인(仁), 빌딩, 피혁, 농장(農場), 높은 대(臺), 학교(學校), 큰 선박

8. 천간(天干)과의 관계

1) 甲+甲 : 갑이 두 개인 경우 두 개의 나무가 아니고 수많은 나무가 숲을 이루게 되는 격이니 이를 버티고 나무를

지탱해 주어야 하니 토(土)가 강해야 한다.

2) 甲+乙 : 을(乙)을 무시하면서도 을에 대한 피해의식을 떨쳐 버리지 못한다. 을이란 갑을 타고 올라가는 성분이기 때문이다.

3) 甲+丙 : 기가 상통하게 되니 목화통명(木火通命)이라 한다. 매우 좋다.

4) 甲+丁 : 의기(義氣)는 매우 큰데 유통이 잘 안되니 답답하다.

5) 甲+戊 : 외로운 산중의 낙락장송이라 병화(丙火)가 없으면 인적이 없다. 찾아오는 이 없이 홀로 선 나무와 같으니 외롭다.

6) 甲+己 : 기개를 잃기 쉬우니 소탐대실이라 할 수 있다. 구두쇠이다.

7) 甲+庚 : 절제를 하게 되니 그 기상이 뚜렷하다. 힘의 균형이 필요하다.

8) 甲+辛 : 면도칼로 나무 기둥을 치는 상황이니 목은 상처 입고 금은 다친다.

9) 甲+壬 : 병화를 보면 수화기제(水火旣濟)를 이루니 상통하달(上通下達)하게 되고 매사 일이 잘 풀린다.

10) 甲+癸 : 구름에 가려 태양을 보기 어려워서 우울하고 속으로 상한다.

9. 갑목의 통변

갑목은 오행 중 으뜸으로 성장의 기운이 내제되어 있으

니 장차 성장하여 열매를 맺고 결실을 이루어야 하며 종자 (種子)를 남겨야 하는 것이다. 비로소 성장을 마치면 베어져 잘 다듬어져서 재목(材木)으로 쓰여야 하는 것이 갑목의 본분이다.

갑목은 잘 자라기 위해 병화(丙火)와 계수(癸水)가 필요하다. 병화는 나무를 자라게 하는 힘이니 천간에 있어야 좋고, 계수는 생육(生育)을 이루는 기운인데 지지에 자리하는 것이 생육에 도움이 된다. 그러나 계수가 병화와 가까이 있으면 물이 말라버리거나 불을 끄니 멀리 있는 것이 좋다.

천간은 천간이 지닌 성향이 있다. 갑(甲)은 상향지기(上向之氣)로 똘똘 뭉쳐진 양의 기운이다. 아직은 자라지 못한 치기(稚氣)의 속성이기도 하다. 무엇이든 경쟁하려 하고 이기고자 하는 호승심(好勝心)이 매우 강하다. 따라서 싸움을 하면 질 수 없다는 각오로 똘똘 뭉쳐있고 타인과의 경쟁에서 지는 것을 인정하지 않는다. 한번 좌절하면 좀처럼 다시 일어나기 어렵다. 회복한다고 하여도 그 시간이 무궁하다.

갑(甲)이 을(乙)을 보면 신경질적이 되며 결과적으로 남 좋은 일을 하게 된다. 을목은 갑목을 타고 오르는 성질이라 당연히 짜증이 난다. 살아있는 나무는 자라고 싹을 틔우며 꽃을 피우고 열매를 맺기 위한 조건으로 땅에 뿌리박고 태양의 빛을 받으며 물의 도움을 받고자 한다. 따라서 생목(生木)이면 병화(丙火)와 계수(癸水)를 좋아하고 사목(死木)이면 경금(庚金)과 정화(丁火)가 있어야 뜻을 이룰 수 있다.

춘절(春節)에 태어난 갑목이 임수(壬水)와 계수(癸水)가 천간(天干)에 투간(透干)하면 둑이 터지는 물과 같아 안정감이 떨어지고 물에 둥둥 뜨는 격이 되어 삶이 고달프고 힘들게 된다. 지나치게 많은 물은 뿌리를 썩게 만들고 병을 가져온다.

생목(生木)으로 병화(丙火)를 쓰면 꽃을 피우는 격이 되니 부(富)를 추구하게 되고 사목(死木)으로 경금(庚金)을 사용하게 되면 잘라서 대들보를 만들거나 조각을 할 수 있게 되는 격이니 귀(貴)를 얻는 것은 정연한 이치가 된다.

갑목으로서 지지에 사유축(巳酉丑)이 있고 대운(大運)이며 세운(歲運)이 화운(火運)으로 가면 부(富)를 얻을 수 있으나 질병에 주의해야 한다. 사오미(巳午未)월은 지나치게 양이 강하고 뜨거우니 수(水)가 약이 되는데 지나치게 가깝게 배열되거나 투간되어 병화(丙火)를 건드리면 번거로움이 따라 다닌다.

갑목이 무토(戊土)가 있고 화(火)의 오행이 없으면 의기(義氣)는 높으나 지나치게 고독하다. 기토(己土)만 있으면 움켜잡는 성질로 노랑이거나 수전노다. 기토가 있고 수기가 강하면 흙탕물이 되지 않는가 세밀하게 살펴야 하는 상황이라 결실을 얻기 힘들다. 잘 살펴 화가 있으면 그나마 곡식을 거둔다. 따라서 부(富)를 논할 수는 있으나 귀(貴)를 논하지는 못한다.

갑목에 신금(辛金)이나 임수(壬水)가 강(强)하게 작용하면 지나치게 가지치기가 이루어지거나 뿌리가 썩는 결과로 나타난다. 금의 오행도 금생수(金生水) 하여 수를 강화시키니 잔병에 시달리게 된다. 정화(丁火) 만 있고 경금(庚金)이 없으면 열심이나 덕이 없으니 나무만 태우는 격이라 뜻을 이루기 어렵다.

1) 갑목은 큰 나무이니 기토(己土)나 진토(辰土)가 있어야 뿌리를 내린다.

2) 갑목이 나무이기에 뿌리를 내려야 굳건히 서는데 열기가 많고 마른 흙인 미토(未土)와 술토(戌土)에는 뿌리를 내리기가 힘들고 바로서기도 힘들다.

3) 기토(己土)를 보면 갑에게는 재물(財物)이 되지만 구두쇠이다.

4) 무토(戊土)가 오면 높은 산에 홀로선 고목(枯木)과 같으니 고산지목(高山之木)이라, 찾아오는 이 없으니 평생 고독하고 외로움을 탄다

5) 남자 갑목이 을목을 보면 되는 일이 없다, 을목은 꽃이고 음의 성분이니 여자의 기운이다. 여자에 정신이 팔려 되는 일이 없다. 이를 외정(外情)이라 하니 딴 여자에게 정신이 팔리거나 여자를 가꾸는데 평생이 간다. 여자 사주의 경우에도 갑목은 을목을 보면 되는 일이 없다.

6) 을목이 갑목을 보면 타고 오르려고 하니 갑목으로서는 을목이 목을 조르는 격이라 성패가 조석으로 변하고 신경쇠약(神經衰弱)이 있으며 모든 일이 용두사미(龍頭蛇尾)가 되어 끝을 보지 못하니 성공과는 거리가 있다.

7) 갑이 있는데 또 갑이 왔다. 갑이 갑을 보면 숲이니 삼림(森林)을 이루는 격이다. 경쟁자가 생기고 경쟁에서 이기기 위해 많은 애를 써야 한다. 경쟁력을 살리니 살고자 하는 의지와 타인에 대한 경쟁력이 강하지만 학업(學業)에서는 도중하차의 경우가 생긴다. 부모의 대나 자신의 대에 파가(破家)가 일어나거나 조실부모(早失父母)한다. 가까이 있으면 작용력이 강하고 멀리 있으면 작용력이 약하다.

8) 갑이 갑을 연속으로 만나 갑의 삼련(三聯)이 되어 천간에 갑이 3개가 되면 엄청난 활동력이 생긴다. 특히 월일시(月日時)에 연속으로 갑이 나오면 명예를 얻고 관직으로 진출하면 반드시 출세하여 두각을 나타낼 수 있다.

9) 경금을 보면 우박을 맞은 격이니 열매 맺기 어려워 결실이 없다.

10) 신금을 보면 서리를 맞은 격이니 결실을 기대하기 어렵다.

2장

을목론

(乙木論)

2장. 을목론(乙木論)
乙木(陽/陰干:曲)

개개의 간(干)을 살펴 음양을 논하면 갑목과 대비되어 음간(陰干)이지만 천간을 통할할 때는 양(陽)에 속한다. 펼치려는 기운이 있으나 약하고 의타적(依他的)이며 음에 회절(回折)되어 곡선적이다. 따라서 곡(曲)이라 칭한다. 등나무나 칡, 혹은 다른 나무를 타고 오르는 나무처럼 굽은 모습이다. 다른 나무를 타고 오르는 식물은 용수철처럼 감고 오르며 지탱하는 속성이 있어 직선적으로 뻗는 경우가 없다. 따라서 지극히 곡선적(曲線的)이다. 음의 기운이 강하면 병화(丙火)를 씀이 좋고 양의 기운이 강하면 정화(丁火)를 씀이 좋다.

을(乙)의 형상은 마치 지렁이나 실이 흐트러진 듯, 혹은 뱀이 기어가듯 구불거리는 듯한 모습인데 이는 싹이 땅에서 나와 점점 자라는 모습을 형상화했기 때문이다. 그 모습이 구부러지고 굴곡이 있으니 곡각(曲角)이라고도 한다.

땅속에서 막 자라 나오는 모든 식물은 그와 같은 형상을 지니고 있다. 을목은 하늘로 뻗는 나무와 달리 꽃의 성정이라 아름답고 부드러우며 완만하고 곡선적이다. 등나무처럼 휘어짐은 융통성이고 의타적이며 수렴적이다. 꽃, 잡초, 식물, 넝쿨, 넝쿨, 수초, 화초, 들꽃, 화단의 꽃, 등나무, 칡, 종이, 의류, 바람, 잔디가 그 성정이다.

일반적으로 새 을이라고 읽는다. 이 글자가 정말 새처럼 보이는 글자인지 모르겠지만 대부분의 사람들은 오리모양과 같으냐고 물으면 대부분 고개를 끄덕거린다. 이 글자를 타고나면 새가 울어대듯 시끄러운 사람이 많고, 이 사람들은 공상을 많이하고 아이디어가 풍부하다. 일반적으로 이 글자의 의미는 봄에 새싹이 꾸물꾸물 자라는 형상이나 또한 날아가는 새를 본떠서 만든 상형문자다. 을(乙)은 풀이라 뿌리를 내려 미(未)와 축(丑)을 제어할 수 있고 화(火)가 있으면 금(金)을 두려워하지 않고 갑(甲)이 있으면 타고 오를 지주(支柱)가 있어 어떤 경우도 걱정이 없다.

1. 자의(字意)

을의 글자 모습은 그 형상이 심하게 구불거리는 듯한데 초목(草木)이 오랜 동절기(冬節期)에서 잠을 깨어 굽어진 채로 흙을 뚫고 나오는 것을 의미하며 강한 생장(生長)의 뜻을 나타낸다. 마치 심하게 구불거리는 모습이 튀어나갈 듯 보이는데 이는 보이는 상(象)의 모습대로 탄력 있는 생장의 모습이며 사물이 자라나 펼쳐지기 전의 모습이다. 굴곡(屈曲)을 나타내고 있으며 자라남을 보여준다.

을목은 글자에서 보이듯 새, 제비, 참새, 허리띠, 둘째 천간의 의미를 지닌다. 둘째, 구부러져 있다, 들러붙다, 의지하다. 구불거리다. 휘어지다, 부드럽다. 〈갑골문자(甲骨文字)〉에서 보이는 자의(字意)는 허리에 두르는 가

늘고도 긴 한가득의 띠를 의미하고 있다.

　과거 바지나 하의가 흘러내리지 않게 허리를 질끈 동여매는 것은 지금과 같은 정형화된 요대(腰帶)나 각대(角帶)가 아니라 기다란 끈이었던 모양이다. 지금도 허리띠가 없으면 긴 천을 이용해 묶거나 여성들이 한복을 입을 때 나풀거리는 옷섶이나 치맛자락을 묶을 때 긴 천을 사용한다. 일설에 따르면 을이라는 글자는 싹이 올라온 것이 아니라 지표(地表) 아래 싹이 트며 웅크린 모습이란 설이 있고 초목이 싹을 트기 위해 다가오는 추위를 피하고자 웅크리고 있는 모습이라고도 한다.

　새 을, 새싹 을, 둘째천간 을, 아무 을, 굽힐 을, 생선창자 을, 양광(陽光)이 들어 초목이 처음으로 움이 트고 새싹이 나오는데 마치 글자의 모양처럼 구부러져 나오는 것을 형상화해서 그린 상형문자(象形文字)인 것이다.

　딱딱한 씨의 껍질을 쓴 갑(甲)자가 아래로 발을 뻗듯 뿌리가 나온다면 새을(乙)자는 마치 구부러진 허리를 펴는 사람처럼 생동감(生動感) 있는 모습으로 나온다. 글자 모양이 새의 모습이라 새 을이라 부른다. 실제로 물에 떠 있는 오리나 기타의 조류를 보면 그 형상이 틀림없다. 제비를 형상화한 것이라는 설도 있고 발음할 때 사람의 혀 모양이 을(乙)자와 같은 모양으로 생긴다는 주장도 무시할 수 없다.

　을(乙)자는 사람의 목을 상형했다고도 한다. 따라서 사람의 목은 약간의 곡선을 지닌다. 목뼈가 직선으로 이루어지면 오히려 거북이 목이라 해서 중추(中樞)에 무리가 오는 것으로 파악한다. 갑남을녀(甲男乙女), 을종(乙種), 갑을(甲乙)이라는 말을 많이 사용하는데 모두 사람을 의미한다. ≪설문(說文)≫에 이르기를 "象春艸木 冤曲而出陰气 象彊其出乙乙也 與丨同義乙象甲 象人頸 於筆切乙"이라 했다.

2. 성정(性情)

을목은 갑목과 마찬가지로 같은 목(木)의 오행을 타고 나지만 직선적(直線的)이고 도발적(挑發的)이며 진취적(進取的)인 갑목에 비교하여 을목은 매우 굽은 듯하고 타인을 의지하여야 성장을 이루는 듯하여 성정이 매우 약하다는 느낌을 지울 수 없다. 이는 을목이 음적(陰的)이기 때문이다. 그러나 이는 외양적(外樣的)인 모습이고 생명의 의지는 갑목에 비할 바가 아니듯 강하다. 갑목(甲木)은 목의 외적 성장이라면 을목(乙木)은 목의 기운(氣運)이 내적으로 갈무리되고 성장(成長)하는 과정이다.

을목은 바람을 타고 하늘거리니 하늘에서는 바람이 되고 땅에서는 초목(草木)이 된다. 갑목이 강하고 단단한 목질을 가진 물체라면 을목은 잘 휘고 부드러운 목질을 의미한다. 을목의 겉모습은 지극히 부드럽고 유약하나 강한 태풍이 불어와도 부러지지 않거나 뿌리가 파이지 않고 견뎌내는 강인한 생명력을 보인다. 이는 을목이 갑목보다 더욱 강한 생명의 에너지를 가지고 있음을 보여주는 것이다.

갑목은 태풍을 대하면 버티고 버티다가 가지가 꺾이고 밑동이 잘려 쓰러지거나 강한 바람에 뿌리 채 뽑히지만 을목은 순응(順應)하여 눕거나 쓰러지고 때로 죽은 듯 바닥에 누웠지만 결국 태풍이 몰려간 후에 몸을 읽으켜 자리를 잡듯 강인한 생명력으로 살아남는다.

을목은 직진성인 갑목과 달리 부드럽게 휘어지고 굴절(屈折)되니 융통성을 발휘하여 주변의 상황을 적절히 이용하는 적응력(適應力)이 드러난다. 부드러움이니 잘리거나 꺾이기보다 적응하는 성정을 지니며 아름다운 꽃과 같은 존재이므로 아름다움을 추구하는 기질이 다분하여 여성적(女性的)이며 온순하고 아름다움을 추구하는 성정을 지니고 있기에 디자이너, 미용 등과 같은 예술(藝術), 예능(藝能) 등의 재능(才能)을 가지게 된다.

을목도 목인지라 인(仁)의 성정이다. 동쪽 방향을 나타내고 계절적으로는 봄이며, 청색(靑色)과 녹색(綠色), 신맛을 나타낸다. 숫자는 8을 나타낸다. 신체적으로 목의 기운은 간(肝), 담(膽)을 나타내고 신경, 목, 수족, 이마, 손가락, 발가락, 근육을 나타낸다. 재미있는 것은 을목이 머리카락과 음모(陰毛)에도 영향을 미친다는 것이다.

을목은 사람을 불러 모으는 꽃의 성정을 지니고 있듯 타고난 친화력(親和力)을 지녀 어디에 나서도 환경적응력이 남다르다. 바람에 흔들리는 잎처럼 행동이 활달하고 적극적이며 동서남북(東西南北)을 가리지 않고 돌아다니기 좋아하는 성정에, 현실적인 사고가 긍정적이며 매사 수긍하는 매력이 있다.

표면적으로는 음적(陰的)인 성향이 발휘되는 음인(陰人)이니 정적인 성격으로 조용하며 사고의 유연성이 돋보이는데 이는 표면적인 것이다. 화가 나거나 여럿이 모이면 사막에서 바람이 스치고 지나가거나 자갈이 굴러가는 소리처럼 시끄럽다. 자신의 의견을 낼 때는 힘차게 주장하다가도 논리(論理)와 사리(事理)에 밀리거나 분위기가 따라주지 않으면 순식간에 의견을 접고 순응하는 기질도 가지고 있다. 좋은 의미에서는 순응이고 적응이나 나쁜 의미로는 줏대 없고 시류(時流)에 영합(迎合)이라. 삶의 의욕이 강하고 머리는 좋은 편으로 자존심도 강하다. 고집도 세지만 현실적이라 남의 비위도 잘 맞추고 상황에 따라서는 자신을 낮추고 사람을 대하므로 주변에 사람이 많다.

을목은 강함을 주장하며 밀어붙이는 갑목과는 달리 생활력과 더불어 참고 견디는 인내심도 강하다. 바람이 불어도 뽑히거나 부러지지 않고 살아남는 잡초(雜草)의 끈기를 지녀 어떠한 환경에서도 살아남는다. 어려운 일이 닥쳐도 주저앉거나 포기하지 않고 끈질기게 견뎌 결국 목적한 바를 이루어내는 속성이 있다.

어느 곳에나 어울리는 사교성(社交性)이 있으며 두뇌도 나쁘지 않아 주변상황과 주변의 사물을 포함하여 모든 것을 이용하는 지혜가 있다. 어질고 인자한 면이 있어 이해심이 두드러지고 외적인 화사함을 추구하나 스스로 내실을 중시한다. 자존심을 세우지만 자신에게 주어진 상황을 비

관하거나 버리는 성정도 아니다. 옷을 잘 입으며 자신을
치장할 줄 알지만 무리하지 않으며 친절하고 성실한 성정
은 장점으로 작용한다.

　을목은 대단히 이해타산적(利害打算的)으로 행동하는
데 이러한 성정이 겉으로 드러나지 않는다는 특징도 있다.
겉으로는 잘 표현하고 화합하지만 마음속에서는 이해득실
(利害得失)을 계산하는 경우가 대단히 많고 사치를 추구하
는 경향도 있는데도 지나침이 없고 순응하며 마음을 조절
하기 때문에 그다지 드러나지 않는다.

　을목은 말이 많은 편이며 타인을 무시하는 경향이 나타
나는데 때로 우기는 현상으로 나타나고 자신의 생각을 강
하게 주장하는 형태로 드러나기도 한다. 자신의 주장에 지
위고하(地位高下)를 논하다가도 일시에 자신의 생각을 접
기도 한다. 참을성이 부족하니 불현듯 화를 내거나 보란
듯 두드러지게 행동하고 타인을 무시하는 경향이 겹치면
갈등이 피어난다.

　타인에게 의지하는 의타심(依他心)은 을목의 특징으로
드러나고 혼자 서고자 하는 의지가 약한 특징을 보인다.
생활력이 강한 것과 의타심은 차이가 있다. 사람을 사귐에
있어 때때로 거부감 없이 잘 사귀지만 또 잘 헤어지기도 한
다. 기댈 것이 없으면 매사 안정감이 부족하고 의지력이
약하니 생각 없이 다른 사람의 행동을 따라하거나 의지 없
이 동조(同調)하고 비현실적인 사고를 하는 경향이 있고
줏대 없는 행동으로 타인의 비난을 받는다.

을목은 바람에 흔들리는 갈대와 같은 풀의 속성이 있기 때문인지 적당한 변덕도 있다. 지극히 자기본위적(自己本位的)이고 타인을 이용하려는 마음이 강하다. 약할 때는 드러나지 않지만 목적을 이루거나 강해지면 타인을 지위(地位)와 금전(金錢)을 이용해 억누르거나 비난하려는 속성이 강해진다.

을목은 바람에 나부끼는 속성이라 외부자극(外部刺戟)에 약하고 강한 외부의 공격에는 마주 서기보다 누워 순응하는 성향이 강하므로 상황에 따라 줏대 없이 흔들리는 경우가 많으니 큰일을 논하기엔 적당하지 않다. 겁이 많아 처음에는 큰 소리쳐도 적이 강하면 슬그머니 물러서고 자신이 약하다고 느끼면 지극히 신경질적으로 변하는 속성이 있다. 신경 쓸 일이 많으면 집중력이 현저히 떨어지고 머리가 좋지만 활용이 떨어진다.

을목은 양권에서는 잘살고, 음권에서는 대단히 고역을 겪는다. 지지의 '묘진사오미신(卯辰巳午未申)'에서는 활성을 띠고 잘 살며, '유술해자축인(酉戌亥子丑寅)'에서는 고행을 하여야 한다. 따라서 사주원국에서 지지가 무엇인가에 따라 달라지고 세운에서 어떤 지지가 오는가에 따라 활성화가 달라진다.

3. 음양적(陰陽的) 관점

을목(乙木)은 목의 성정이다. 을목은 늘 푸르고 자유로우며 활기가 넘치는 모습이다. 그 활기 넘치는 모습이 지나치게 흐드러지고 풀어헤쳐진 모습으로 보이기도 한다. 을목은 경직성(硬直性)이 없거나 지나치게 약하다. 이는 갑목과 대조적인 모습이기도 하다.

을목에서는 어떤 음기를 느끼기 어렵다. 그러나 표면적으로 을목은 부드럽기에 갑목(甲木)에 비해 상당히 약(弱)하다는 느낌을 갖게 된다. 갑목이 큰 나무를 표방하고 전나무, 소나무, 주목, 대림목과 같은 의미를 부여하고 있다면 을목은 풀, 담쟁이, 화초, 등나무와 같은 연약하고 부드러운 존재의 인식이 강하다.

을목은 부드럽다. 풀의 성분이기 때문이다. 강한 기상이 보이지 않는 것은 약해서가 아니라 자유롭고 양성적(陽性的)이기 때문이다. 풀이 약하다고 느끼는 것은 목심(木心)이 없거나 부드럽기 때문이다. 갑목은 목심이 단단하여 지탱하는 역할을 하지만 을목은 목심이 보이지 않는 경우가 많다. 이는 부드러움으로 나타난다. 단순히 약하다는 것이 아니라 양의 성분이 지나치기 때문이다. 양은 풀어헤쳐지는 기운이고 사방으로 번지는 기운이다. 음의 성분은 강하고 뭉치고 얼리는 기운인데 이에 비교해 지나치게 자유롭고 풀어진 기운이다. 따라서 이러한 느낌은 을목(乙木)이 양기(陽氣)가 더 활발해져 있기 때문이다.

갑목은 강한 기상으로 음기를 이겨내지만 을목은 양기가 충만한 상태이기에 이겨내거나 뚫고 나가야 할 대상이 없어 부드러워지고 자유로워진다. 갑목(甲木)은 음기(陰氣)를 뚫고 나가며 도전하듯 강인한 모습을 나타내는 반면 을목(乙木)은 화의 기운이 충만하여 활발한 생(生)의 작용이 이루어지는 목(木)으로 사목(死木)의 개념이 없다. 부드럽게 보이고 자유로우며 상황에 대처하는 능력과 어떤 경우라도 살아남는 것처럼 생명력이 뛰어난 것은 양(陽)의 활동이 갑목에 비해 활발하기 때문이다.

4. 오행적(五行的) 관점

을목(乙木)은 일반적으로 풀의 모습이다. 꼿꼿하게 서 있는 나무의 모습보다는 풀의 모습이니 뿌리가 깊지 않고 키도 높게 자라지 않는다. 풀이 잘 자라기 위해서는 물이 필요하다. 물론 태양의 화기도 필요하다. 그러나 가장 중요한 것은 물을 마셔야 풀은 자란다는 것이다. 그러나 물은 을목에게 치명적으로 작용하기도 한다. 을목이 가장 두려워하는 것은 수기가 왕성해지는 것으로 이는 한여름의 장마철과 같은 기운이다. 수의 기운이 지나친 것을 수다목부(水多木浮)라고 한다. 뿌리가 파여 물위에 둥둥 뜬 것 같은 현상이다. 이는 근본(根本)이 상(傷)하고 정해진 거처(居處)가 없게 된다.

초목은 화의 기운으로 살아간다. 수분이 있어야 생육(生育)의 조건이 이루어지지만 햇살이 없으면 결국은 죽고 만다. 음지식물(陰地植物)이라고 할지라도 햇살이 어느 정도는 있어야 하듯 을목(乙木)은 사시사철 화(火)가 있어야 뜻을 이룰 수 있다. 을목에게 태양은 늘 필요한 존재이지 그때그때 필요한 존재가 아니다.

천간에는 병화(丙火)와 정화(丁火)가 투간 될 수 있는데 을목이 좋아하는 것은 병화이다. 병화가 있으면 녹색 식물의 잎에 빛을 뿌려주는 격이니 주변의 여건이 자연스러우나 자기본위적(自己本位的)이다. 즉 태양이 자기를 위해 존재하고 있다고 결정지어버리는 격이다. 그러나 병화가 없으면 자라남이 만족스럽지 못하다. 아예 화의 기운이 없다면 시들고 결국은 죽어버리는 격이다.

　을목에게 화의 기운은 구세주나 다름없다. 병화가 있다면 만족스럽지만 그렇지 못한 경우가 있다. 그나마 다행히 정화(丁火)라도 있으면 살아날듯 하지만 지나치게 가까우면 익어버리고 타죽고 마는 격이니 죽지 못해 사는 격이요, 상처가 있다. 따라서 정화의 첩신(貼身)은 두려울 뿐이다. 흔히 을목에 정화가 투간이면 활인지명(活人之命)이라 한다. 즉 다른 사람에게 봉사하고 헌신해야만 몸에 병이 없다. 따라서 타인에게 베풀려는 마음이 강하나 매사에 마음 상하고 수고로움이 따라간다.

　을목에게 가장 두려운 것은 잘려 베어지는 것이다. 을목은 부드러운 성정을 지닌 초목이기에 금(金)의 예기(銳氣)를 이기기 힘들다. 경금(庚金)이나 신금(辛金)이 모두 병(病)이 되는데 신금은 지극히 무섭다. 따라서 금이 많으면 풀이 베이고 벌초(伐草)를 당하는 격이라 좌절(挫折)과 고난이 많다. 풀이 많으면 너른 들판이 필요하지만 풀이 적다면 적당한 땅이 필요하다. 을목이 이와 같으니 토가 지나치게 많으면 오히려 뿌리를 내리지 못한다.

5. 계절적(季節的) 관점

1) 춘절(春節)

을목이 잠에서 깨어 싹을 틔우고 자라나고자 한다면 병화(丙火)가 절대적으로 필요하며 수(水)가 필요하다. 싹을 틔우는 두 가지의 필요충분조건은 수분(水分)과 빛이다. 을목이 자라고자 하면 반드시 수기(水氣)와 화기(火氣)가 필요하다. 그러나 필요한 기운이기는 하지만 수가 지나치게 왕(旺)해지면 뿌리가 썩고 뿌리가 파여 물에 둥둥 뜨는 격이니 두려워하게 된다. 뿌리가 썩는다는 것은 일신에 병이 많이 오는 것을 의미함이며 발전성이 없다는 것을 보여주기도 한다. 따라서 을목으로서는 천간(天干)에 수(水)가 투간(透干)하는 것은 그다지 도움이 되지 않는데, 천간에 투간이 되지 말고 차라리 지지에 자(滋)윤(潤)이 이루어져야 한다. 따라서 지지에 진토(辰土) 하나면 충분하다. 진토의 지장간(地藏干)에 숨어있는 수기(水氣)는 만물을 자라게 하는 좋은 물이다.

을목은 토에 뿌리박고 물을 도움을 받아 태양으로 꽃피운다. 그러나 수가 지나치게 왕하면 병이 있으니 이를 제극하여야 한다. 수를 제극하는데 화기가 도움이 되기는 하지만 근본을 해결할 수는 없다. 아울러 화기를 이용하여 수를 제극하다가는 수기가 증발하여 하늘을 가리니 역시 병고(病苦)라. 따라서 토의 역할이 중요해진다.

수가 왕하면 토의 도움이 절실해진다. 토는 지나친 수를 제어하는 역할을 하지만 기토(己土)의 경우는 지나치게 가까이 있으면 흙탕물이 될 수 있으므로 배치와 그 간격에도 주의를 기울여야 한다. 금(金)은 관(官)으로 작용하고 금생수(金生水)의 법칙에 어긋남이 없다. 따라서 금의 작용이 민감하니 주변의 여건을 잘 살펴야 한다.

2) 하절(夏節)

하절기가 되면 을목은 무성하게 자라야 한다. 성장을 하고 무성함을 이루려면 반드시 물의 도움이 있어야 한다. 이 시기의 물은 초목을 자라게 하는 물이다. 그러나 물을 먹는다고 무작정 자라는 것이 아니라 병화를 얻어야 제대로 자라니 수기와 화기의 도움과 조율이 중요해진다. 따라서 이 시기에는 계수(癸水)의 도움이 절대적으로 필요한 시기(時期)이다. 지지의 지장간에 자리하고 있는 계수라도 끌어다 사용하는 시기이다. 그러나 병화(丙火)의 작용이 없으면 아무리 수가 많아도 무용(無用)이 되기 쉽다.

병화의 기운이나 정화의 기운이 지나치면 목이 마른다. 그래서 지나치게 가까운 화기는 목을 마르게 한다. 그러나 한편으로는 목이 마르는 것은 지극히 꺼리나 병화(丙火)가 없다면 꽃을 피울 수 없어 잎만 무성하니 작용이 상실되는 것은 원치 않는다.

식물의 성장에 물의 쓰임이 중요하듯 을목에게는 성장의 바탕이 바로 물이다. 사오월(巳午月)은 비가 와야 싹이 트고 초목이 자리를 잡듯 계수(癸水)의 쓰임이 먼저이다. 그럼에도 병화의 기운은 상시 미쳐야 하니 을목에 계수가 가까이 있거나 지지에 계수가 가까이 있어야 한다. 그 너머로 병화가 보여야 한다.

미월(未月)은 더운 달이다. 아울러 을목이 만발해진 날이다. 을목은 미월이 되면 최고의 전성기에 해당한다. 하늘 높이 성장하는 시기이고 태양을 바라보려는 시기이다. 따라서 이 시기에 들어서면 병화(丙火)를 먼저 쓰는 것이 원론적인 방법이다. 병화가 어디에 위치하고 있는가를 살펴야 한다. 그러나 더운 날이니 조후(調喉)를 생각하여 계수(癸水)를 사용하지 않을 수 없다. 계수의 조후적 작용을 무시해서는 안 된다.

을목은 수와 화의 조화가 중요한데 수기가 모두 같은 수기가 아니고 화기가 모두 같은 화기가 아니다. 계수(癸水)가 있고 병화(丙火)가 있다면 최상의 명(命)이 될 것이다. 그러나 계수가 이미 있고 병화가 없는 대신 정화(丁火)가 있으면 늘 바쁘고 일신에 수고로움이 따라야 하는데 활인(活人)의 명이다.

계수(癸水)가 있고 무토(戊土)가 있으면 높은 산에 흐르는 물이다. 아무리 소리를 지르고 흘러도 찾아오는 사람이 없는 격이다. 따라서 을목이 계수를 바탕으로 무토에 자리면 쓸모 없게 된다. 계수(癸水)와 기토(己土)가 투간(透干)하면 기이(奇異)함이 있으나 귀(貴)함을 얻기는 어렵고 때에 따라서는 흙탕물이 되니 참으로 조심할 일이다.

을목은 여름에 자란다. 하월(夏月)을 지향하는 을목(乙木)에는 화기가 그 첫 번째이고 수기가 두 번째이다. 을목은 여름철에 들어 병화(丙火)의 쓰임을 중용(重用)하는 것이 중요하며 계수(癸水)의 작용은 중요하고 성장의 기틀이지만 지나치게 왕해지지 않는 상황에서 도움이 되어야 한다. 계수가 지나치게 강하거나 또 다른 수기로 인해 수기가 왕해지면 토의 도움이 필요하지만 그보다 먼저 수다목부(水多木浮)가 되기 쉽다. 임수(壬水)의 작용은 극단(極端)의 희기(喜忌)를 보이니 사용에 어려움이 많고 매우 조심스럽다.

3) 추절(秋節)

을목이 가장 두려워해야 하는 것은 금의 성분이다. 금기는 초목을 베는 성정이 있기 때문이다. 또한 을목은 강한 목심(木心)이 없어 베이기 쉬우며 밑동부터 잘리기 쉽다. 물론 을목은 갑목과 달리 생명력이 강하고 베어져도 일어나는 기운이 있으나 베이면 일어서는 노력이 다시 투자되어야 한다.

을목에게 있어 금(金)의 투간은 위해(危害)를 당할 수 있기에 긴장할 수밖에 없다. 금의 기운을 다스리는 병화(丙火)를 먼저 쓰면 그 폐해를 예방하거나 방어할 수 있으며, 더불어 계수(癸水)의 도움을 받으면 상격(上格)을 이룬다.

겨울로 접어들기 전이며 추기(秋氣)의 막바지에 머무는 술월(戌月)에는 토(土)가 강해지는 것을 염려해야 하고, 아울러 술토는 습기가 적은 조토(燥土)이므로 수기의 작용은 하지 못하고 생금(生金)의 작용도 기대하기 어렵다. 따라서 계수(癸水)의 작용이 커지는데 비록 술토(戌土)가 조토(燥土)이기는 하지만 수(水)의 진기(進氣)이니 무시할 수 없는 것이다. 따라서 다른 수(水)가 투간되거나 지지에 자리하여 왕(旺)해지는 것은 도움이 되지 않는다.

4) 동절(冬節)

겨울철의 절기상 기운은 수기(水氣)이다. 계절을 지지의 흐름으로 풀면 동절기(冬節期)는 해자축(亥子丑)이 된다. 이는 수기가 극상(極上)의 기운에 해당함을 보여준다. 따라서 을목은 겨울철에는 수기가 풍후(豊厚)하면 얼어 죽으니 가능한 수기의 보충을 피해야 한다. 동절기 태생의 을목이 다시 수를 더하면 지나치게 많은 수의 영향을 무시할 수 없어 얼어붙는 격이니 병약해지고 뿌리가 썩는다.

겨울철 태생의 을목에게 겨울이란 지나치게 많은 수기를 제공하는 격이다. 나무를 자라게 하는 것이 수기의 역할이지만 때로는 수생목(水生木)의 작용이 오히려 역효과를 가져올 수 있다. 겨울철의 을목(乙木)은 인성(印星)의 작용이 오히려 뿌리를 썩히고 얼게 하는 작용을 하여 피해로 드러나기 쉽다.

수기가 지나치면 물을 막아야 하는 절체절명(絶體絶命)의 순간이 오기도 한다. 계절의 수기만으로 벅찬데 또 다른 수기가 오는 경우가 그렇다. 수기가 지나치면 물을 막을 토의 기운과 수의 기운을 말려버리는 화의 기운이 절실하게 요구된다. 따라서 동절기 태생의 을목은 무토(戊土)와 병화(丙火)의 작용이 절실하다. 병화(丙火)로 얼어버리는 추위를 풀어내고 무토(戊土)로 유입되는 물을 막아 수위(水位)를 조절하면 을목이 얼어버리는 일이 없어 상격(上格)으로 뜻을 이룰 수 있다.

단, 주의할 것이 있다. 을목의 주위에 갑목이 있을 경우 무토(戊土)의 역할을 잘 사용하고 잘 파악해야 한다. 무토는 수기를 제(制)하여 도움이 되지만 그 제(制)가 지나치면 갑목(甲木)의 도움을 예상하기 어려운 점이 있어 기이(奇異)하게 되고 시비(是非)와 구설(口舌)을 피하기가 어려워진다.

동절(冬節)의 을목(乙木)은 차가운 북풍을 막아내듯 병화(丙火)와 몸을 파고드는 물을 막고 조절하는 것이 중요해지므로 무토(戊土)의 도움이 절실하게 필요하다. 화(火)나 토(土)가 아예 없거나 작용하지 않으면 주저앉아 신세를 한탄하는 격이라.

6. 희기(喜忌)

을목은 음지보다는 양지(陽地)를 좋아하며 병화(丙火)가 있으면 금(金)을 제극하고 녹여버리는 성질이 있으니 극(剋)이 다가온다고 해도 두려워하지 않는다. 따라서 을목으로서는 금의 오행이 드러나면 반드시 화의 오행이 병립해 주어야 안심이다.

을목에게 수와 화는 반드시 필요한 기운이다. 그러나 겨을철은 수의 기운에 대해서는 조절과 제극이 요구된다. 을목은 화(火)를 보면 상향(上向)의 기운(氣運)이 발(發)하여 생장(生長)하고자 하는 기운(氣運)을 돕게 되는데 이때는 갑목과 같은 기운이다. 따라서 성장과 꽃을 피우기 위해서 을목(乙木)에게 병화(丙火)의 존재가 꼭 필요하다. 을목은 어떤 경우라도 병화가 필요하니 좋아하는 관계가 된다.

지지(地支)에 화의 기운이 있어 조토의 성분을 지니는 미(未)나 습기가 있어 습토인 진(辰)을 만나도 뿌리가 잘 자랄 수 있다. 그러나 자(子) 신(申)은 천을귀인(天乙貴人)이 되면서 차가운 기운이고 수를 지나치게 생하므로 화(火)가 있어야 제대로 작용하게 된다.

7. 상(象)

풀, 화초, 잡초, 화원, 화분, 목각(木刻), 간(肝), 새, 제비, 활목(活木), 꽃꽂이, 잔디, 담쟁이, 생물학, 다래나무, 포목, 깃발, 풍(風), 등나무, 쥐, 선원(船員), 수경재배, 회초리, 골프채, 수초, 손가락, 발가락, 화장품, 한방(韓方), 머리카락, 이발, 미장원, 음모(陰毛), 잔디밭, 문구, 동쪽, 동녘, 약초(藥草), 3, 8, 나무액세서리, 의복, 침구, 종이, 필(筆), 허리띠, 각대, 요대, 포승줄, 서(書), 전선(電線), 인장(印章), 말채찍, 국수 가락, 프랑스, 기다린 실, 밧줄, 닻줄, 디자인, 삼베옷, 목인쇄물, 벼, 채소, 미용실, 이엉, 설계, 미술, 약초, 현악기.

8. 천간(天干)과의 관계

1) 乙+甲 : 등라계갑(藤蘿繫甲)이라 한다. 갑목은 을목의 이용대상이 된다. 을목이 갑목을 타고 오른다는 것으로 을목은 갑목을 이용대상으로 삼는다. 정상에 오르기 전에는 갑목에 의지하지만 정상에 오르면 갑목을 천시한다.

2) 乙+乙 : 을이 병존하여 나란히 서면 경쟁이 심화된다. 신약한 경우를 제외하고는 도움이 되지 않는다. 꽃밭이다. 새떼의 형상이니 시끄럽고 말이 많으며 주변을 살피지 않는다. 천연덕스럽고 부끄러움을 모른다. 넝쿨이 마구 엉켰으니 백해무익이다.

3) 乙+丙 : 높은 곳을 향해 오르고자 하는 상향지기(上向之氣)를 도와주는 역할을 하기 때문에 능력을 발휘하게 된다.

4) 乙+丁 : 온실의 화초, 활인지명(活人之命)이나 번거로움을 피할 수 없다. 남을 돕는 일에 적극 나서야 한다. 침술원, 의사, 약사, 외과의사가 제격이다. 자신이 활인하지 않으면 주위의 누군가는 활인해야 한다. 그래서 남편, 자식이 활인의 직업을 가져야 좋다.

5) 乙+戊 : 고원의 나무로 자신을 드러내기 어렵다. 바람을 많이 타니 고난이 있다. 찾아오는 객이 없으니 외롭다. 동절에는 큰 산이 바람을 막으니 도움이 크다.

6) 乙+己 : 농토에 난 곡식이다. 농토의 곡식으로 병화(丙火)와 같이 있으면 뜻을 이룬다. 잡초가 되지 않도록 심성을 키워야 한다.

7) 乙+庚 : 마음은 끌리나 나서기에는 두려움이 앞선다. 자신의 의지를 펼치기 어렵다. 아차하면 쓰러지는 격이다.

8) 乙+辛 : 낫으로 풀을 벤 격이라 의기가 꺾기니 뜻을 이루기 어렵다.

9) 乙+壬 : 부목(浮木), 부목(腐木)되기 쉬우니 토기(土氣)의 도움이 없으면 의지할 곳이 없게 된다. 다른 천간에 수의 오행이 있으면 수다목부(水多木浮)라. 수기(水氣)는 지장간으로도 충분하다.

10) 乙+癸 : 생기를 얻는 것이나 병화(丙火)와 다투지 않아야 뜻을 이룰 수 있다. 계(癸)의 근처에서 병화(丙火)가 멀리 떨어져 있어야 뜻을 이룬다.

9. 을목(乙木)의 통변(通辯)

을목은 꽃이며 작은 나무이니 관목(灌木)이라 할 만하다. 을목은 성장하여 꽃이 되니 약하고 여리며, 성장하며 아름다움을 뽐낸다. 아름다운 꽃을 피우는 화초(花草)로 성장하고 그 외양을 드러내는 감상과 소유의 대상이다. 을목은 열매를 맺거나 집을 짓는 목적에서 재목(材木)의 대상으로 쓰이지 않는다. 관목으로 자랄 뿐으로 갑목(甲木)으로 자라지 못하니 미약한 존재이고 자기의 가치를 잊거나 주제가 넘으면 삭초(朔草)당한다.

을목은 목의 성분이라. 자라는 과정에 수(水)가 필요하니 진축(辰丑)의 지장간 속에 자리한 계수(癸水)만으로 충분하다. 수(水)의 오행이 투간 되면 물에 잠기거나 물에 둥둥 뜨게 된다. 이를 수다목부(水多木浮)라고 한다. 수의 오행이 지나치게 많으면 수생목(水生木)을 하지 못하고 오히려 뿌리가 썩으니 어이할꼬! 을목은 오직 병화만을 필요로 한다. 병화가 없으면 꽃이 피지 않으니 이 또한 결실이 없고 아름다움을 뽐낼 시간조차 없다.

을목(乙木)은 풀이다. 을목은 화초이다. 을목은 벌판에 깔린 잡초와 같으니 화초, 풀밭, 넝쿨의 물상이다. 단순하게 풀이나 초목만을 의미하는 것이 아니어서 소식, 이별, 붓, 털, 사치 등의 의미가 있다. 따라서 을목은 치장을 잘하고 늘 자신을 가꾸는 소질이 있어 남에게 자신의 치부를 드러내지 않는 극단적인 성격도 지니고 있다.

을목(乙木)은 자라나고 성장하며 꽃을 피우기 위해 절대적으로 병화(丙火)가 필요하다. 수의 작용도 중요하지만 병화가 우선적으로 작용한다. 갑목(甲木)이 있으면 타고 올라 병화를 보기에 유리하고 꽃을 피울 수 있어 매우 좋은데 이를 등라계갑(藤蘿繫甲)이라 한다. 이처럼 도움을 주는 형태를 이루면 살아가고 버티며 목적을 이루는데 의지가 되고 훌륭한 이용수단이 되나 대부(大富)를 이루기는 어렵다.

을목은 성장을 위해 화(火)의 작용이 중요하나 지나치거나 화려함만을 치중하는 경향이 가유하여, 모든 것이 속 없는 알갱이에 겉치레로 흐르기 쉽고 꽃이 피어도 열매를 맺기 어려우니 노후에 공허하다. 을목은 수가 지나치게 많은 것을 두려워하는데 임계(壬癸)가 들어나면 수다목부의 격이라 심신이 고달프기만 하다. 진토(辰土)에 뿌리를 두면 잘 자라기야 하겠지만 지나치면 역시 수다목부가 이루어질 가능성이 높고 화(火)의 피해를 염려해야 한다. 계(癸)가 천간에 있으면 역시 뿌리가 썩는 아픔이 있을 수 있고 다른 수의 오행과 합작하여 수다목부를 이룬다. 그렇지 않아도 밖으로 분주하게 되나 마음같이 되지 않는다.

1) 을목(乙木)은 반드시 병화(丙火)가 있어야만 꽃이 핀다.

2) 을목은 성장하는데 물이 필요하지만 지나치게 많이 투간되면 뿌리가 썩는다. 물이 많으면 나무가 물에 둥둥 뜬 격으로 이룸도 없고 병도 많다.

3) 을목은 진(辰)과 축(丑)의 지장간에 자리한 계수(癸水)만으로도 물이 충분하다.

4) 갑목을 보면 등라계갑(藤蘿繫甲)이라 타고 오르기에 좋지만, 타고 오른 후에는 수치를 모르고 건방을 떨며 자기가 최고인양 주제 넘는 행세를 한다.

4) 을목이 병화(丙火)가 없으면 꽃을 피울 수 없으니 후처(後妻)의 명이다. 꽃을 피우기 어려우니 열매가 쭉정이뿐이라.

5) 병화가 없으면 꽃을 피울 수가 없어서 인생이 고통스럽다.

6) 임계(壬癸)와 같은 수(水)의 오행이 투간되면 물이 넘쳐 뿌리가 썩으니 평생 일신상의 잔병이 많다

7) 사오미월(巳午未月)에 태어난 을목이 정화(丁火)를

보면 지나친 열기로 인해 성정이 메마르다.

8) 사오미월(巳午未月) 을목이 정화(丁火)를 보면 단명(短命)한다.

9) 을목 남자가 기토(己土)를 보면 몸 버리고 가산(家産)을 탕진(蕩盡)한다.

10) 을목 여자가 기토를 보면 들에 핀 꽃이 되어 가정을 버리고 통정(通情)한다.

11) 무토(戊土)를 보면 높은 산에서 홀로 피는 꽃이라 외롭다.

12) 무토를 보면 고산지화(高山之花)라, 높은 산에 홀로 핀 꽃이니 찾아오는 이 없고 바람을 맞으니 삶이 괴롭고 봐주는 사람이 없어 낙이 없다.

13) 경금(庚金)을 보면 꽃을 망치게 한다.

14) 신금(辛金)을 보면 예리한 낫으로 꽃을 베어내는 격이다.

15) 을이 연속으로 있어 을이 을을 보면 새들이 몰려든 격이니 시끄럽고 주변이 어지럽다. 백해무익(百害無益)에 인덕(人德)이 없다.

16) 을이 을을 연속으로 만나 을의 삼련(三聯)이 되어 천간에 을이 3개가 되면 가무(歌舞)에 능하고 꽃이 만발하니 구경꾼 많겠다. 남들에게 정성을 쏟고 인의(仁義)로 대하면 명예를 얻고 관직으로 진출하면 두각을 나타낸다.

3장

병화론

(丙火論)

3장. 병화론(丙火論)

丙火(陽/陽干:上)

병화는 태양을 의미하는 글자이다. 따사로움과 빛이 함께 하고 있다. 태양빛은 한 곳에 모이기보다 넓게 퍼지는 것이 속성이다. 퍼져야 너른 세상을 두루 비출 수 있다. 따라서 큰 빛은 퍼지는 속성이 있다. 넓게 퍼지는 곳에 뿌리는 보이지 않는다. 병화는 피어오르는 열이 주(主)가 아니라 빛이다.

빛은 팽창(膨脹)하려는 본성을 지니며 그 기운이 사방으로 발산하니 휘산(輝散)이라. 뿌리는 보이지 않고 속이 공허하다. 기(氣)는 가볍고 리(理)는 밝으니 그 위치가 위에 머무른다. 병화가 부각되고자 한다면 갑목으로 그 힘을 받쳐줌이 좋다.

예부터 생긴대로 논다는 말이 있다. 그래서인지 사람의 관상(觀相)으로 그 생김대로 파악하거나 심성(心性)을 예측하는 학문이 있기도 하지만, 생긴대로 논다는 말이 하나도 틀리지 않음을 알 수 있다. 글자도 마찬가지이다. 병(丙)이라는 글자는 그 글자 모양이 서양의 음식을 먹을 때 사용하는 포크처럼 생겨서인지 먹는 것을 즐기는 식도락가가 많다. 우리나라로 말하면 두엄을 치우는 쇠스랑처럼 생겼다고 하면 되겠다. 글자의 모양이나 생김이 성향으로 나타난다는 것을 알겠다. 그 글자의 모양이나 글자의 생김을 살피면 병이란 가마솥을 엎어 놓은 것 같은 글자 모양이니 그 의미와 속성이 매우 뜨겁다는 뜻이 될 것이다. 그래서 지지(地支)에 병이 뜨는 달은 덥고 뜨겁다. 혹 들고 가다가 너무 뜨거워 뒤집어진 것은 아닌지 모르겠다. 병은 재능과 재주가 많아 예능이나 예술, 문학에 조예가 깊다.

丙은 세력이 치열하여 수(水)와 금(金)을 능히 제압하나 신(辛)을 만나면 누그러지고 토(土)를 만나면 자비로워진다.

1. 자의(字意)

병(丙)은 식물이 자라 땅 위에서 활개를 벌린 듯한 모습이다. 이는 뚜렷함인데 땅 위에 드러남이다. 존재감이 뚜렷이 드러나는 것으로 초목(草木)이 크게 자라나는 것을 나타낸다. 이는 〈설문해자(說文解字)〉의 이론으로 초목이 자라는 모습을 형상화 하고 있는데, 초목이 크게 자라 하늘을 가려 바닥에는 그늘이 진 것과 같은 형상을 나타낸 것이다. 병이라는 글자는 사물이 우람하게 자랐다는 의미이다. 동구 밖에 크게 자란 느티나무를 상정하면 된다. 우람한 나무 그늘에는 쉬기 위해서, 혹은 이야기를 나누고 단결을 하기 위해 사람이 모여들기 마련이다. 따라서 병화는 사람을 모으는 속성이 있다.

남녘, 남쪽, 태양, 불, 빛, 반짝임, 밝게 빛이 남, 셋째 천간, 병은 솥을 본뜬 글자로 갑골문자(甲骨文字)이다. 솥은 불안정하니 뒤집어지고 쏟아지기 쉽다. 옛날의 솥은 세

개의 다리를 부착하여 균형을 잡았는데 이를 정(鼎)이라 한다. 다리가 없으면 잘 뒤집어지고 안정감이 없다. 따라서 솥이 엎어지거나 쓰러지지 않고 땅에서 안전하고 똑바로 자리 잡을 수 있도록 뻣뻣하며 평평한 땅에 있어야 한다. 상형문자(象形文字)에서는 제사를 지낼 때 희생물을 얻는 큰 제사상을 본 뜬 것으로 표현된다. 지금의 북방식 고인돌 모양과 같은 모습이다. 음(音)을 빌어 천간의 셋째 자로 사용한 것으로 인식된다.

셋째천간 병, 남녘 병, 남쪽을 의미하고 환하게 밝은 불빛을 나타낸다. 을(乙)의 다음 천간으로, 을(乙)자에서 보이는 굽은 것이 다시 펴진 것이며 바로 선다. 아울러 지중(地中)을 나타내는 경(冂)에 뿌리를 박고 서니 뿌리 모양인 입(入)의 형태에 음으로 두 잎을 의미하는 인(人)자형의 문자가 좌우로 펴진 모양으로 자리하고 있다. 두 잎은 다시 평행이 되어 일(一)자 모양이 되었다.

식물은 태양을 지향하는 성정을 지니고 있다. 이를 향일성(向日性)이라 정의하는데 해는 남쪽에서 뜨므로 식물이 지향하는 방향이라는 의미에서 병은 남쪽이라는 의미를 지니게 되었다. 즉 병이라는 글자는 태양을 지향하고 자라는 식물의 모양이라 병의(竝義)로 남쪽이라는 의미를 가지게 된 것이다.

또 다른 이론에는 사람의 어깨를 상형했다고 한다. 양어깨가 일자로 평평하고 몸통을 의미하는 경(冂)자의 속 부분은 장기(臟器)를 담은 그릇이다. 결국 경(冂)은 몸통을 의미하고 있다. ≪설문≫에 이르기를 "位南方 萬物成炳然 陰气初起 陽氣將虧 從一入冂 一者陽也 丙承乙象人肩 徐鍇曰 陽功成入於冂冂門也 天地陰陽之門也 丙永切丙."이라 함으로써 경(冂)자 안에 입(入)자가 있는 이유를 알겠다.

2. 성정(性情)

병은 밝게 빛나는 태양이다. 열보다는 빛의 관점이다. 열이 있기는 하지만 그보다는 밝은 빛이 먼저보이고 빛의 역할이 더 크다. 빛은 광휘로워 뿌리가 보이지 않지만 발산(發散)하는 성정(性情)으로 그 기운이 위에 머물게 된다. 팽창하는 기운이 있고 여기저기 사방으로 뿌려지는 기운이 있다. 병화는 빛과 열중에서 따사로운 빛의 성향이 강하며 인간이 만들어내는 문화(文化)의 상징이 된다.

병화는 태양이 만물을 비추어 밝게 하는 성정이다. 천일무사(天日無私)라 했으니 매사에 공평(公平)하고 이유를 바라지 않고 베풀기를 좋아하는 것은 태양의 성정이다. 강한 빛과 열기를 발산하는 형상이니 모든 것에 영향을 미치고자 한다. 밝고 적극적이나 해가 저물면 기척도 찾을 수 없듯 쉽게 싫증을 느끼기 쉬우며 포기도 빠르다. 빛이 직선으로 나아가듯 직관적(直觀的) 성향이 강하다.

빛을 내는 물건이거나 열을 내는 물건이거나 모두 화(火)의 성정이다. 화의 성정은 예(禮)의 성정이다. 방향은 남쪽을 가리키며 남녘, 남향, 남쪽, 남방을 가리킨다. 계절적 특징은 여름이고 적색(赤色)이다. 쓴맛을 내고 숫자는 7을 의미하며 신체는 소장(小腸), 눈, 어깨를 의미한다. 그러나 부수적으로 심장(心腸)에 미치는 영향을 무시할 수는 없다. 태양은 높은 곳이니 머리의 의미도 지닌다.

병화는 밝고 명랑함이 가장 두드러진다. 많은 사람을 주변으로 불러들이고 그들 모두에게 자신의 역량이 미치기를 바란다. 자신의 포용력(包容力)이 많은 사람에게 미친다고 생각하며 매사에 긍정적으로 임하고 적극적이며 대단히 활동적이다. 개성 또한 강하고 매사 열정적으로 임해 대체적으로 평판(評判)이 좋다. 예의가 바르지만 한번 틀어지면 엇나가는 성정이 있다.

불은 화가 나면 사방으로 퍼지고 번지며 제어(制御)가 쉽지 않고 어디로 뛸지 모르는 성향으로 변한다. 불이란 사람을 해하고 피해를 주는 속성을 지닌다. 만물을 태우고 재로 만드는 속성이다. 따라서 평소에는 사람을 불러 모으고 혜택을 주고자 하지만 생각이 바뀌고 잘못 타오르면 모든 상황에서 피해를 끼친다. 한번 해를 입히면 그 피해가 크고 때로는 복구가 어려울 정도이다.

활활 타오르는 불에 물을 뿌리면 재가 피어올라 천지사방(天地四方)으로 날리고 불길이 팔방(八方)으로 튀며 폭죽이 터지듯 번지듯 화가 나면 걷잡을 수 없다. 마치 불똥이 사방으로 튀거나 햇살이 번뜩이는 모양이다. 솔직 담백한 면이 강하지만 한번 틀어지면 불같은 성격을 드러내고 자기주장을 지나치게 내세우는 특징이 있다.

옳고 그름을 따지는 성격에 명확하고 화끈하며 공명정

대(公明正大)함을 추구하는 성격이 있으며 원칙(原則)을 중시한다. 직설적(直說的)인 화법(話法)을 사용하고 바른 말을 잘하며 뒤끝이 없다. 겸손(謙遜)하고 봉사정신(奉仕精神)이 뛰어나 솔선수범(率先垂範)하는 성격이고 화술(話術)도 뛰어나지만 자신을 과신(過信)하고 드러내기를 즐기므로 허풍(虛風)도 세다. 따라서 인기는 좋지만 실속 없는 경우도 많다. 인기가 좋은 편이라 남자에게는 여자가 잘 따른다.

병화는 화술도 뛰어나지만 외모도 그다지 뒤지지 않고 가꿀 줄도 아는 성정이므로 많은 사람으로부터 호감을 사고 어디서나 좋은 평을 듣는다. 근본적으로 재물을 아끼는 성정을 지니지만 한번 풀리면 고삐 풀린 망아지격으로 돈을 물 쓰듯 쓴다는 표현이 어울린다. 간혹 가진 것이 없이 화려한 면만 드러내기를 희망하니 스스로 고통스럽기도 하다. 생활력도 강하지만 욕심이 많아 간혹 무리수를 둔다. 이상이 높고 꿈이 크며 진취적이지만 이룸이 약하면 허풍선이가 된다.

병화는 빛이 퍼져나가는 형상이라! 주위가 산만하기 쉬우며 집중력이 약해 실수가 많아 세밀함은 지나치게 부족하다. 사치와 허영심은 아무리 아끼고 생각한다고 해도 지나침이 심해 통제가 어려우며 만사에 체면이라고는 일 푼의 여지도 없어 아는 것도 없지만 지나치게 아는 체를 하기도 한다.

급한 성격으로 손해를 보기 쉬우며 침착성은 지극히 부

족하다. 계산에 약하고 무엇을 하여도 계획성이라고는 눈곱만치도 없으니 불안정하다. 타인의 일에 참견하기 좋아하니 구설이 심하고 급한 성격으로 타인을 곤경에 빠뜨리며 곤란하게 만든다. 따라서 병화와 함께 가면 언젠가는 반드시 곤경을 당하고 책임질 일이 생긴다. 일을 저질러 놓고 주위에서 해결해 주기를 바라는 모습이다.

빨리 달아오르는 성정이 있어 기다리는 끈기가 부족하고 지속성에서도 믿을 바가 못된다. 한번 싫으면 다시 보지 않는 극단적인 성격으로 스스로 고독을 자초하는 경향이 있다. 자신이 잘못해 놓고도 남을 비판하거나 비난하여 스스로 고립된다. 사람을 대함에 지위고하를 막론하고 무례함이 있고 과정에 대한 폭력적 성향이 있으며 위기에 몰리면 공격적인 성향이 나타나며 평소에도 독선적인 성향을 드러낸다.

끈기 부족에 참을성이 없으니 속단(速斷)하거나 결정을 서두르고 성격이 불같이 일어나며 식을 때도 빠르다. 타인의 비밀을 지킬 줄 모르니 입이 가볍다는 말을 듣고 손해를 본다. 남의 뒷담화를 즐겨 하여 구설수에 오르고 창피를 당하기 쉬우며 변덕 또한 심하다. 감정변화가 심하니 맞추기가 어려운 사람이다.

병화는 양권의 제반사를 주제하고 장악하면서 잘 살아가나, 음권에서는 무력하여 매우 지나치다 싶을 정도로 고역을 면치 못한다. 지지의 유술해자축인(酉戌亥子丑寅)에서는 무력하여 고행하고, 묘진사오미신(卯辰巳午未申)에서는 활기를 띠고 잘 산다. 따라서 사주원국에서 지지가 무엇인가에 따라 달라지고 세운에서 어떤 지지가 오는가에 따라 활성화가 달라진다.

3. 음양적(陰陽的) 관점

십간에는 두 개의 화가 자리한다. 병화(丙火)와 정화 (丁火)가 그것이다. 이중 병화는 양(陽) 중의 양(陽)으로 흔히 자연적으로 만들어지는 빛과 열을 상징한다. 태양이 그 대표적인 물상으로 병화는 일반적으로 태양을 의미하기 도 한다. 태양은 열과 빛을 모두 가지고 있으며 번져나가 는 속성이다. 음양적으로 가장 강한 양의 기운으로 음을 제거하는 속성이 있고 말려버리는 속성도 있다.

병화는 십간 중에서 가장 따뜻하고 밝다. 이는 양의 궁 극적인 성정이다. 따라서 병화는 어떤 상황이나 어떤 경우 라도 양의 기운이 강하게 작용하는 간(干)이 된다. 병화는 습기(濕氣)를 말리고 얼음을 녹이며 잠자는 초목(草木)을 깨운다. 병화는 음기인 한습지기(寒濕之氣)를 제거하는데 매우 뛰어난 성정이다. 십간 중에서 음기를 몰아내고 물기 를 말리며 차가운 기운을 몰아내는데 가장 뛰어나기 때문 에 극강(極强)의 양이라 부르고 달리 양강(陽强)이라고 표 현하기도 한다.

병화는 양중의 양으로서 만연한 음기를 몰아내는 역할 을 수행하고 부유(浮游)하는 기(氣)를 밝고 가볍게 하여 명(命)을 동적(動的)인 상태로 만들어 낸다. 즉 아무리 음적(陰的)이고 정적(靜的)인 상황이어도 병화의 조화는 동적으로 만들어 준다.

병화가 생육(生育)에 필요한 여러 작용을 하고 음을 제압하는 속성이 강하다고는 하지만 지나치면 병이 된다. 병화는 따스한 기운이고 빛을 내는 기운이다. 지나치면 조열(燥熱)해지고 습(濕)이 모자라게 된다. 명(命)에 병화가 지나쳐 난조(暖燥)가 지나치면 병화가 오히려 피해로 나타나게 된다. 이를 중화(中和)가 깨졌다고 말하는 것으로 지나치게 밝고 지나치게 뜨거운 것은 좋지 않다.

올바른 명은 조화가 중요하다. 지나치게 뜨거우면 조열하게 되는데 이러한 경우에 이르게 되면 양기가 지나쳐 중화가 이루어지지 않고 난습(暖濕)과 냉열(冷熱)이 조절되지 않는 경우로 오히려 자신을 억제하지 못하거나 자신을 넘어 타인에 까지 피해를 입히게 된다.

4. 오행적(五行的) 관점

갑목은 병화가 있어야 귀한 명이 된다. 을목도 병화가 있어야 자라남에 차질이 없고 을목의 구실을 할 수 있다. 병화는 자라고 기르는 과정에서 반드시 필요한 기운이다. 병화가 없다면 목의 성장을 기대할 수 없다.

병화(丙火)는 기르는 공덕이다. 병화는 기르는 힘이다. 병화는 보살피는 힘이다. 병화는 목(木)을 키우는 기운이다. 병화는 목이 있어야 기르는 공덕이 있게 된다. 갑목이나 을목이나 기를 수 있는 물상의 존재가 매우 중요하다.

목이 없으면 노후가 공허하다. 기를 것이 없으니 아무런 의미가 없다. 갑목과 을목 모두 목으로 병화와 대비하면 목생화(木生火)가 된다. 십신(十神)으로 목이 화를 생하는 목생화(木生火)의 구조가 되어 목이 인성(印星)이 되나 다른 관점으로 바라보면 병화(丙火)는 만물을 기르는 성분이니 목을 기르는 재적(財的) 역할을 하게 된다.

병화는 뜨거운 기운이다. 병화는 그 수가 많거나 힘이 강해지면 수기(水氣)를 말리거나 날려버려 조후(調喉)를 조열해지게 할 수 있다. 병화(丙火)가 있고 다른 오행의 작용으로 인해 난조(暖燥)가 지나치면 목은 타죽을 수밖에 없는 상황이 된다. 이때는 수(水)가 필요한데 계수(癸水)는 조후(調喉)를 이루나 지나침이 병화(丙火)를 해칠 우려가 있다. 따라서 달리 임수(壬水)를 보는 것이 좋다. 아울러 갑목(甲木)이 있게 된다면 수화기제(水火旣濟)를 이루게 된다.

병화는 토(土)를 보게 되면 설기(洩氣)를 이루는 격이라 빛이 회절(廻折)되어 뜻을 펼치기 어렵게 되고 금(金)이 많으면 제련해야 하는 수고로움이 필요하니 어쩔 수 없이 다가오는 번거로움을 피할 수 없다.

5. 계절적(季節的) 관점

1) 춘절(春節)

병화는 기르는 것이 목적이다. 병화는 목(木)의 계절에 생(生)하면 생육(生育)의 기운이 되어 기세(氣勢)가 당당하지만 지나치면 여린 새싹을 태워 죽일 수 있으므로 임수 (壬水)로 먼저 완급의 조절이 있어야 한다. 반드시 임수가 투간되어야 하는 이유이다. 임수는 초목(草木)의 생명수 (生命水)가 되는 것이니 병화와 조화를 이룸은 목을 키우는 성정에 부합된다. 더불어 갑목(甲木)이 투간되어 도와주면 가치(價値)가 드러나 뜻을 이룰 수 있게 된다.

병화는 금(金)을 제련하는 속성도 있다. 그러나 금(金)이 지나치게 왕(旺)하면 생목(生木)이 다치게 되니 이를 제극(制剋)해야 하는 번거로움이 따르게 된다. 따라서 금이 왕해지면 병은 목을 돌볼 시간이 없고 금의 제련에 매진해야 한다. 그나마 금의 오행이 적당하면 목(木)을 다듬는 공덕(功德)이 있게 된다.

병화는 빛과 열이다. 수기가 나타나면 목이 생명수로 삼을 수 있지만 병화로 인해 증발(蒸發)하기도 한다. 춘절에 수기가 지나치면 물이 많아져 땅이 질척거리게 되고 우로수(雨露水)가 많아 땅이 물러지는 결과를 가져온다. 아직 자라지 못한 초목의 뿌리가 썩거나, 물이 불어나 물 위에 둥둥 뜨니 이를 수다목부라고 할 것이다. 따라서 지나치게 수(水)가 왕해지는 것은 꺼린다. 특히 계수(癸水)는 병화 (丙火)를 만나면 증발하는 성분이 되어버리니, 허공으로 증발된 습기는 안개와 구름이 되어 병화를 가려 병화의 본연인 성장과 광휘로움을 숨겨버린다. 이처럼 안개가 빛을 가리게 되니 불편함을 면하기 어렵다.

진월(辰月)은 특히 조심해야 하는데 갑목(甲木)이 투간

(透干)해야 습기(濕氣)를 빨아들여 사주원국 전체의 습기를 조절하고 소토(疎土)를 이룰 수 있다. 예를 들어 무토(戊土)라는 천혜의 땅을 갑목(甲木)으로 소토하고 경금(庚金)으로 파내면 기토(己土)가 되는 것과 같이 진월(辰月)도 갑목이 투간되어야 소토가 이루어진다.

2) 하절(夏節)

병화는 목을 키우는데 수기(水氣)를 필요로 한다. 병화가 초목을 키우는 데는 수기가 필요하지만 지나치게 강하거나 많으면 뿌리가 썩기에 적절한 조후가 요구된다. 따라서 우선적으로 임수(壬水)가 있어야 하는데, 문제는 이 임수가 투간되면 습토(濕土)가 된다는 것이다. 더운 여름날의 조후에 습토가 도움이 되나 천간(天干)으로 투간(透干)되는 것을 싫어한다. 따라서 지지의 지장간 중에 수의 오행을 찾아 써야 한다.

지지에 해당하는 12개의 글자중 지장간에 수의 오행인 임(壬)과 계(癸)가 들어있는 글자는 모두 자축진신해(子丑辰申亥)의 다섯 글자다. 이중 해(亥) 중의 지장간에 들어있는 임수(壬水)는 지나치게 무력하여 역할을 하기 어렵고 신(申) 중의 지장간 임수(壬水)를 쓰게 된다면 공덕이 크다. 어떤 경우라 하여도 목(木)은 수를 빼앗아 가는 역할이라 도움이 되지 않으며 금(金)이 유력하면 수(水)의 근원(根源)으로 작용하게 되는데 지나치게 되면 물난리가 난 격으로 변한다.

3) 추절(秋節)

가을은 숙살지기(肅殺之氣)의 계절이며 시간으로는 날이 저무는 시간이다. 이미 기우는 해와 같으니 햇살은 따갑지만 양기가 약해지고 있으며 과일은 숙성의 절기에 들었다. 가을의 절기는 열매가 맺히는 계절이고 숙성시키는 계절인데 모두 금기의 역할이다. 이처럼 추절은 금기(金氣)가 강하다. 이 시기에는 금기와 함께 토기의 강약을 살펴야 한다. 토(土)의 작용이 커지면 다시 토생금(土生金)하여 금을 강화시키는 결과를 가져오므로 결국은 본신(本身)을 상하게 되고 임수(壬水)가 투간(透干)하면 귀(貴)를 얻게 되는데 이 경우에도 목(木)의 도움이 있어야 오래 간다.

수(水)가 넘치면 물난리가 나고 이를 막을 수 있는 것은 토기(土氣)뿐이다. 그러나 기토(己土)는 무력하니 가능한 무토(戊土)로 막아야 한다. 수기가 강하거나 토의 기세가 강하면 무토의 작용이 돋보이게 되는데 과다(過多)를 살피지 않을 수 없다. 없는 것도 병이나 과한 것도 병이라는 것이 동양학(東洋學)에서의 판단이고 보면 중화(中和)란 이토록 중요한 것이다. 제(制)하는 것이 지나치면 병이 되고 없으면 평범한 명(命)이 되고 만다.

가을의 마지막 달인 술월(戌月)에는 갑목(甲木)을 우선으로 하여 토(土)를 제하고 임수(壬水)를 효율적으로 사용해야 된다.

4) 동절(冬節)

동절은 수의 작용이 강하다. 수가 지나치면 항상 수다목부를 생각하지 않을 수 없다. 수가 지나치면 화로 말리거나 목토(木土)로 제극할 수밖에 없다. 때로는 수의 과다에 목이 많으면 수생목(水生木)의 이치에 따라 수를 목의 성분으로 변화 시킬 수 있다.

지나치게 과(過)한 수기를 막으려면 무토(戊土)의 작용이 중요하다. 그러나 같은 토의 성정이라 하더라도 기토(己土)는 도움이 되지 못한다.

수가 적당하거나 약간의 강한 정도에서 토(土)가 많거나 강하면 막힘이 많게 되니 이 또한 체(滯)가 아닐 수 없다. 차라리 갑목(甲木)이나 지지의 인목(寅木)이 적정하게 배치되는 것이 좋다. 그러나 을목(乙木)이나 묘목(卯木)은 많은 도움이 되지 못한다. 따라서 갑목이나 인목의 도움이 먼저 이루어져야 수화기제(水火旣濟)를 이룰 수 있게 된다.

임수(壬水)가 있고 무토(戊土)의 조절이 이루어지면 때로 흐르는 물을 막는 결과가 될 수 있는데 이는 넘치는 물이 가로막힌 결과와는 다른 것이다. 결국 순리대로 흐르는 물에 둑을 쌓아 막은 것과 같은 결과에 해당하니 재주에 비해 능력을 인정받기 어렵고 계수(癸水)가 투간(透干)하면 증발하여 안개가 되거나 구름이 되어 해를 가리니 발달하지 못한다.

6. 희기(喜氣)

병화(丙火)는 기르는 성분이다. 자신이 자라는 것이 아니다. 온누리에 빛을 뿌려 세상을 밝히고 초목을 기르는 성분이다. 기르는 것과 자라는 것은 현격한 차이가 있다. 병화는 월지(月支)의 천시(天時)에 의해 왕쇠(旺衰)를 논할뿐으로 설혹 신약(身弱)하더라도 목이 있다고 해서 신강(身强) 신약(身弱)의 도움이 되지 않는다.

병화는 태양이다. 빛을 뿜어내고 번지게 하여 두루두루 밝히는 성분이다. 계수(癸水)가 있으면 습기가 증발하여 안개와 구름으로 변해 빛을 가리게 되고 갑목(甲木)이 있으면 기르는 공덕이 있게 되는 것이다. 그러나 임수(壬水)가 적절한 자리에 있으면 오히려 그 빛을 발하게 된다. 무기토(戊己土)가 있으면 오히려 회절되니 능력을 발휘하기 어렵다.

7. 상(象)

태양, 장수, 장군, 소장(小腸), 심장(心腸), 종교의 수장인 교조, 종교지도자, 부처, 예수그리스도, 하늘의 신, 눈(目), 일본, 기독교, 어깨(肩), 예식장, 사진, 화공약품, 빛, 번쩍거림, 학교, 북적거림, 용광로, 카메라 플레시. 백화점, 반사, 2,7, 남쪽, 거울, 중녀(中女), 극장, 원자폭탄, 북적거림, 문화원, 번개, 호텔, 면(面), 역전(驛前), 폭발하는 빛, 비행기.

8. 천간(天干)과의 관계

1) 丙 + 甲 : 태양은 나무를 기르는 공덕이 있게 되니 열매를 결실하는 보람이 있다. 병(丙)은 성장하고 성취하고자 하면 반드시 갑목의 받침이 있어야 한다.

2) 丙 + 乙 : 갑목과 비교하여 보면 노력에 비하여 결과가 적다.

3) 丙 + 丙 : 지나치게 밝으면 오히려 만물에 피해를 준다. 적당함이 있어야 만물이 무리없이 자란다. 뜨거운 태양이 둘이나 되니 들판에 불을 지를 것이다. 모든 것을 태우는 격이다. 경쟁자가 많으니 더욱 나설 것이며 자신을 드러내 보이기 위해 무리수를 둔다.

4) 丙 + 丁 : 구조가 좋으면 낮과 밤을 모두 다 지배하게 된다.

5) 丙 + 戊 : 빛이 큰 산에 막혀 회절 되니 멀리 가지 못한다. 출세하여도 그리 오래가지 못한다. 출세를 한 후에는 불명예가 따른다.

6) 丙 + 己 : 땅에서 피어난 물기가 안개가 되어 피어올라 구름이 되어 빛을 가리듯 매사에 장애가 생긴다. 애로가 많다.

7) 丙 + 庚 : 예(禮)로서 의(義)를 대하니 매사가 칼로 벤듯 분명하다.

8) 丙 + 辛 : 신(辛)은 가을빛이나 같으니, 빛을 잃은 태양은 이미 저물어 자신의 역할을 하지 못한다.

9) 丙 + 壬 : 관계가 적절하면 서로가 도움을 받으니 수

화기제(水火旣濟)를 이룬다. 수(水)의 오행이 지나치게 강하면 태양을 삼킨다.

　10) 丙 + 癸 : 흐린 하늘의 태양이라 무력하다. 물에서 피어오른 안개가 태양을 가린다.

9. 병화(丙火)의 통변(通變)

　병화는 찬란한 빛을 뿌려내는 태양이다. 밝은 태양은 세상을 밝히고 만물을 성장하도록 만드는 원동력이 된다. 태양이 있어야 만물이 자란다. 태양은 대지에 밝은 빛을 뿌려 초목을 생육하게 하는 힘을 지니고 있으며 가을이 되도록 빛을 보내어 결실을 이루어 곡식과 과일이 영글도록 하는 힘이 있다. 병화는 이와 같은 일을 하기 위해 임수(壬水)와 갑목(甲木)을 필요로 한다.

　병화(丙火)는 양간이고 양의 성분이다. 가장 뜨겁고 밝은 양기를 나타내는 천간으로 만물(萬物)의 양기(陽氣)를 조율하는 기능을 지닌다. 기르고 조율하는 능력을 보여주는 것이므로 교육, 문화 계통에 인연이 많다. 양의 기능이 탁월한 병화에 갑목과 임수가 뜨면 이는 출세의 명이다. 즉 임수(壬水)가 투간(透干)하여 화목수(火木水)의 조화(造化)를 이루면 귀(貴)를 말할 수 있다.

　병화의 짝은 목과 수이다. 이 셋이 이루어졌을 때 나무가 자라 좋은 열매를 맺는 격이니 이를 귀(貴)라 한다. 그런데 목이라고 해서 모두 같은 목이 아니다. 갑목(甲木)의 도움이 있어야 그릇이 이루어진다. 을목으로는 그릇을 만들 수 없음이다. 수의 경우도 다르지 않다. 임은 열매를 맺을 수 있으나 계수는 증발하고 안개만 만들어 낼 뿐이다. 사주원국에 병화일주를 놓고 목화(木火)가 많아 주(主)를 이루면 기계(機械)를 다루거나 기술(技術)에 의한 자격증(資格證)을 바탕으로 사업을 하거나 생업(生業)에 종사하는 기능인(技能人)이 많고 사주원국 천간에 경신(庚辛)으로 이루어져 금(金)이 투간(透干)되면 재(財)로 인한 망신을 자초하기 쉽다.

병화(丙火)로 이루어진 일주(日柱)가 목화(木火)를 바탕으로 하는 월(月)이 되면, 즉 일간이 병화인데 월지가 왕(旺)과 상(相)에 해당하는 인월(寅月), 묘월(卯月)이나 화기(火氣)를 지닌 사월(巳月), 오월(午月)이라면 뜨거운 열기가 강해 조열(燥熱)하므로 이를 식혀줄 수기로 임수(壬水)와 물을 마시고 태양을 받아 자라는 갑목(甲木)이 투간(透干)되어야 한다. 만약 임수(壬水)가 없으면 지지의 지장간 임수가 약간의 보탬이 될 수는 있으나 재능(才能)에 비해 만족스러우리만치 인정을 받기 어려우니 사회적 변화가 많다. 고독이 물들고 고민이 생기며 이직(移職)도 일어난다.

병화일주에 임수(壬水)가 있고 갑목(甲木)이 오는 대신 을목(乙木)을 보면 이는 꽃을 피우는 것이나 다름없다. 매사 노력을 하여도 이룸이 적고 어떤 경우도 만족을 이루지 못하니 한곳에 집중이 되지 않고 화려함을 쫓아다니기 쉽다. 따라서 외정(外情)에 팔려 가정(家庭)을 돌보지 못하는 경우도 왕왕 일어난다.

병화(丙火)는 신강(身强)하면 자신을 드러내기 좋아하고 사교적이며 매사에 적극적이고 배려하는 마음이 있으며 타인을 위해 베푸는 마음이 있다. 그러나 신약(身弱)하면 이기적이고 자기중심적으로 행동하게 된다. 따라서 병화 일주는 리더이거나 허풍선이가 된다.

1) 임수(壬水)를 보면 이룸이 있으니 귀격(貴格)이다.

2) 계수(癸水)를 보면 복사되어 피어오른 안개가 태양을 가리는 격이니 귀하지 못하다.

3) 갑목(甲木)을 보면 생육을 하여 결실을 이루니 부격(富格)이다.

4) 무토(戊土)를 보면 큰 산이 해를 가린 격이니 떠오르는 해를 볼 수 없다. 해가 뜨지 않으면 밤이나 같다. 해가 보이지 않으니 잠을 자고 쉬어야 하니 당연히 게으르고 역할을 알지 못한다.

5) 병화는 기토(己土)를 보면 생육을 할 수 있다. 옥토에 태양을 비추니 작물이 자라고 온갖 짐승이 뛰어다니는 격으로 지상 낙원이고 생육의 공간이다. 특히 기축시(己丑時)에 태어나면 재(財)의 창고(倉庫)이다.

6) 신금(辛金)을 보면 주색(酒色)에 빠진다. 본분을 망각하고 주색잡기에 빠지니 할 일을 하지 못한다. 흔히 병신합(丙辛合)은 주색에 빠진 사람이라 한다.

7) 경금(庚金)을 보면 활인(活人)의 운명이다.

8) 을목(乙木)을 보면 꽃만 키우는 격이니 바람을 핀다

9) 이미 을목이 있는데 임수(壬水)가 또 다시 오면 몸이 아프고 이룸이 없이 허송세월이다. 몸이 아픈데도 여색(女色)에 빠진다.

10) 병(丙)이 병(丙)을 보면 경쟁력이 증가하는데 태양이 둘이니 모든 것을 태워버린다. 시기와 질투심이 그것이다. 고민이 많고 경쟁자도 많으니 두각을 나타내려고 무리수를 두고 남을 시기한다. 여자는 지나치게 양(陽)이 강하니 산액(産額)이 있다. 차라리 활동적이고 움직이는 직업이 좋다.

11) 병(丙)이 병(丙)을 연속으로 만나 병(丙)의 삼련(三聯)이 되어 천간에 병이 3개가 되면 지나치게 나서는 경향이 있다. 방송이나 연극 같은 일에 종사하면 인기가 있고 활동적이다. 관직(官職)에 나서면 두각을 나타낼 수 있고 여자는 산액(産厄)이 있다. 방송(放送)에서는 연기자 보다 진행자나 대담프로, 시사프로 진행자가 제격이다.

4장

정화론

(丁火論)

4장. 정화론(丁火論)
丁火(陽/陰干:炎)

정화(丁火)는 모닥불이다. 달빛이며 촛불이다. 별빛이나 호롱불처럼 어둠을 밝히는 작은 불빛이지만 뜨거운 성정도 있다. 따라서 가슴이 뜨거운 사람이다. 어둠이라 해도 빛이 피어나면 사방이 환해지듯 발산(發散)의 기운이 사방으로 퍼져나간다. 천간의 4번째 글자인 정화(丁火)는 양(陽)의 성질을 지니고 있지만 음간(陰干)이다. 협의적으로 음간의 성정을 지니고 있으므로 기의 형상이 쉽사리 흩어지지 않으며 불꽃의 형상 같으니 이를 염(炎)이라 한다. 불길이 살아나기 위해서는 갑목과 을목의 은근한 도움이 좋다.

정(丁)이라는 글자는 사람이 다 자랐다는 의미를 지니고 있다. 아울러 못 박을 때 나는 소리를 본뜬 글자라는 주장도 있으며, 쇠못을 정의하기도 한다. 따라서 정은 못을 뜻하고 한곳에 머무는 일로 '머무르다'라는 뜻을 가지고 있다. 나중에 추가된 의미이기는 하지만 고무래 정으로 쓰는데 글자의 그 생김이 갈고리 같아서 뭐든지 모으기를 좋아한다. 정(丁)은 화(火)가 본 성정이기는 하지만 겉으로 드러나기를 부드럽고 중용을 지키니 강하여도 치열하지는 않고 갑(甲)만 있으면 가을도 겨울도 좋다.

1. 자의(字意)

어둠을 밝히는 등불이다. 불길이라도 해도 그다지 밝지 않다. 작은 불이다. 달이다. 별이다. 차가운 성정의 불길이다. 불길이므로 지나치게 가까이 두면 지나치게 뜨거워지거나 불에 타버린다. 초목이 무성하여 한창 때의 기운이 응집한다는 뜻이 내포된다. 아름답고 따듯한 마음씨를 지니고 있으며 잔정이 많고 차분하다. 뜨거운 속에 음기(陰氣)의 발산으로 차가움을 지닌다. 주변 환경에 영향을 강하게 받는 성정이다.

정화는 다양한 의미를 지니는데 넷째천간의 의미를 가지고 있으며 왕성한, 일꾼, 장정(壯丁), 사내, 젊은이의 의미를 지닌다. 〈갑골문자〉에서는 못의 머리를 의미한 것인데, 못이라는 것은 박으면 움직이지 못하고 한 곳에 머물러 있다는 의미도 있다. 따라서 이 글씨를 못 머리 모양 정이라고 부르는 경우도 있다. 정자의 끝 부분이 구부러진 것은 움직이거나 빠지지 않게 구부린 모양이기도 하다.

넷째천간 정, 고무래 정, 장정 정, 일꾼 정, 당할 정, 못의 머리 정, 장정을 나타내는 단어로 많이 쓰인다. 예부터 사람의 머리의 숫자를 세는 단위로 사용한다. 옛날 군대에서는 병사들에 해당하는 연령대의 남자들을 장정(壯丁)이라고 했다. 전자(篆字)로 살피면 초목이 싹을 틔워 성장해 온 네 번째 단계이니 가장 왕성하게 자란 것을 상형하였다. 따라서 다 자라고 힘이 센 남자를 장정이라 부르기도 한다. 사람의 일생에서 가장 건강한 때를 장정(壯丁)이라 부르는 것도 이와 같은 의미가 있기 때문이다.

정(丁)은 병(丙)의 다음 글자로 지중(地中)보다 지상(地上)이 더욱 왕성하게 성장한 것이다. 병(丙)은 몸체를 나타내는 경(冂)이란 글자가 땅 속을 의미하는 것처럼 땅 속이 더욱 강하나 정(丁)은 땅 위에서 이미 활짝 자란 것이다. 따라서 드디어 제때에 이른 것이다. 이로써 맞추다, 다다르다, 도착하다의 의미를 가진다. 한껏 성장한 모습이다. 사람의 심장(心腸)을 정형한 것이므로 고무래 정으로 훈을 붙인 것은 오류라고 생각되어진다. 글자의 생긴 모습이 고무래와 같다는 의미는 이후에 생긴 것이니 나중에는 고무래 정이라는 말도 맞는 말이 될 수 있을 것이다.

장정(壯丁), 정녕(丁寧), 병정(丙丁), 병정(兵丁)과 같은 의미로 사용한다. 《설문》에 이르기를 "夏時萬物皆丁 寬 象形 丁承丙 象人心 當經切丁"라 기록 되어 있다

2. 성정(性情)

병화와 달리 정화는 완벽하게 불의 의미를 지닌다. 불이란 열과 빛의 대명사이다. 즉 정화란 빛만 보낸다거나 열만 뿜어낸다는 의미가 아니라 뜨겁고 타오르는 열이 있다. 그러나 뜨거움 속에 차가운 냉정(冷情)도 있다. 차가움 없이 뜨거움만 있다면 온정(溫情)일 것이다. 차갑다는 것은 불속에 음기(陰氣)가 있다는 말이다.

불의 형상을 갖춘 것으로 활활 타오르는 모습이다. 병화(丙火)가 자연적이고 빛의 성향이 강하다면 정화(丁火)는

인위적(人爲的)이고 인간적(人間的)이다. 자연적으로 만들어지거나 하늘에 떠 있는 빛이나 불길이 아니고 사람이 나무를 태워 만든 불꽃이니 열의 성분이 매우 강하여 인간에게 필요한 온갖 기물(器物)을 만들 수 있다. 따라서 정화는 인간의 문명(文明)을 상징한다.

정화(丁火)는 겉과 속이 달리 표현된다. 겉은 조용하고 침착하고 사람들에게 헌신(獻身)하는 모습이 많이 보이고 매사 봉사(奉仕)에 매진하는 듯 보이지만 차분함 속에 내면으로는 활화산(活火山) 같은 폭발적인 열정이 포함되어 있다. 정화는 불꽃의 심지와 같아서 겉으로 보기에 약해보여도 바람을 타거나 작은 비에 쉽사리 꺼지지 않으며 강해도 활화산(活火山)이 폭발하듯 쉽게 맹렬해 지지 않는다. 온정 속에 냉정이 잠자는 모습인데 이는 음화가 양화를 에워싼 형상이기 때문이다.

정화는 병화와 다름없이 빛을 내는 물건이거나 열을 내는 물건이거나 그 형상을 만드는 기능이다. 태우고 밝히고, 열내고, 녹이는 것은 모두 화(火)의 성정이다. 화의 성정은 예(禮)의 성정이다. 남쪽을 가리키는 것이며 남녘, 남향, 남쪽, 남방(南方)을 가리킨다. 계절적 특징은 여름이고 적색(赤色)이다. 모두 태워버렸으므로 재만 남아 쓴맛을 내고 7을 의미하지만 부수적으로 2의 숫자도 가리킨다. 신체는 소장(小腸), 눈, 어깨를 말한다. 그러나 부수적으로 심장(心腸)을 무시할 수는 없다.

정화는 매사에 맑고 긍정적인 사고를 지니며 사람의 관

계를 멀리하지 않으니 지극히 사교적(社交的)이라는 말을 들는다. 표면적으로 사람과 잘 어울리는 성격을 드러낸다. 활달한 성격을 지니니 화술이 뛰어나고 약한 모습을 보이지 않고 밖으로 부드러우니 외유내강형(外柔內剛形)이다. 그러나 지극히 현실적인 면이 있어 인간관계에서도 잘해주다가 한번 미운 털이 박히면 다시 보려 하지 않는다. 또한 자신이 한 일에 대해 칭찬이나 대가가 오기를 바라고 인정하는 말을 듣지 못하거나 누군가 칭찬해 주지 않으면 화를 내고 짜증을 낸다. 늘 칭찬이 필요한 인간형이다.

매사 긍정적인 사고를 지녀 항시 적극적이며 진취적이지만 반드시 이익이 있는 곳에만 투자하는 실속형(實速形)이다. 봉사와 사교도 이익을 바탕으로 한다. 이익이 없거나 자신에게 드러나는 현상이 없는 곳에서는 봉사도 즐겨하지 않는다. 정화가 봉사를 한다면 그곳에 종교적(宗教的)이거나 금전적으로는 이익이 있다는 의미가 된다. 칭찬이라도 받아야 봉사를 하는 편이다. 표면적으로 온화하고 인정이 넘치는데 이는 예의 바르고 타인을 배려하는 모습으로 나타난다. 따라서 봉사와 희생정신(犧牲精神)도 강해 남을 돕거나 봉사활동에 솔선수범(率先垂範)한다. 일 처리 능력도 뛰어나서 포기하지 않고 끈기 있게 일을 처리한다.

불의 성질은 겉으로 드러나는 것이고 확산되어 피어나는 것이기에 사치(奢侈)와 허영(虛榮)은 피하기 어려운데 매사 욕심을 내거나 욕구가 미치는 상황에 가지 못하면 스트레스가 심하다. 불길이 그러하듯 참을성은 부족하고 잘 하다가도 어쩔 수 없는 무례함 때문에 좋은 평판을 버린다. 봉사를 하다가도 자신이 원하지 않는 방향이거나 자신을 칭찬하지 않으면 삐치거나 돌아서 버리는 경우가 나타난다.

불길이 그렇듯 변덕과 감정변화(感情變化)가 심해 매사 잘하고도 욕을 먹기 쉬우며 변덕과 이익을 쫓는 성격으로 인해 이중성(二重星)이라는 평판을 면하기 어렵다. 따라서 잘 나가다가도 암초(暗礁)에 걸리듯 마음이 아프거나 신경이 쓰이고 후회하며, 힘들고 일에 잘 풀리지 않는데 이를 인덕(人德)이 없다는 식으로 풀기도 한다. 실제 양면성이 강한 성정이 있어 삐치기도 잘하고 때로 지나치게 선을 넘기도 한다.

정화는 매우 현실적인 사고를 가지는데 그 때문에 큰 그릇으로 성장하기에는 무리가 있다. 작은 무리의 우두머리는 많으나 큰 무리의 우두머리로는 힘에 부친다. 작은 것을 탐하고 큰 것을 보지 못하니 서둘러 일을 그르치거나 오래가지 못하고 속을 보인다. 집중력 부족으로 미래 예측에 약하기 때문에 큰 것을 잃을 수 있다.

정화는 음권에서는 잘 살고, 양권에서는 변색된다. 지지의 진사오미신(辰巳午未申)에서는 고역을 치르고, 유술해자축인(酉戌亥子丑寅)에서는 활성을 갖는다. 따라서 사주원국에서 지지가 무엇인가에 따라 달라지고 세운에서 어떤 지지가 오는가에 따라 활성화가 달라진다.

3. 음양적(陰陽的) 관점

정(丁)은 화(火)의 절정이다. 병화(丙火)에서 화기(火氣)가 피어올라 정화에서 폭죽처럼 퍼져나간다. 그러나 병화와 비교하여 정화가 더욱 거센 화기는 아니고 숙성된 화기라고 보는 것이 타당하다. 화기는 타오를 때가 가장 강렬하고 맹렬한 법이다. 성숙되면 그다지 맹렬하지 않다. 따라서 정화보다는 병화가 더욱 맹렬하다.

하나의 기운이 절정에 다다르면 다른 하나가 새로이 태동(胎動)되는 것이 자연의 이치이고 섭리이다. 이를 달리 말하면 달도 차면 기우는 것이나 같다. 정화(丁火)의 단계에 이르면 양기(陽氣)는 이미 모두 소진(消盡)되고 극(極)에 도달하여 화기의 정점(頂點)이 되는 곳에 해당한다. 모두 정점에 다다르고 소진되니 새로운 기운이 피어나는 것으로 이미 음(陰)의 시작을 내포하고 있다.

병화(丙火)가 맹렬하게 타올라 빛을 온 누리에 뿌리고 열기를 활화산(活火山)처럼 분산시키는 것이어서 이를 발산지기(發散之氣)라고 한다면, 반면 정화(丁火)는 비교적 안정적으로 보이고 온순하게 보이는 기를 뿜어내고 열기를 은은하게 내포한다. 즉 내부적으로는 강력한 양기(陽氣)가 터질듯이 충만 되어 있지만 내면(內面) 한 구석에 서서히 음기(陰氣)가 피어오르기 시작하여 확대일로(擴大一路)에 있으므로 지금까지 발산하는 양기(陽氣)의 뿌리가 이미 식어가고 있다.

정화는 화기가 충천하고 온 누리가 불길에 포함될 정도

로 강하게 피어오르지만 양기(陽氣) 속에서 피어나기 시작한 음기(陰氣)로 인해 발산이 통제되고 뽑어진다는 행위와 현상에 대해서는 저해를 받는다. 이는 음기가 시작되는 시점이기 때문이다. 뜨거운 날이지만 아침과 저녁으로 차가운 느낌이 드는 것이나 같은 이치이다. 겉모습은 양순하고 부드럽게 조절이 된 듯한데 이는 음기가 피어올라 양기의 뜨거운 걸 감싸고 조절을 하기 때문이다. 그럼에도 아직 내면은 발산지기(發散之氣)가 강(强)하게 작용하여 표면의 부드러움과 유려함과는 달리 내부적으로는 폭발적인 기세를 지니고 있기 때문에 언제 폭발할지 모르는 불안정한 시기이기도 하다.

정화(丁火)는 강력한 화(火)의 기운이 뭉쳐있는 공간적(空間的)인 점유 상태가 음의 제극(制剋)으로 인한 중화적(中和的) 모습으로 나타나 표면적으로는 안정적인 모습으로 보인다. 이는 마치 불이 타버린 숯이 빨갛게 달아 있으면 불꽃이 마구 일어나지 않는 것이나 유사하다. 이처럼 드러나는 화의 기세는 병화(丙火)에 비해 지속적이고 그다지 충동적이지 않다.

4. 오행적(五行的) 관점

병과 정의 화기는 타오르는 불길이다. 다만 그 형태나 성정은 다르게 나타날 수 있다. 불꽃을 강하게 하는 것은 산소(酸素)의 역할이지만 그 바탕은 목(木)이다. 화기는 목의 기운을 받으면 생(生)을 받는 것이다. 활활 타오르는 불길에 나무를 던지면 불길이 더욱 크게 살아나는 이치가 그렇다.

화기가 살아나고 활활 타오르려면 적당한 양의 나무가 화목(火木)으로 제공되고 이왕이면 마른 나무가 더욱 좋다. 만약 젖은 나무를 넣으면 연기만 피어오르고 때로는 불이 꺼지기도 한다. 이를 화식(火息)이라 한다. 때로 지나치게 많은 나무를 넣으면 숨이 막히듯 불길이 오히려 꺼지기도 한다. 이를 역시 화식이라 한다.

예를 들면 묘오(卯午) 일주와 같은 경우인데 묘목(卯木)은 습목(濕木)으로서 작은 규모의 불인 오화(午火)를 화식(火息)시키게 되니 병(病)이라는 것과 같은 이치이다. 불길이 워낙 거세면 젖은 나무도 결국 말라 타오르게 되지만 오랜 시간이 필요하다. 지나치게 많으면 젖은 나무는 영원히 타오르지 못할 수도 있다. 결과는 불을 끄는 것이다. 그러나 근본적으로 생목(生木)으로는 정화(丁火)의 생(生)이 불가하니 불길을 살리고자 하여 나무를 넣을 때는 목의 생사(生死)를 구분하여 올바르고 적재적소(適材適所)에 사용해야 한다.

불길이 살아나지 않거나 꺼져가는 상태의 불인지라 화세(火勢)가 극히 약한데 나무를 지나치게 많이 넣으면 불이 번지지 못하고 산소가 차단되어 슬며시 약해지다가 서서히 꺼지는 이치도 이와 같다. 역시 이를 화식(火息)이라 한다. 즉 화기가 약하기 그지없는데 나무를 지나치게 많이 넣으면 오히려 불이 꺼지는 피해를 입게 되고, 나무가 많아 정화(丁火)를 보게 되면 탈광(奪光)되니 여간해서 도움을 받기 어렵다.

정화는 인간이 만들어낸 모닥불이나 쇠를 녹이기 위해 붙여놓은 불과 같은 성분이니 열을 가지고 있다. 열을 지닌 정화는 금(金)을 보면 할 일이 있어 분주하게 되는데 바로 제련(製鍊)의 과정이라 할 수 있다. 정화는 강한 불이나 금(金)의 성분이라고 해서 모두 녹일 수 있는 것은 아니다. 때로 이미 녹아 제련 상태의 금을 녹여 기물(器物)을 망치는 헛수고도 한다. 정화는 본신(本身)의 뿌리가 있으면 비교적 왕(旺)한 기운을 지니고 있는 금(金)도 다스릴 수 있으나 뿌리가 무력하거나 없다면 이리저리 뛰어다니는 격으로 분주할 뿐 무소득(無所得)이라. 얻는 바가 없게 되니 유시무종(有始無終)이요, 외화내빈(外華內貧)이나 다를 바가 없다.

정화는 경금(庚金)을 보면 그 기(氣)를 조절하여 목(木)을 다스리게 된다. 이는 정화가 쇠를 제련하여 전정가위나 도끼를 만든 것이나 같은 결과를 가져오는 것으로 결국 본신(本身)을 위한 것이 된다. 그런데 신금(辛金)을 보게 되면 엉뚱한 것으로 이미 제련된 쇠로서 만들어진 기물(器物)이나 보석(寶石)을 다시 녹이는 결과를 가져오게 되니 이루어진 것을 망치는 격이나 다르지 않다. 즉 하지 말아야 할 짓을 한 셈이고 헛짓을 즐겨하니 오히려 타인에게 피해를 주기 쉽다.

토(土)는 정화의 자식이다. 즉 정화가 만들어낸 결과물

일 가능성이 높다. 그런데 토가 오면 사용에 있어 길흉(吉凶)이 극적으로 나타나게 되므로 심사숙고(深思熟考)가 필요하다. 즉 정화(丁火)의 용도를 먼저 상세하게 파악해야 된다. 정화(丁火)는 열과 빛을 모두 지니고 있다. 이 정화가 빛으로 사용되면 토(土)의 역할은 결국 피해로 나타나게 되고, 열로 작용하게 된다면 무토(戊土)는 열을 지키게 된다. 이는 결국 화로(火爐)와 같은 용도이고 용광로(鎔鑛爐)와 같은 용도로 사용된 격이니 화기(火氣)를 유지하고 지키는데 유용하다. 그러나 기토(己土)나 여타의 습토(濕土)를 만나면 일시에 말라버리고 가뭄의 논바닥처럼 쩍쩍 갈라지는 격이니 피해가 크다. 수(水)가 지나치게 왕(旺)하면 그 흐름을 하니 토(土)가 필요하나 목(木)으로 수(水)와 토(土)의 조절이 필요하게 된다.

5. 계절적(季節的) 관점

1) 춘절(春節)

춘절의 목(木)을 파악할 때는 먼저 습목(濕木)인지를 파악하여야 한다. 봄은 목이 싹을 틔워 자라기 좋은 계절이다. 그러나 한여름처럼 무성하기에는 아직 힘이 부치고 시기적으로 이른 감이 있다. 수관(水管)을 타고 습기(濕氣)가 충만되었을 가능성이 높다. 습목인 경우에는 어떤 경우에도 정화의 역할에 도움이 되지 않는다. 물가의 버드나무가 아주 작은 싹을 틔웠을 때 잘라 화목(火木)으로 사용해 본 적이 있는가? 습목은 오히려 불을 꺼트리는 역할이니 몸만 아플 뿐이다.

정화는 모닥불이다. 목(木)은 불의 재료이다. 목은 불을 피우기 위해 반드시 필요한 쏘시개이고 그 원료(原料)의 역할을 한다. 정화에게 목이란 불을 되살리고 피워 올리는 목적에 어울리는 재료인 것이다. 그러나 반드시 원료와 불쏘시개의 역할을 하는 것은 아니다. 절기에 따라 쓰임이 다르다. 춘절은 목(木)의 기운이 강왕(強旺)하나 인월(寅月)을 제외하고는 모두 습목으로 작용하게 되어 오히려 피해를 입게 된다. 목생화(木生火)의 생극(生剋) 법칙에 따라 나무가 있기만 하면 정화가 생(生)을 받는다고 하기는 어렵다. 때로는 화식(火熄)으로 결과가 드러나 망치기도 한다.

정화가 일주를 점하면 갑목(甲木)이 간(干)에 있어야 하고 경금(庚金)의 도움이 있다면 귀격(貴格)을 이룬다. 즉 따사로운 열기가 갑목을 키우는데 지나치게 번성하지 않도록 금의 성분이 전정(剪定)의 역할을 하여 지나치게 자라는 경우에 가지치기를 해 주는 격이다. 또 달리 보면 정화는 경금을 녹여 기물을 만드느라 갑목을 완벽하게 제어하지 못하는 상황을 상정할 수도 있다.

정화는 수(水)가 왕(旺)해지는 것을 꺼리게 되는데 이는 극을 당하기 때문이고 병화와 달리 정화는 수의 기운이 다가오면 속절없이 꺼지게 된다. 따라서 수의 오행이 투간(透干) 되는 것은 더욱 피해가 커지며 이때는 무토(戊土)의 도움으로 수기를 막아 방어를 해야 한다.

2) 하절 (夏節)

하절기는 화(火)의 계절이다. 달로 따지면 사오(巳午)의 달이니 왕(旺)에 해당하는 강한 기운이 지원한다. 화를 바탕을 하여 화가 투간된 것이니 이를 왕이라 칭한다. 목의 기운이 지원하는 춘절은 목생화(木生火)를 이루어 생극(生剋)의 법칙에 따라 목의 기운을 바탕으로 투간된 것으로 상(相)의 강한 힘을 얻었음에도 화식(火熄)으로 때로는 불이 꺼지는 경우를 보았지만 사오월(巳午月)에는 왕(旺)의 터에서 힘을 얻어 화(火)의 기운이 승왕(昇旺)해진 시기이다. 하절에는 수기를 써야 하지만 사용에 주의를 요한다. 즉 수(水)를 쓰게 되는 것은 오히려 강한 열기를 이기지 못하고 말라 버리고 증발되어 버릴 수 있으므로 화(禍)를 자초하기 쉽다. 타오르는 불에 물을 부으면 불이 사방으로 튀는 것이나 다름없다.

화기가 지나치게 강하면 제어하기 위해 수를 사용하기보다는 차분하게 돌아가야 한다. 금(金)을 투간시켜 화의 기운으로 금의 제련을 사용하게 하여 열기를 분산시키니 자연스레 화기가 약화될 수밖에 없다. 아울러 금생수(金生水)의 이치로 수를 강화시켜 금에서 고(庫)의 역할을 해주도록 해야 한다. 결국 화기가 강하고 금과 수가 투간하면 이때는 금(金)의 도움을 받아 화기(火氣)를 조심스럽게 조절한 다음에야 수(水)의 쓰임이 생긴다. 그러나 하절(夏節)이라도 계수(癸水)가 첩신(捷身)하는 것은 불가하다. 계수가 지나치게 가까이 붙으면 부득불 불이 꺼지거나 습기가 증발하여 구름으로 변해 비로 내리거나 하늘을 가릴 것이다.

3) 추절 (秋節)

정화는 가을이 되면 지극히 약해진다. 이 절기가 되면 우선 갑목(甲木)의 사용이 중요하게 되며, 갑목(甲木)이 있으면 경금(庚金)이 투간(透干) 되어야 격(格)을 이룬다. 적절한 시기에 갑목을 경금이 다스려 주어야 정화가 산다.

정화가 있음에도 병화가 가까이 있으면 빛을 잃을 염려가 있다. 밝은 태양 아래 모닥불을 피우면 불빛이 확연하게 보이지 않는 것과 같은 이치이다. 만약 병화가 투간된다면 병화(丙火)가 멀리 있어 열기를 가리거나 빛을 가리지 않고 조후(調喉)로 작용하면 더욱 묘(妙)한 명(命)이 되는데 이때는 탈광(奪光)의 작용을 염려하지 않아도 된다. 때로 정화보다 병화가 더욱 기승을 부릴 수도 있다. 혹 병화(丙火)가 더 강하게 되면 지지로 병화를 조절하는 수기가 작용해야 본신의 역할을 뺏기지 않는다.

정화가 빛을 뿌리는데 임수(壬水) 또는 계수(癸水)가 투간(透干)하여 작용력이 크게 되면 문제가 생긴다. 불이 꺼지지 않도록 임수와 계수가 떨어지면 그나마 다행이다. 그러나 무토(戊土)가 투간하여 본신(本身)을 보호하면 참으로 묘(妙)함을 이룰 수 있다. 무토는 불어오는 바람도 막는 물상이라 정화를 보호하기는 최적이다. 아울러 경금

(庚金)이 스스로 강하거나 도움을 받아 강하고 정화(丁火) 일간이 득령(得令)도 하지 못하고 득지(得地)도 없으며 득세(得勢)도 얻지 못해 약(弱)하면 투간된 금(金)을 다룰 수 없으니 겉은 화려해도 어쩔 수 없이 걸인(乞人)의 사주라 하니 부옥빈인(富屋貧人)이라 한다.

4) 동절(冬節)

동절기(冬節期)는 수의 기세가 강해지는 계절이다. 화기는 수기에 지나치게 약하고 수기가 강하면 꺼지기 쉽다. 동절기는 온통 수의 기운이 가득한 시기이라 정화(丁火)가 핍박 받기 쉬운 계절이 되니 버팀목이 필요하다. 정화를 지지하고 버텨 주어야 할 강력한 지원군(支援軍)이 있어야 한다. 따라서 불을 되살리거나 계속해서 피어오르게 하는 화목(火木)의 지원이 필요하다. 아울러 지지(地支)로 근(根)이 우선 되어야 한다.

정화일주이며 동절기에 갑(甲)과 경(庚)이 투간 된다면 귀(貴)를 얻는 명이 된다. 이때의 갑목(甲木)은 밑동이 잘려 대들보로 쓰여야 하는 사목(死木)으로 경금(庚金)에 의해 벽갑(劈甲)되니 동절이라 하여도 경금의 사용처가 분명하게 된다.

벽갑인정(劈甲引丁)이라는 용어가 있다. 갑경정(甲庚丁)의 조합을 말하는 것이다. 특히, 가을에 드러나면 큰 인물이 되는 귀격(貴格) 사주로 논한다. 갑(甲)이란 다 자란 나무를 말하고, 경(庚)은 제련한 도끼로 쪼개어 사용한다는 말이며, 정(丁)은 불을 일으켜 크게 쓴다는 것이다. 동절기에 사용하기는 하지만 보통의 경우 가을철에 주로 사용하는 명식이기도 하다.

때로 기토(己土)가 투간하여 갑목의 작용을 무력화시키면 아무런 작용도 할 수 없는 경지에 다다라 본신을 드러내기 어려우니 평인(平人)에 불과하다. 병화(丙火)가 투간되면 정화에서 피어오르는 빛을 빛이 가리는 격이라. 탈광(奪光)이 우려되니 병화는 겨울철의 찬 기운을 몰아내는 역할에 불과해 조후(調喉)적 작용으로만 사용할 수 있으며 차라리 지지로 병화의 근(根)을 조절하는 것이 이롭다. 정화가 열로 작용하게 되면 무토(戊土)의 도움이 필요한데 무토가 있어 작용하면 어떤 경우에도 궁색해지지 않는다.

6. 희기

정화는 음화(陰火)에 속한다. 일러 부르기를 보통은 불이라 하니 이는 인간이 피우는 불이라. 태양(太陽)도 화의 기운이기는 하지만 인간이 피우는 불과는 그 격이 다르고 쓰임도 다르다. 그래서 병화는 자연적인 기운이라 양화(陽火)라 하고 정화는 인간적인 행위로 묘사되므로 음화(陰火)라 한다. 정화의 의미에서 일반적으로는 제련(製鍊)에 필요한 불길이고 음화이기에 달, 별의 의미도 가진다.

정화는 만물을 통제하는 기운이 있으며 인세(人世)에서는 금은동철(金銀銅鐵)을 제련한다. 금속(金屬)과 비철금속(非鐵金屬)은 정화가 제련하지 않으면 기물이나 인간이 사용하기 위한 그릇이 되지 못하니 무용지물(無用之物)이라. 제련이 없다면 사용하기가 번거롭고 무력하다.

정화는 뜨거운 한여름의 불길이라, 자시(子時)나 해시(亥時)에 태어나면 기쁘기 그지없다고 하는데 이것은 조후적인 측면이 무시되지 않음이다. 지나치게 덥거나 뜨거우면 수의 기운으로 억제해 주어야 하지만 수의 첩신(貼身)은 좋지 않다. 사유축(巳酉丑)의 합(合)으로 태어나면 오묘한데 반드시 월령(月令)을 장악해서 득령(得令)하여야 한다.

정월의 정화가 인목을 만나면 천덕(天德)에 이르고 인성(印性) 중에 묘목(卯木)을 얻으면 최고로 좋다하고 임수(壬水)와 계수(癸水)는 꺼린다. 목을 얻으면 목생화(木生火)의 생극(生剋)이 이루어지지만 습목(濕木)이 화기(火氣)를 잠식(蠶食)할 수 있음에 주의를 하여야 한다. 만약 천간투출이면 처자식을 극하고 남방운(南方運)을 만나면 벼슬이 떨어지고 서북방(西北方)으로 향하면 귀하다고 하였다.

7. 상(象)

등촉(燈燭), 촛불, 모닥불, 달, 별, 은하수, 도서실, 서재, 안경, 성광(星光), 번개, 등불, 혀(말조심), 전화, 심장, 용광로, 전자(電子), 주점, 섬광(閃光), 호롱불, 정신, 언쟁(言爭), 전구, 전기용품, 가로등, 가전제품, 안목, 랜턴, 전자레인지, 가스레인지, 오락실, 자가용, 소란, 소요, 학구열(學究熱).

8. 천간(天干)과의 관계

1) 丁 + 甲 : 끈기가 있고 머리가 좋은 편이나 경금(庚金)이 없으면 지나치게 무성해진 나무를 가지 치지 못하고 잘라낼 수 없으니 화식(火熄)이 염려스럽다.

2) 丁 + 乙 : 표면적으로는 목생화(木生火)의 관계가 이루어지지만 생목(生木)으로 목생화가 쉽지 않으니 어쩔 수 없는 피해로 나타난다.

3) 丁 + 丙 : 강한 자가 있으면 약한 자는 쓰러지거나 숨을 죽여야 하는 것이 이치이다. 강한 빛에 눌려 무력해진다. 병화의 강령한 빛에 위축되어 박력이 없으며 주변머리가 없다.

4) 丁 + 丁 : 불길이 더해주니 강해진다고도 볼 수 있으나 기운이 집중되지는 않는다. 경쟁 관계에서 자신을 드러내야 하므로 성정이 치열해진다.

5) 丁 + 戊 : 높은 산이 바람을 막아주는 격이니 열을 보호 받을 수 있으나 빛을 가린다. 약하거나 강해지지는 않는다.

6) 丁 + 己 : 빛은 회절 되고 열은 흡수되니 능력을 보이지 못한다.

7) 丁 + 庚 : 갑목(甲木)을 끌어 쓰는데 도움이 되며 서로에게 유익하다. 경금(庚金)이 갑목(甲木)을 베어 화목(火木)으로 쓸 수 있게 한다.

8) 丁 + 辛 : 다된 밥에 코 빠뜨린다.

9) 丁 + 壬 : 서로 유정한 관계이나 정화(丁火)가 강해야 뜻을 이룰 수 있다. 만약 합(合)에 이르면 육체적인 결합이 강해진다.

10) 丁 + 癸 : 정화가 다치기 쉬우니 첩신(貼身)되는 것을 꺼린다.

9. 정화(丁火)의 통변(通變)

정화는 열과 빛이 모두 사용되므로 열로 작용하는지 빛으로 작용하는지 정확하게 구분해야 한다. 유시(酉時)이후에 나면 열보다는 어둠을 밝히는 달(月)과 같은 명(命)으로 파사현정(破邪顯正)의 선봉이니 귀함이 남다르다. 이 경우는 열을 사용하는 것이 아니고 빛을 사용하는 명이다. 그런데 사주원국에 신금(辛金)이 투간되면 매사에 하는 일이 엉뚱하고 헛수고라 타인을 망치고 본신(本身)마저 상하게 되기 쉽다.

정화는 병화와 크게 다르지 않아 보이지만 그 용도와 적용측면에서 대단히 다르다. 그러나 비슷하거나 같은 용도로 적용되는 경우도 적지 않은데 역시 화의 기능은 열과 빛이다. 정화를 판별할 때는 열로 작용하는지 빛으로 작용하는지 구분하는 것이 무엇보다 중요하다.

정화가 한낮에 태어나면 밝은 기운임에도 불구하고 그다지 두드러지지 못하니 안타까운 것이나, 어느 계절이나 어둡기 그지없는 유시(酉時)이후에 태어나면 이는 어둠을 밝히는 명(命)이다. 어둠을 밝히는 빛은 파사현정(破邪顯正)의 빛이라. 자연 멸사봉공(滅私奉公)에 파사현정의 지도적 위치에 서서 무리를 이끄니 선봉이 되고 귀함이 남다르다.

정화가 신금(辛金)을 보면 어떤 경우라도 마땅치가 않다. 신금은 이미 녹아 제련되어 기물(器物)이 이루어진 것인데 다시 녹이는 격이니 매사에 하는 일이 엉뚱하고 매진한다고 하여도 다 된 밥에 콧물 빠트리는 격이다. 헛수고하는 꼴이라 결국은 타인을 망치고 본신(本身)마저 상하게되기 쉽다.

정화 일주가 강왕(強旺)하면 강한 쇠의 기능을 지닌 경금(庚金)을 녹일 수 있다. 즉 무쇠나 철광석과 같은 거친 일상을 다스리는 공덕이 있으니 어디서나 재능을 펼치고 사회적으로 인정받을 수 있으나 본신이 신약하면 무엇이든 욕구가 있으며 노력과 재능이 있어도 뜻을 펼치지 못한다.

춘절(春節)에 갑목(甲木)이 투간(透干)했는데 경금(庚金)이 없으면 가지치기를 하지 않아 나무가 옆으로 벌어져 가지와 잎만 무성한 꼴이라 뜻을 이루기 어렵다. 갑목은 높이 자라는 것이 목적이고 태양을 보아야 하는데 지나치게 옆으로 자라면 이는 수분(水分)이 많은 탓이며 대들보나 건물을 지을 때 사용하는 여타의 재목으로는 써먹지 못할 나무이니 기대하는 부모에게 고통을 주게 된다.

정화가 높이 떠 있고 임수(壬水)를 보면 합(合)을 이루는데 이는 정임합(丁壬合)을 의미하고 성질이 불에서 물로 변하는 성정이다. 본신의 성정이 변하니 변화난측(變化難測)이라. 정화의 시기는 꽃이 피고 벌이 날아다니는 시기인데 결국 음과 양이 만나 생식(生殖)의 단계가 절정에 이른 상태이다. 이 시기에 두 개의 천간이 만나 합을 이룬다는 것은 생각의 합이고 정신적으로 생식적(生殖的)인 합이 이루어질 것이니 음란해질 염려가 있다. 정화가 임수를 만나 합하여 수(水)로 변하니 본분을 망각하기 쉽다. 이는 자율적이고 생산적인 목적을 지닌 상태로 나타나지 않는다. 즉 생산활동(生産活動)이 아니라 유희적 관계(遊戲的關係)로 흐르게 된다.

정화(丁火) 일주를 살펴 근묘화실(根苗花實)을 살핀다. 정화일주에서 신금이 투간되면 집안이 망하고 결국 자신과 타인에게 피해를 주는 격인데 이를 대비한다. 년간(年干)에 신금(辛金)이 있으면 조상을 불로 녹인 것과 같으니 조상 대에 이미 문제가 있었다고 본다. 월간(月干)에 신금이 투간되어 있으면 조상(祖上)으로부터 받은 무엇이 있건 없건 간에 부모 대에 망했으며 시간(時干)에 신간이 투간되어 있으면 앞으로 자식 때문에 속 썩는다고 했다. 정화일주에 경금(庚金)이 투간되어 있고 갑목(甲木)이 없으면 매사 이루고자 하는 욕심으로 적극적이나 요령부득이 된다. 경금이 있고 갑목이 투간되어 있으면 경금은 갑목의 가지 치는 역할로 사용된다.

을목(乙木)은 경금(庚金)의 작용을 무력화시키니 어떤 도움이 안 된다. 어떤 쓰임의 목적이 아니라 정신적인 합몰(陷沒)이다. 경금은 을목을 보면 합이 되어 무언가 이루기 위한 보편적인 행위나 발전을 위한 변화 보다는 꽃을 희롱하듯 놀기 바쁜 격이라 무용지물(無用之物)이다. 경금(庚金)이 을목(乙木)을 보면 마치 가위로 꽃을 다듬는 격이라 외정(外情)에 빠져 가정을 돌보지 않는다.

병화(丙火)가 투간되어 신금(辛金)이 잡고 있으면 칼날의 면에 비추어지는 빛의 파편처럼 지혜롭게 대처하는데 이는 매우 좋은 명식이다. 신금은 어떤 경우라도 병화가 있어야 뜻을 펼칠 수 있다. 계수(癸水)로 병화(丙火)를 대처하게 되면 불을 끄는 격이니 기상은 뚜렷하나 원대한 뜻을 이루기 어렵다.

정화가 빛으로 작용하는데 무토(戊土)를 보면 빛을 가린 격이라 뜻을 펼치기 어려우며 기토(己土)를 만나면 곡식은 심지 않고 초목이 자라고 꽃만 피라고 재촉하는 결과가 나타나니 욕심만 있을 뿐 결국 어떠한 경우에도 패하기 쉽다.

1) 갑목(甲木)과 경금(庚金)이 동시에 투간되면 부귀(富貴)한 사주이다.

2) 갑목은 없는데 경금만 투간되면 힘이 모자라 일을 추진하기에 힘이 부치고 결과가 신통치 않으며 정력도 부족하다.

3) 갑목만 투간되면 목생화(木生火)하여 힘도 있고 생각도 있는데 일거리가 없으니 백수건달에 허송세월이다.

4) 불길은 태우는 것이 역할이니 젖은 나무는 싫어하고

마른 나무를 좋아한다.

5) 달이며 별이니 밤에 태어나는 것이 좋다.

6) 병화(丙火)와 나란히 하면 그 자태가 드러나지 않는다. 병화가 투간되면 빛을 밝히기 어려운 격이라 일을 열심히 해도 공을 빼앗기고 지나친 경쟁력으로 마음에 병이 든다.

7) 신금(辛金)을 보면 일이 어그러진다. 이미 만들어진 보석을 다시 불에 넣는 격이니 일이 다시 시작되어야 하고 이루어진 일을 깨는 격이다.

8) 임수(壬水)를 만나면 속을 끓이고 음탕하게 되어 색을 탐한다.

9) 계수(癸水)를 보면 모닥불에 서리 만난 격이니 노력은 있으나 성공은 보장하기 어렵다. 마음이 편하지 않아 정신적 고통을 호소하고 시력도 나빠진다.

10) 정(丁)이 연이어 오면 두 개의 불길이 맹렬하게 타오르는 형상이다. 낮보다 밤이 좋으니 야간에 돌아다니고 인덕(人德)도 부족한데 지나친 경쟁력으로 무리수를 두니 마음이 아프고 고독하다.

11) 정(丁)이 연이어 와서 3개로 투간되어 있으면 두각을 나타낼 수 있다. 정(丁)은 연예인이나 광대 같고, 예술적 기질을 지니므로 많은 사람에게 보는 대상인지라 모든 사람에게 정성으로 대하면 방송 등에서 두각을 나타내고 자신이 가는 계통에서 인기를 얻는다.

5장

무토론

(戊土論)

5장. 무토론(戊土論)

戊土(陽/陽干:穡直)

　크다. 무토(戊土)는 크고 험준하며 움직이지 않는 무지막지한 산이다. 지구의 지붕이라는 에베레스트 산이며 백두산(白頭山)이다. 겉으로 보나 속으로 보나 위엄이 있으며 일희일비(一喜一悲)의 큰 변화가 보이지 않는다. 그 자태가 마치 천군만마(千軍萬馬)를 몰아오는 듯 무척 위엄이 있다.

　산은 장엄하다. 수렴지기(收斂之氣)로 본성은 기르고 다스리려 하나 양간(陽干)이므로 다스림이 지나치게 강해 경금(庚金)을 이용해 만물의 기운을 다스리려 하므로 색(穡)이라 표현 한다. 그러나 드러나는 고대함이나 위엄과는 달리 홀로 우뚝 선 고봉(高峰)과 같으니 외로움을 느끼기 쉽다. 세상을 내려다보는 선인(仙人)의 지혜를 지닌 산이니 지나치게 모나지 않고 나대지 않으면서도 모든 것을 수용할 줄 아는 포용력이 있다. 황무지, 넓은 벌판, 담장, 울타리, 노을, 바람막이의 의미를 가진다.

　매우 강한 성정이다. 의식용(儀式用)이나 형벌(刑罰)에 도구로서 집행용(執行用) 도끼를 의미하는 글자이니 죽인다, 집행한다, 저지르다의 의미를 지니고 있으며 또는 무릅쓰다는 뜻을 내포하고 있다. 항시 다가감에 주저하지 않으니 모험심이 있고 적극적인 행동가(行動家)로 의지가 강건하다. 성공에 대한 욕망이나 야망이 많고 도전적으로 임하기에 성공 확률도 높다. 양기(陽氣)의 극단(極端)으로 밀어붙이는 기운이 매우 강하다. 무(戊)는 견고하고 강경한 자세를 지니고 있다. 천간의 중심이듯 중용을 지키는데 화(火)가 강하면 토가 생성되어 지나침이 있으면 수기(水氣)로 제극하여 조절이 필요하다. 수(水)가 강하면 토를 범람할 수 있으므로 화(火)로서 조절하고 그 후에는 목으로 조절한다. 환절기에 토(土)가 강하게 되면 비견이 강한 것이니 토생금(土生金)하여 금(金)기로 누출시킴을 필요로 한다.

1. 자의(字意)

무(戊)는 무성할 무(茂)자를 의미하며 자라나 극히 무성해진 시기를 의미한다. 인체에 비교하면 다 자라 더 이상 자랄 것이 없는 시기이다. 아울러 무(戊)라는 글자에는 창을 의미하는 과(戈)가 있다. 이는 무섭도록 강한 기질이다. 모든 것을 베어버리는 기질이니 무(戊)라고 하는 글자는 평온하고 안정감 있어 무게를 지키고 있지만 화가 나면 베어버리는 창과 같은 성정을 지니고 있음을 보여준다.

무토(戊土)는 다섯째 천간이다. 양간(陽干)이며 양(陽)의 의미를 지닌다. 〈갑골문자〉를 살펴보면 무토는 애초에 땅을 의미하는 것이 아니다. 형(刑)의 집행에서 사람을 죽이는 사형(死刑)에는 여러 가지가 있는데 이중 도끼로 사람의 목을 베어 죽이는 형벌도 있었다. 이 때 사용하는 형벌집행용 도끼를 본뜬 글자가 바로 무(戊)이다. 도끼는 묶거나 매거나, 혹은 달아서 사용하는 것이 아니다. 반드시 도끼머리에 구멍을 내고 나무자루를 끼워야 쓸 수 있다. 따라서 무토에는 목(木)의 기운이 가까이 있어야 한다.

다섯째천간 무, 성할 무, 초목이 다 자라 무성하게 어우러진 모습이다. 한자에는 간혹 과(戈)변을 사용하는 글자가 많은데 이는 가로로 달린 날이 있는 창이니 찌르고 벨 수 있어 무섭고도 흉악한 기세이다. 단순히 찌르는 창이나 베는 칼이 아니라 두 가지를 모두 할 수 있는 무섭고도 흉악한 무기의 이름이니 이 글자에는 두려움이 느껴진다.

무(戊)는 칼날이나 창날을 의미하는 삐침 별(丿)자에 창을 의미하는 과(戈)를 덧붙이고 있으니 거칠고 무자비(無慈悲)한 기세가 드러난다. 이는 다시 모(矛)의 옛 글자로서 자루가 긴 창을 나타내는 것으로 원거리에서 적을 찔러 죽이는 병기의 이름이다. 또한 무(戊) 자는 우거진다는 의미를 지니는 무(茂)의 근본 글자가 된다. 10개로 이루어진 천간의 글자 중앙인 5번째에 포진하여 중앙이라는 의미도 지닌다.

무(戊) 자는 사람의 옆구리를 상형하였다. ≪설문≫에 이르기를 "中宮也 象六甲五龍 相拘絞也 戊承丁 象人脅 莫候切戊 "라 하였으니 정(丁) 다음의 글자로 나와 천간을 이룸을 분명히 하였다.

2. 성정(性情)

무토는 사람을 베는 도끼를 상징하고, 사람을 죽이는 병기를 이름하며 높은 산을 상징하듯 그 기운이 단단하고 무거우며 무자비한 성정을 지니며 함부로 움직이지 않는다. 때로는 지나친 진중함이 고립(孤立)을 가져와 늑대처럼 고독(孤獨)하고 내면으로부터의 외로움을 느끼게 한다. 그러나 이 심정과 자신의 마음에 이는 고통은 타인 때문이 아니라 스스로 자초하는 것이다. 무토는 10개로 이루어진 천간의 5번째로 중앙(中央)에 거(居)하며 조화(造化)와 통일(統一)을 주제한다.

　토(土)의 오행을 지닌 무토는 흙의 속성대로 만물을 기르고 배양(培養)하는 성정을 지니고 있으나 타인(他人)을 장악(掌握)하고 상황을 주제(主劑)하려는 성향이 강하니 지나치게 주체적(主體的)이고 독선적(獨善的)으로 나아가려는 경향도 강하다. 높은 산이니 내려다보는 어른의 심정을 지녀 매사 아량이 넓으며 신용이 근본이 된다. 그러나 성정이 지나치게 강하여 바위가 많은 산처럼 만물을 기르기에는 양(養)의 기운이 박하다.

　무토는 높고 큰 산이다. 산은 움직임이 없으니 그 자리에 있는 것이다. 찾아오는 이가 없으면 외롭고 고독하다. 따라서 후(厚)함이 지나치면 오히려 게으르고 우매하며 박(薄)함이 지나치면 소심하고 변덕이나 의심이 많게 된다.

　토는 신(信)이다. 무토는 중앙을 의미하는 토의 기운이 가장 강한 천간으로 양간이며 양의 성정이다. 동서남북(東西南北)을 모두 가리키기도 하는데 이는 땅이 어느 곳에나 있음을 나타낸다. 풍수지리(風水地理)에서는 중앙(中央)은 물론이고 동북(東北)과 서남(西南)을 가리키기도 한다. 계절적으로는 사계절(四季節) 모두를 의미하고 색은 황토색(黃土色)이다. 미색, 베이지색, 황색을 모두 나타낸다. 숫자는 0, 5, 10을 나타내는데 경우에 따라서는 5만 나타내기도 한다. 신체에서는 위장(胃腸)과 복부(腹部)를 나타낸다. 부수적으로 비장(脾臟)에 영향을 주기도 한다.

무토는 믿음과 신용(信用)의 상징이다. 내면에는 중후한 인품을 지니고 있지만 밖으로 드러나지 않으며 작은 일에 쉽게 격동하지도 않는다. 근본적으로 일희일비(一喜一悲)하지 않는 돈후(敦厚)한 성정을 지니고 있다. 움직이지 않고 과거에 매이는 성향도 무시할 수 없으며 지나치게 보수적인 경향을 드러낸다. 흔히 지나치게 높은 산의 경우 식물(植物)이 살 수 없어 사토(死土)라고 표현하듯 바위로 이루어진 산과 같아 무토는 사람을 기르는 기능에서 약하다. 즉 같은 토기의 성분이라고 하지만 기토(己土)는 식물을 기르는 성정이 강하지만 무토는 기름에서는 약하다.

움직이지 않는 산이 오래도록 새소리, 바람소리, 물소리를 듣는 것처럼 여하한 경우에도 자기 주장을 하기보다 마치 돌부처처럼 남의 말을 잘 들어준다. 이러한 성정이 포용력(包容力)으로 나타나고 리더십으로 표방된다. 그러나 바위가 굴러 떨어지면 요란하듯 한번 자신의 주장을 펼치면 꺾이지 않고 지나치게 독선적인 기질로 나타날 수도 있다. 큰 산을 의미하는 무토는 행동에서 보여지듯 스케일이 크고 과묵(寡默)하게 처신하며 주관(主觀)이 뚜렷하여 남의 말을 듣는다 해도 수용하는 것처럼 보이지만 행동은 달리 나타날 수 있다.

남의 말을 듣고 믿음을 가지고 행동에 적용하며 남을 도우려 하니 약속을 중시하며 책임감을 가지고 있다. 타인의 말에도 겉으로 크게 반응하지 않는 성정으로 표정을 드러내지 않으며 속마음을 겉으로 표현하지 않아 속을 알 수 없는 사람이다. 그러나 남을 도울 줄 알고 분쟁(分爭)이 일어나면 중재자(仲裁者)의 역할을 수행한다.

큰 산이 바위로 이루어진 것처럼 행동이나 생김이 우락부락, 울퉁불퉁 튀어나온 것처럼 무토는 섬세함이 떨어진다. 때로는 타인의 말을 듣지 않는 것처럼 보일 수도 있다. 반응이나 행동에 있어 고지식하고 무뚝뚝하게 보일 수 있으며 스스로 높은 지식(知識)이나 지위(地位), 혹은 이상(理想)이 높다 생각하는 경향이 있어 스스로 자부심이 넘치고 쓸데없는 고집을 피우고 그것이 자존심(自尊心)이라 여기는 경향이 있다. 따라서 융통성을 찾기 어렵고 고지식하며 폐쇄적이다.

부드러움이 부족한 것이 흠이다. 태산과 같은 묵직함으로 승부하지만 지나치게 잔정이 부족하고 아기자기한 맛이 없어 섬세함이 요구된다. 사소한 일에는 무관심하고 잔정이 없으므로 감성적이지 못하고 흐름에 따르는 맛이 없다. 센스와 눈치가 없으며 성정이 메말라 인간미(人間美)가 부족하다는 평을 듣기 쉽다. 때로 이룸이 원하는 방향과 달라지므로 자신의 의지에 반하면 무턱대고 신경질적인 반응을 보일 수 있으며 이중적인 잣대를 가지고 사물을 판단하므로 사람에 따라 달리 대하는 경우가 있다. 따라서 좋다고 하는 사람은 매우 좋은 반응이나 싫다는 사람은 극단적으로 혐오한다. 호불호(好不好)를 가려 말을 하지 않으니 속을 알 수 없다. 말이 적고 무감각한 성정이 교만해 보이게 한다.

무토는 양권에서는 잘 살고, 음권에서는 고역이다. 지지가 묘진사오미신(卯辰巳午未申)에서는 잘 살고, 유술해자축인(酉戌亥子丑寅)에서는 고행을 감수한다. 따라서 사주원국에서 지지가 무엇인가에 따라 달라지고 세운에서 어떤 지지가 오는가에 따라 활성화가 달라진다.

3. 음양적(陰陽的) 관점

무토(戊土)의 시기는 이미 다 자랐다는 관점에서 살펴야 한다. 정지(停止)에 가까운 무성함이다. 한여름에 매미 우는 느티나무의 한계점이다. 자랄 만큼 자라서 이미 무성하여졌다. 이미 무성하다는 것은 자람이 다하였다는 것이다. 자람은 양(陽)의 영역이지 음(陰)의 영역은 아니다. 따라서 양의 작용이 마무리 되는 곳으로 화기(火氣)가 더 이상 커지거나 확대되지 못하게 하며, 그에 따른 여하한 작용도 발전하지 못하게 하는 수렴작용(收斂作用)이 시작되는 때가 된다.

아직 양의 기운이 충만하므로 화(火)의 작용력이 변질

되거나 변형되지는 않는다. 아울러 음의 기운이 내포되어 있기는 하지만 지나친 영향이 없어 음으로 인해 축소되는 것으로 보기 어렵고 음의 기운이 자라나기 시작하여 화(火)의 기운이 더 이상 팽창하지 못하게 제극(制剋)을 시작하는 단계이다. 음은 자신이 확대되어 화를 축소시키는 것이 아니라 제어하는 상태이며 이로써 화의 상태를 정지시키는 것으로 보아야 한다.

갑(甲)에서 시작한 양(陽)의 동적 역량은 계속해 확대일로(擴大一路)에 있었다. 정(丁)의 범위에서 확산(擴散)이 최고조에 다다랐다고는 하지만 이는 화(火)의 기운이지 양의 기운은 아니며, 양의 기운은 아직 가득 머물러 있었다. 이미 갑(甲)에서 태동한 양의 기운은 지속적으로 발전을 하여 무(戊)에 이르게 된다.

양의 기운이 동적(動的)으로 지속적인 발전을 하여 무토(戊土)에 이르면 정지 상태에 이르는데 이는 더 이상 확대되거나 퍼져나가지 못하는 최고의 상태에 이르기 때문이다. 따라서 양적의 정지 상태는 결국 정적(靜的) 상태로 양의 기운이 머무르게 되는 결과로 나타난다. 그러므로 무토(戊土)는 확대된 상태이지만 멈춘 듯 보이게 되는데 표면적으로는 동중정(動中靜)으로 어떤 상황에도 적극적이지 않아 보인다. 그러나 내적으로는 양의 기운이 가득하여 팽창(膨脹)이 극에 달한 상태이므로 활발한 양적(陽的) 작용이 쉬지 않고 이루어진다. 그러나 외적으로 음의 기운이 이미 자리를 잡으니 확산의 범위나 확대의 범위가 이미 정해져 있음이다.

천간(天干)은 반드시 뿌리가 있어야 한다. 뿌리 없는 천간은 힘을 쓰지 못하고 자신의 기운이나 색을 드러내기에 취약하다. 따라서 모든 천간을 살필 때는 지지를 살피지 않을 수 없다. 무토도 뿌리가 있으므로 살펴야 한다.

지지의 진술(辰戌)이 무토(戊土)의 뿌리가 되기에 천간에 투간되는 무토의 뿌리가 월지(月支)에 자리해야 진정한 힘을 낼 수가 있다. 이를 득령(得令)이라 한다. 진토(辰土)는 목(木)의 뿌리를 잡는다. 즉 목은 성장하는 것으로 진토에서의 시간적(時間的) 작용이 중요한데 진(辰)은 목(木)과 화(火)를 연결시키는 중앙에 자리하여 간절기의 성격을 지니므로 화(火)의 공간으로 변화하기 위해 필요한 변화의 시기에 해당한다. 또한 술토(戌土)는 금(金)을 나타내는 가을절기와 겨울절기의 중앙에 자리하고 있으므로 해서 금(金)의 기운을 수(水)로 바꾸기 위한 단계가 된다.

습토(濕土)이며 고(庫)에 해당하는 진(辰)에 뿌리를 둔 무토(戊土)는 절기적 영향을 받지 않을 수 없는데 위치적인 이유 때문이라도 화(火)를 이루려는 성격이 강하므로 속성적으로 양적(陽的)인 무토(戊土)가 되기에 이른다. 그와 비교하여 술토(戌土)에 뿌리를 둔 무토(戊土)는 금(金)을 나타내는 절기인 가을과 수(水)를 나타내는 겨울 사이에 자리한 절기성이므로 금(金)의 기운을 수(水)로 변화시키려는 작용으로 음적(陰的) 작용의 토(土)가 된다. 같은 무토(戊土)라고 하더라도 지지에서 투간하는 과정을 무시할 수 없으며 근(根)의 모양에 따라 작용이 달라지는데, 지지의 착근(着根)이 투간의 형태로 나타나 간(干)에서 작용하는 바가 다르게 나타나니 겉모습만 보아서는 올바른 작용을 보기 어렵다. 따라서 투간을 살필 때는 어느 지지에서 투간하여 힘을 얻었는지 살피지 않을 수 없다.

4. 오행적(五行的) 관점

무토(戊土)는 땅이다. 땅은 단단하기도 하지만 물렁하기도 하다. 습기가 많으면 물렁해지고 바위가 많으면 단단해진다. 땅을 갈아엎는 것은 나무의 뿌리이고 흙은 흐르는 물을 막는다. 반대로 물은 흙과 섞이어 진흙탕을 만들기도 한다. 땅은 단단해야 물을 막을 수 있는데 때로 약해지면 흙으로서도 물을 막을 수 없게 된다. 따라서 토가 투간되면 물을 막을 수 있는지 없는지의 여부를 파악해야 한다.

토(土)를 지배하고자 하는 것은 목(木)이다. 표면적으로 토가 목을 수용하는 것 같지만 이는 목의 지배력이다. 목이 많으면 토는 그늘이 지거나 습기(濕氣)가 많아진다. 또한 목은 땅을 갈아엎어 소토(疎土)시키는 역할도 한다. 땅은 갈아엎어져야 공기가 들고 순환을 이루게 되어 많은 생물(生物)이 살아가게 된다. 지나치게 강하고 딱딱한 흙에서는 생물이나 미생물(微生物)이 살지 못한다.

목은 토의 관(官)이다. 관은 지배자(支配者)이고 조력자(助力者)이기도 하다. 그러나 조력보다는 지배의 속성이 더욱 강한 것이 관이다. 목이 많아져 토기(土氣)가 약

(弱)해지면 지나친 관을 감당하지 못하게 된다. 관은 지배하려는 속성이고 강력한 힘을 보이고자 혈안이 되어 있다. 따라서 목이 강해지거나 많아져 무토가 약해지면 어쩔 수 없이 복종해야만 하므로 비굴한 토(土)가 되고 만다. 이 때는 금(金)의 오행이 투간되어 가지치기를 하거나 목을 억제하면 좋다.

금(金)이 많아지면 토생금(土生金)의 원칙에 따라 빼앗기는 것이 많으니 무토가 약(弱)해질 수밖에 없다. 이는 자식을 많이 기르는 어머니의 모습과 크게 다르지 않다. 무토로서도 생(生)하는 역할을 할 수 밖에 없는 위치에 서니 할 일은 많으나 인정을 받지 못하는데 이는 자식을 키우니 주는 것이 전부라고도 할 수 있다.

수(水)가 많으면 토의 역할이 더욱 많아진다. 그 역할은 흐르는 물을 막는 것처럼 여러 가지 제극(制剋)을 하여준다는 의미다. 이는 흘러나가는 돈줄을 막는 것과 다름이 없는데, 수성(水性)은 토의 재(財)이기 때문이다. 그렇게 작용하여 공덕을 인정받으나 지나치면 수가 많아져 둑을 타넘거나 막을 수 없는 경우가 발생한다. 이때는 목(木)의 도움이 필요하다. 따라서 무토가 아무리 물을 막으려고 한다지만 목으로 수를 제어하고 설기(洩氣)시키며 수렴(收斂)해주어야 완벽하다. 즉 목이 없으면 본신(本身)이 위험하다. 물이 둑을 타넘으면 둑이 무너지는 결과와 같다고 본다. 토는 화기를 수렴하는 기능이 있지만 지나치게 강하고 많으면 문제가 된다. 화가 치열하면 수렴작용이 이루어지지 않으며 오히려 화(火)에 동조하는 성향을 보인다.

5. 계절적(季節的) 관점

1) 춘절(春節)

토기는 목을 키우기 위해 뿌리를 잡아주는 역할이 가장 중요하다. 그러나 목이 지나치게 왕성하거나 웃자라면 토는 지배당하는 힘에 눌리니 어쩔 수 없이 병에 걸린다. 무성한 나무가 하늘을 가리면 습(濕)이 많아져 지나치게 물렁해지거나 썩기 쉽다.

항시 토는 목의 영향을 받을 수밖에 없는데 춘토(春土)는 목세(木勢)가 왕(旺)하기 쉬워 자칫 부실해지기 쉽다. 봄이 되면 목세는 강하게 피어나고 가지를 벌며 자라나기 위해 뿌리를 강하게 한다. 뿌리가 강해져 토를 파고들고 흔들면 나름 소토(疎土)의 기쁨은 있으나 본신이 약해지는 것은 어쩔 수가 없다. 그러므로 습기를 말리고 가지 위로 자라게 하기 위해 화(火)가 같이 움직여야 한다.

봄비도 문제가 된다. 수(水)가 왕(旺)해지면 흙이 약해져 물렁해지므로 나무의 뿌리를 잘 잡을 수 없게 된다. 땅이 물러지면 나무가 쓰러질 수도 있다. 따라서 더욱 강한 흙으로 만들기 위해 무토를 불러와야 하니 비겁(比劫)을 쓰라고 하는 것이다. 목이 번잡하게 많으면 토로서는 모두 수용하기 어렵고 때에 따라서는 지나치게 밀식이 되니 잘 라내고 솎아줘야 하므로 금(金)이 도움이 된다. 그러나 춘목은 여리고 새순이라 금에 잘리거나 상처를 입으므로 금

(金)이 강해지는 것은 꺼리게 된다.

2) 하절(夏節)

여름은 지나치게 덥다. 하절기(夏節期)의 땅은 뜨거운 열기(熱氣)로 말라 있으므로 근본적으로 조열(燥熱)하다고 본다. 조열하다는 것은 습기(濕氣)가 없다는 것이고 바싹 말라 사막(沙漠)처럼 변해버린 격이니 씨가 심어져도 발아(發芽)할 수 없음을 의미한다. 이처럼 여름의 땅은 씨가 발아(發芽)하고 자라기 어려운 땅이 되니 어떤 작용이라도 이루어져 부드러워져야 성장에 박차를 가할 수 있다.

여름의 무토는 습기가 필요하다. 다행히 이미 자란 목이 있으면 뿌리가 파고들어 소토가 되어 부드러워지나 성장을 위해서는 반드시 수(水)의 도움이 따라야 한다. 이때 목은 소토하는 용도로 사용되는데 목이 지나치게 무성하면 토가 다시 힘을 잃어버리게 된다. 따라서 여름의 무토에 다목(多木)은 불가하다. 하토(夏土)는 조열하여 수(水)를 사용하지만 바로 수를 사용하면 흙탕물이 되어버릴 수 있다. 따라서 금(金)의 도움을 얻은 다음에 수를 사용하는 것이 옳은 방법이다.

3) 추절(秋節)

가을이 되면 땅이 식는다. 땅이 식으면 모든 수목은 씨를 영글어 미래(未來)와 후세(後世)를 준비하고 서서히 동면(冬眠)에 이를 준비를 한다. 그러나 가을은 지나치게 금의 기운이 강하게 작용하는 계절이 되어 심각하게 굳어버리거나 심각하게 경직되기 쉽다. 따라서 추토(秋土)는 화(火)의 도움이 지대하게 되는데 화의 기운은 금의 엉기고 굳어버리는 성질을 녹이기에 적당하기 때문이다.

화의 기운은 금(金)의 작용력을 억제하고 화생토(火生土)의 생극(生剋) 원리에 따라 토(土)의 힘을 도와주는 역할을 하게 된다. 가을이라 해도 수다(水多)하면 토(土)가 물을 막기에 시급하고 목(木)의 도움이 없으면 오래가지 못한다.

4) 동절(冬節)

동토(冬土)는 거죽이 딱딱하게 얼어버리니 화기(火氣)를 느끼기 어렵다. 그러나 화기가 안으로 갈무리 되니 드러나지 않아도 내부로부터의 성숙(成熟)과 따사로움이 이어진다. 즉 대체적으로 결과가 늦은 편이나 자족할 줄 아는 명(命)이 된다.

목(木)과 화(火)가 적당하면 언 땅이라고 해도 죽지 않고 보존하는데 무리가 없으며 봄이 되면 깨어나는 격이니 뜻을 펼치는데 부족함이 없게 된다. 금(金)이 수(水)를 도우면 부(富)을 얻을 수 있게 된다. 한겨울의 수는 무토에 영향을 미치지 않는 성향이 있는데 이는 언 땅이기에 풀어 헤쳐지는 기운이 아니기 때문이다.

6. 희기(喜忌)

무토는 땅이다. 땅의 임무는 나무를 기르는 것이다. 그러나 무토는 높은 산이고 바람이 부는 곳이며 사람이 찾지 않는 외로운 곳이기에 갑목(甲木)이 선다 해도 때로 외로움과 고집을 꺾기 어렵다. 높은 산에 해당하니 갑목(甲木)이 있어야 위용을 갖추게 되며 병화(丙火)와 계수(癸水)가 싸우지 않고 조화를 이루면 빛과 물을 제공하여 나무를 키우는 것이나 같으니 뜻을 이룬다. 무토에 우뚝 선 나무는 홀로 서는 것이 기상이므로 지도자의 운명을 따라가는 경우가 아주 많다.

같은 토의 오행이라고 하지만 기토(己土)와 무토의 성정은 많은 차이가 있다. 기토가 기르는 성향이 강하다면 무토는 장악(掌握)하고 상황에 대해 주제하는 성향이 강하므로 절대 다른 영향과 모습으로 나타난다.

기토는 가르치고 기르는 역할로 만족스럽고 무토는 나서고 이끄는 성향이 강하다. 무토는 갑목을 길러야 하므로 경금(庚金)을 좋아하나 지나치면 치우치고 때로 갑을 잘라내어 왜곡(歪曲)시키므로 중용(中庸)의 도를 잃기 쉽다. 월(月)의 천시(天時)를 얻지 못하면 인성(印性)과 비겁(比劫)에 의해 오행상으로는 세력이 강해지기는 하나 기(氣)가 강해지는 경우는 없다. 인성과 비겁을 얻어 세력을 확보할 수는 있지만 좋은 시를 받아야 진정으로 강한 기를 가질 수 있다.

7. 상(象)

사토(死土), 바위산, 높은 산, 산토(山土), 야토(野土), 큰 산, 성토(城土), 저녁노을, 안개, 운동장, 거대한 건축물, 큰 놀이터, 빌딩, 콜로세움, 경기장, 시장, 빌딩, 산사태, 성벽, 위장(胃腸), 고속도로, 옆구리, 산성(山城), 야구장, 축구장, 농장(農場), 국가기관, 군대, 공사(公社), 학교, 중앙, 황색, 동서남북, 문구, 담장, 울타리, 운동기구, 저녁노을, 운동장, 바람막이, 파종, 농장, 어깨(肩), 중동(中東), 농기구.

8. 천간(天干)과의 관계

1) 戊+甲 : 큰 산에 큰 나무가 섰으니 기상이 뚜렷하다. 그러나 때로는 외롭고 고독하며 병화(丙火)가 있어야 그 뜻을 이룬다.

2) 戊+乙 : 이상(理想)과 현실(現實)이 다르다. 높은 산의 키 작은 풀이라. 큰 뜻을 펼치기 어려우나 불어오는 바람 속에서 자신을 낮추듯 자신(自身)을 지킬 수 있다. 때로는 큰 산이 아니라 동산(童山)으로 변질이 되기도 한다.

3) 戊+丙 : 높은 산에 해가 뜬 이유는 큰 나무를 자라도록 돕기 위함이다. 목(木)이 없으면 끊임없이 노력하나 자라게 할 나무가 없으므로 뜻을 이루기 어렵다.

4) 戊+丁 : 야간에 높은 산 머리 위로 달이 뜬 격이니 달밤이라. 아무도 찾는 이 없으니 외롭고 고독하며 나름 고고(高高)하다.

5) 戊+戊 : 높은 산이 높은 산으로 둘러싸이니 기세(氣

勢)가 웅장(雄壯)하다. 자기가 둘러싸여 있으니 몸부림쳐
도 잘 드러나지 않는다. 자기 주장이 강(强)하고 고지식하
여 큰 뜻을 펼치기 어렵다. 경쟁력을 보이지만 자신을 부
각시키는데 힘이 든다.

6) 戊+己 : 산 밑에 전답(田畓)이라 구조가 좋으면 쓰임
이 있게 된다. 그러나 구조가 나쁘면 음지가 된다. 산이 바
람을 막아주지만 때로 태양을 가로막아 그늘을 만들어 음
지가 된다.

7) 戊+庚 : 자신의 능력(能力)을 발휘하기는 좋으나 지
나치면 고립되기 쉽다.

8) 戊+辛 : 자갈밭과 같으니 곡식을 키우기 어렵다. 여
자라면 남편의 덕을 얻기 어렵다.

9) 戊+壬 : 튼튼하면 쓰임을 만드니 공덕이 크다. 신강
(身强)은 좋으나 신약(身弱)은 불길하다. 경(庚)이 있다
면 쓰임이 많아진다.

10) 戊+癸 : 좋은 관계이나 독선적이기 쉽다. 더불어 합
이 되어 육체적인 욕구가 있고 때로 지나치게 이성을 추구
하게 된다.

9. 戊土의 통변(通辯)

무토는 천간의 중심에 있어 중화(中和)를 돕거나 중재
(仲裁)의 작용이 강하게 되니 중개인(仲介人)이나 상담자
(相談者)로 적합하다. 남의 이야기를 듣거나 싸움을 말리
고 상업적으로는 거간의 기능이 강하다. 무토에게 갑병계

(甲丙癸)의 투간이 중요하니 갑(甲)은 귀(貴)를 만들고 병은 부(富)를 이루게 하고 계(癸)를 얻으면 편안함을 이룬다. 이중에 하나라도 없다면 그 기운은 조금 멀어진다 하겠다.

무토가 을(乙)을 만나면 풀이 자라는 낮은 동산이 된다. 온통 풀로 덮인 모습이니 자신이 드러나지 않고 인정받기도 어렵다. 무토는 높은 산이고 이상이 원대한데 낮아지고 보잘 것 없으니 무력하고 자존심(自尊心)이 상한다. 이상은 원대하지만 심중(心中)의 뜻과 현실(現實)의 괴리감을 극복하기 어려우니 고독하고 맘이 아프다.

여명(女命)은 허영이 있어 사치와 낭비하기 쉽고 더구나 바람끼가 있다. 무토가 을목을 만나면 화초만 기르는 격이다. 목(木)이 있고 금(金)을 만나면 배우자의 문제를 살펴야 한다, 남명(男命)은 자손이 불길하게 된다. 무토 일주로서 갑이 투간되지 않으면 뜻을 이루기 어렵고 수(水)가 왕(旺)한 중에 투간되면 재(財)의 근심을 벗기 어렵다.

무토는 초목이 무성하게 피어나 생장하고 결실을 맺는 환경이 이루어져야 길하니 을목과 갑목의 투간을 살펴야 하고, 금을 생성하고 제방을 쌓아 물을 가두는 역할을 하면 좋으니 경금과 신금도 살핀다. 무토는 바람을 막아 농사가 잘 이루어지고 안정감을 가지도록 해야 길하다.

무토는 천간을 이루는 글자의 중앙에 자리하고 있으며 땅이라는 물상을 표현한다. 땅이라는 물상과 전 간(干)의 중앙에 자리하는 것은 단순히 중앙을 차지한 것이 아니라 중재(仲裁)의 작용을 이야기 한다. 중재의 기능과 역할이 강하고 타고난 바가 있으니 어떤 상황에서이든 중개인(仲介人)이나 상담자(相談者)로 적합하다. 또한 많은 사람의 이야기를 들어주는 역할을 수행할 가능성이 높으며 상업적으로는 거간(居間)의 역할에 충실할 수 있고 재능도 있다. 무토는 강하고 묵직한 성정을 지니고 있다. 모든 일주는 자신 이외의 어떤 천간이 투간되었는가에 따라 명이 맑거나 탁해지고 미래가 결정된다. 간(干)의 쓰임에서 갑병계(甲丙癸)의 간(干)이 투간되었는지, 혹은 투간되지 않았는지 중요하다. 완벽한 투간은 인물(人物)을 만든다고 한다. 투간의 형상만 가지고도 그 인물됨을 알 수 있다. 무토에서 갑(甲)의 투간은 귀(貴)를 만들고, 병(丙)이 투간되면 평생 부족하지 않게 살 수 있으니 부(富)를 이루게 하고, 계(癸)를 얻으면 편안함을 이룬다.

무토(戊土)는 근본적으로 높은 산이고 단단한 산이지만 을(乙)을 만나면 이상과는 달리 낮은 동산(童山)이 된다. 낮은 동산에는 꽃과 잡초(雜草)가 자라고 사람들이 오르락내리락 한다. 이는 인생이 잡스러워지고 번잡을 피하기 어렵다는 것을 보여주는 것이다.

무토는 스스로 고산준봉(高山峻峰)이며 자존심이 강한 산이라 생각하나 을목이 자라면 실제로는 낮은 동산에 불과하니 상황이 따라주지 않고 주변 여건이 돕지 않는다. 심중(心中)에 높게 품은 이상(理想)과 뜻은 현실(現實)의 괴리감을 극복하기 어렵다. 동산에 핀 화사한 꽃은 사치 (奢侈), 낭비(浪費), 행락(行樂), 그리고 소비(巢脾)를 의미한다. 마음은 높은 목표의식(目標意識)에 젖어 있어 상황적으로 그런 것이 아니라고 부정하고 싶지만 사치와 낭비하기 쉽고 바람끼까지 있는데 이는 꽃을 즐기는 습성이 들기 때문이다.

무토는 대단히 큰 이상을 지닌다. 그러나 주변의 여건은 투간되어 있는 다른 간(干)의 형태로 나타나는데 반드시 큰 이상과 어울리는 것은 아니다. 특히 여명(女命)이라면 자신의 원국에 목(木)이 투간되어 있고 금(金)을 만나면 배우자의 여자 문제를 수시로 반복해서 살펴야 하고 남명 (男命)은 목과 금의 투간만으로도 자손이 불길하게 된다. 더구나 지지(地支)에서 금(金)이 왕하고 자리에서 극을 하여 목(木)의 근(根)을 상(傷)하게 하면 어떠한 경우라도 결과를 얻기 어렵다.

하절(夏節)은 뜨거운 날이라 무토도 달구어져 있을 수밖에 없으므로 임수(壬水)가 오면 조후(調喉)를 이루나 바다에서 물을 길어다 뿌리는 격으로 매사가 수고롭게 된다. 힘든 것에 비해 결과에 빈약하니 속이 상하고 헛고생한 듯하여 속이 뒤집힌다. 토는 무조건 나무를 길러야 뜻을 이루는데 무토(戊土) 일주가 갑(甲)이 투간(透干)되지 않으면 뜻을 이루기 어렵고, 혹 투간되었다고 하여도 수(水)가 왕(旺)한 중에 투간(透干)되면 타고난 재(財)의 근심을 벗기 어렵다.

1) 천간에 갑과 병이 뜨고 지지에 진토(辰土)가 자리 잡으면 부귀와 가깝다.

2) 계수(癸水)가 투간되면 안개가 피어오르듯 흩어져 병화(丙火)를 가려 좋지 않다.

3) 계수가 투간되면 합이 되어 무계합(戊癸合)이라. 음한 기운이 형성되고 육체적인 욕구가 생겨나 좋지 않다. 항시 주변의 이성을 탐한다.

4) 갑목과 병화가 투간되면 귀명(貴命)인데 수(水)의 조화가 필요하지만, 수가 투간되면 안개가 피어오르듯 병화를 가리니 수의 기운이 지장된 진토(辰土)가 필요하다.

5) 지지의 진(辰)이 자리하였는데 또 지지에 술(戌)이 있어 충(沖)이 되면 매사 불안이다.

6) 을목(乙木)을 보면 꽃을 보는 듯하여 사치가 심해지고 허영심이 있으며, 을목은 여자나 다른 정인(情人)을 의미하니 외정(外情)을 즐긴다. 무토에게 을목은 꽃이고 여자이니 다가오는 외정을 피하기 어렵다.

7) 갑목만 투간되면 고산지목(高山之木)이라 부의 축적이 가능하지만 사용할 줄 모르고, 구두쇠인지라 외롭고 고독을 피하기 어렵다.

8) 정화를 보면 산에 불이 난 격이다.

9) 무가 연속으로 투간되어 무무병존(戊戊並存)이 되면 첩첩산중(疊疊山中)으로 자신이 수많은 산 중의 하나인지라 자신을 부각시키려고 경쟁심을 발동하니 고생이 많다.

10) 무무병존이 되어도 주변이 좋으면 광활한 대지(大

地)가 되는데 넓은 지역을 돌아치는 역마(驛馬)의 기상이 되어 유학(遊學), 외교(外交), 무역(貿易), 이민(移民)의 기운이 있다. 때로 외국에 파병(派兵)을 가는 군인의 경우에도 이러한 경우가 있다.

11) 무토가 연속으로 투간되어 3개가 병렬이 되면 이곳저곳 돌아다니는 격이니 해외역마(海外驛馬)이고 마음을 넓게 쓰면 무역과 외교 등에서 두각을 나타낸다. 마음을 옹졸하게 쓰고 경쟁심만 내비치면 무수한 산에 묻힌 격으로 자신을 찾을 길이 없다.

6장

기토론
(己土論)

6장. 기토론(己土論)

己土(陽/陰干:稼)

　광활하게 펼쳐진 드넓은 대지(大地), 논과 밭이 어우러 진 평야(平野), 온갖 짐승이 뛰어다니는 벌판, 만물이 성 장하고 오곡이 자라는 토지(土地), 습기가 있고 뿌리를 안 정시켜 곡식을 자라게 하는 땅이다.

　기토(己土)는 가능한 사람의 성정을 수용하는 아량(雅 量)과 가슴을 열어주는 온후함, 가르치고 다스리며 귀 기울 여 주는 성정, 포용의 기능이 있으며 사물을 자라게 하는 훌륭한 땅이다. 무토(戊土)와 같은 수렴지기(收斂之氣)나 다스림 보다 기르는 성정이 더 강해 가(稼)로 표현된다.

　기토(己土)는 타고나기를 기르는 육성(育成)의 힘이고 절제(切除)와 포용(包容)을 하는 수용의 힘이라 자신에게 뿌리박는 목(木)을 좋아 한다. 목은 기토에 뿌리를 내려야 뿌리가 깊게 자리하고 바람이 불어도 뽑히지 않는 안정감 을 가질 수 있다. 목은 무토와 기토를 모두 좋아하지만 뿌 리가 깊게 내려지는 기토를 좋아하는 것은 아주 당연하다. 기토는 갑목(甲木)과 을목(乙木)을 가리지 않고 안정시켜 주고 보듬어 안으며 좋아하는 성정이 있다. 화단, 논, 밭, 구름, 도로, 흙먼지의 물상이다.

　기(己)는 다양한 의미를 지닌 글자인데 자기, 몸, 또렷 하다, 들러붙다 등의 뜻이 가장 강하게 작용한다. 글자가 의미를 많이 가진다는 것은 변화가 많다는 것이기도 하다. 일생에 변화가 많고 지극히 영리하며 머리 좋은 사람이 많고 겉으로 드러내지 않으나 적응력(適應力)이 뛰어난 사람이 많다. 남녀가 모두 호색(好色)하여 배우자(配偶者)와 이별이나 이혼(離婚)이 많다. 기(己)는 습하고 마르지 않은 흙으로 안으로 씨를 숨기고 있어 축장(蓄藏)하기 때문에 성장의 기운이고 생명력의 기운이 강하다. 소토(疎土)를 하는 목(木)이나 진흙탕으로 만드는 수(水)를 두려워하지 않지만 지나치게 찬 몸이라 화(火)가 적으면 빛을 가리고 병이 오는데, 화(火)의 도움을 받으면 제습(除濕)하여 만사가 여유롭다.

1. 자의(字意)

기토(己土)는 외부로 향해 발전하던 기운이 방향을 바꾸어 자신의 내부로 들어와 충실(充實)해지는 것을 말한다. 즉 이전까지는 하늘을 향해 뻗어가듯 발전하고 앞으로 나아가는 기세였다면 기토로부터는 안으로 충일해진다고 볼 수 있다. 따라서 구부러진 글자의 모양은 내부로 향하기 위한 변화를 의미하기도 한다. 또한 꺾이고 구부러진 모양 그대로의 신체(身體)를 의미하기도 한다. 이를 곡각(曲角)이라 하며 병의 하나로 본다. 기토는 신체에서 꺾이고 구부러지는 부분의 고통과 병을 의미하기도 한다. 아울러 기토는 지나치게 많으면 모든 것을 덮어버리는 성향도 있다.

기(己)는 자기라는 의미가 강하기에 외부로부터 자신을 보호하고자 하는 경향이 매우 강하다. 따라서 지극히 수렴적이다. 몸이라는 의미가 있으며 10천간 중 여섯째 천간이다. 이는 10간 중 중정(中正)에 있어 성정이 다른 어떤 오행과 비교해 평균적이라는 의미가 있기도 하고 중간에서 모든 것을 숨긴다는 의미도 있다.

옛날 갑골문자는 점을 칠 때 주로 사용했다. 이 신점(神占)에서 기(己)라는 글자는 사람들의 눈에 유난히도 확연하게 뜨이는 주술적(呪術的)인 부호(符號)였다. 즉 신점(神占)을 통해 알고자 했던 가장 큰 목적은 자신과 자신의 몸에 대한 아픔, 병과 같은 존재였던 것이다. 신점은 다양한 목적을 가지고 행해졌을 것이나 사람의 생로병사(生老病死)를 파악하는 것을 가장 큰 목적으로 보았다. 따라서 기토의 글자는 몸에 병이라는 의미도 일부 포함되어 있다.

기(己)라는 글자는 구불거리는 모양으로 이루어진 글자이다. 목(木)을 의미하는 을(乙)과 기(己)는 유난히 구불거린다. 을(乙)이 구불거리는 긴 끈을 의미하듯 기(己)도 긴 끈을 의미한다. 이 끈은 사람의 옷을 묶는 허리띠로 쓰기도 했으나 세우거나 길게 펼치면 길어진다는 의미도 있다. 따라서 기(己)는 기(起)의 의미를 내포하고 있다.

몸 기, 여섯째천간 기, 자기 기, 나 기, 저 기, 사사 기, 마련할 기. 이 글자는 복잡하고도 미묘한 방위감각을 나타내고 있다. 기(己)라는 상형에서 중앙의 일(一)은 자기의 몸을 나타내니 나 기요, 아래쪽 일(一)은 북쪽, 위쪽 일

(一)은 남쪽이다. 한국(韓國)은 위를 북이라 하고 아래를 남이라 하지만 중국(中國)은 오래전부터 반대의 개념으로 살핀다. 왼쪽 밑과 오른쪽 위를 곤(丨)으로 막았는데 왼쪽 곤(丨)은 동쪽을 의미하고 오른쪽 곤(丨)은 서쪽을 의미한다. 이로써 나를 중심으로 사방을 나타내고 있다. 기(己)는 양 옆으로 구멍이 있어 바람을 받아들이는 구조이기도 하다.

기(己)는 구부러진 글자이다. 이를 달리 굴곡(屈曲)의 형태를 일러 곡각(曲角)이라 부르기도 한다. 만물이 숨거나 회피하기 위해 몸을 구부리는 형태의 형상이다. 숨거나 회피한다는 것은 충돌을 피한다는 의미도 있다. 그러나 펼쳐지면 줄었던 몸이 퉁겨져 늘어나는 과정에서 탄력(彈力)이 생기고 파괴적(破壞的) 힘이 생겨난다. 따라서 기(己)는 움츠리고 회피하지만 극에 달하면 퉁겨지고 대들며 부딪치고 모든 것을 광활한 대지로 덮어버리는 성정이 나타난다.

기토는 자신을 중심에 두고 사방을 표시함으로써 천간에서 중앙을 의미하는 글자이기도 하다. 육체라는 의미도 있지만 그보다는 사상적인 면으로 나를 의미한다. 만사의 기본은 자신이니 발음은 '기'이다.

인체의 복부(腹部)를 형상하고 있다. 어쩌면 뱃속에 들어있는 장기(臟器)가 구불거리고 있다는 것을 형상화 한 것일 수도 있다. ≪설문≫에 이르기를 "中宮也 象萬物辟藏詘形也 己承戊 相人腹 居擬切己"라 하여 무(戊)자 다음이며 10간의 중심임을 나타내고 있다.

2. 성정(性情)

기토(己土)는 생장(生長)의 기운이다. 생장을 돕는 기운이다. 기토는 습기가 많은 땅이다. 기토는 논이다. 기토는 밭이다. 기토는 벌판이다. 많은 농작물이 자라고 많은 짐승이 뛰어다니는 드넓은 벌판이다. 기토는 무토(戊土)와 달리 험하지 않고 거칠지 않으며 지반(地盤)이 무르고 연약하다. 바위로 뒤덮인 무토의 웅장함을 따라갈 수 없으니 초목을 기르기는 무토가 비견할 바가 아니다. 따라서 초목이 뿌리 내리기 좋으며 누구나 자리 잡고 쉴 수 있으며 농작물(農作物)을 기를 수 있으며 누구나 집을 짓고 싶어하는 땅이다.

기토는 무토에 비해 양기(陽氣)는 물론이고 모든 기를 축적하고 보관하며 숨기고 갈무리하는 축장(蓄藏)의 기운(氣運)이 강(强)하다. 목(木)의 창고(倉庫)라고 하지만 사람들 틈에서도 인정(人情)의 창고와 같은 기능을 한다. 기토는 적당한 습기가 있고 태양의 영향을 받으면 싹을 트게 하므로 만물을 기르고 배양하는 역할이 크다.

기토는 겉으로 드러나는 습기가 있지만 내부적으로는 지극히 차가운 성정도 있으므로 냉(冷)하여 화(火)를 보면 열(熱)을 흡수하여 땅을 덥혀 싹이 나도록 하니 초목을 기르기 위해서는 반드시 화(火)의 기운이 필요하다. 따라서 병화(丙火)는 기토에게 반드시 필요한 성분이다. 기토는 땅속에서 광물질이 나오는 것처럼 금(金)을 생(生)하기에 좋은 토(土)이다. 물가의 모래에서 사금(砂金)을 얻는 이치와 같다.

걸으로는 순박하고 조용하며 누구와 견주어도 경쟁적(競爭的)이지 않다. 어떠한 경우에도 다투기를 좋아하지 않으며 협박(狹薄)하거나 압박(壓迫)을 주면 더 이상 자기 마음을 드러내지 않는다. 핍박(逼迫)하고 협박하며 경원(敬遠)하고 대립(對立)하려 하면 차라리 피해버리고 상종(相從)하지 않는 경향이 있다. 때로 이 경향이 강해 배반자(背反者)라는 인식을 주거나 회피하려는 성향, 혹은 도망가려는 속성으로 보이기도 한다. 그러나 깊은 의리(義理)가 있고 타인이 먼저 배신(背信)하기 전에는 배신하지 않는 성격적인 양심이 있으며 분노를 참으며 기다릴 줄도 안다.

타인들의 판단으로 기토를 내몰지만 기토는 가타부타 변명하거나 지나치게 격한 모습으로 반응하지 않는다. 걸으로는 자기 주장을 잘 드러내지 않으나 차분한 심정으로 나름으로는 실속을 챙기는 면이 강하고 반드시 노력하고 버텨 이루려는 속성이 있다. 속마음을 드러내지 않아 심중(心中)을 파악하기 어렵다.

토는 신(信)의 속성이다. 중앙을 차지한 속성이고 동서남북(東西南北)을 가리킨다. 풍수지리(風水地理)에서는 중앙은 물론이고 동북방과 서남방을 포함하는 개념이다. 사계절 모두를 가리키는데 정확하게는 환절기(換節期)이다. 황색이나 미색, 베이지색, 황토색을 의미하고 단맛이다. 0, 5, 10의 숫자를 의미하지만 보통 5를 의미하고 신체는 많은 부위를 의미하는데 비장(脾腸), 배, 입, 입술, 맹장(盲腸), 췌장(膵臟)도 의미한다. 그리고 위장(胃腸)에도 영향을 미친다.

기토는 믿음과 신용을 중시하며 타인에게 손해를 끼치거나 피해를 주지 않으려 노력하고 누군가 도움을 원하면 거절하지 않는다. 자기를 드러내기 보다는 은일자중(隱逸自重)하여 항시 중화된 마음으로 중심을 지키려고 노력하며 수용의 의사를 가지고 사람을 대하는데 사교성이 있어 가능한 적을 만들지 않는다. 그러나 적이 배반하면 아픔을 참고 3번까지 용서하지만 그 경우를 넘어서면 다시는 보지 않는 나름의 성정도 있다. 이는 땅속에 묻혀 보이지 않는 신금(辛金)의 성분이다.

기토는 희생정신과 봉사정신이 있으며 타인을 배려하는 마음이 있어 다른 사람의 이야기를 끈기 있게 들어주는 지혜와 끈기만으로도 카운슬링 상대로 좋으며 포근하고 편안하게 감싸주려는 측은지심(惻隱之心)을 가지고 있다. 평소 조용하고 말을 피하지만 한번 입을 열면 화술(話術)이 뛰어나 남을 설득시키는 힘이 있으며 조리가 있다. 따라서 남에게 가르치거나 들어주는 직업이 좋고 안정과 평화를 중시하여 다투거나 폭력을 싫어하고 증오하고 자신을 낮추며 겸손한 처세를 한다.

기토는 음권에서는 잘 살고, 양권에서는 어려움을 겪는다. 지지의 유술해자축인(酉戌亥子丑寅)에서는 잘 살고,

묘진사오미신(卯辰巳午未申)에서는 불편을 느낀다. 따라서 사주원국에서 지지가 무엇인가에 따라 달라지고 세운에서 어떤 지지가 오는가에 따라 활성화가 달라진다.

3. 음양적(陰陽的) 관점

무토(戊土)와 기토(己土)는 십천간(十天干)의 중간에 자리하고 있는데 이는 중화(中和)와 중용(中庸)이라는 의미를 새삼 생각하게 한다. 중간에서 다양한 기운을 섞이게 하고 융화시키는 구실도 한다. 아울러 토(土)의 성정은 중화와 수렴(收斂)의 의미가 있으며 중간에서 중재(仲裁)한다는 의미도 있다. 또한 다른 나머지의 성정을 덮어버리거나 묻어버리는 성정도 있는데 이는 기토가 가진 가장 큰 장점이기도 하다.

무토에 의해 정지된 화(火)의 작용은 결국 음(陰)의 성정을 불러들이는 작용을 한다. 왕성한 기운은 한껏 외양(外樣)을 자랑하지만 극에 다다른 기운이니 멈추고 더 이상의 확대는 어렵다. 따라서 내부적으로 멈추었다는 의미도 있다. 이러한 순환은 생로병사(生老病死)와 같다.

한껏 팽창한 무토(戊土)의 양기가 기토(己土)에 이르면 성장과 팽창을 멈추며 수렴작용(收斂作用)으로 변한다. 팽창보다는 내부로 충일하고 숙이는 듯한 기운을 가지는 것으로 화(火)의 기능이 변질됨을 의미한다. 따라서 음의 기운이 양을 압박하게 되어 수축(收縮)작용이 이루어지기 시작한다.

태초의 출발은 수(水)에서 시작했다. 수(水)에서 출발한 생명의 기운이 갑(甲)으로 대변되는 목(木)을 거쳐 드디어는 성장의 기운이 충일한 화(火)에 이르러 무한으로 번성하여 꽃을 피우고 수정(授精)의 단계를 거친다. 수정은 결국 새로운 씨앗을 만들고자 하는 욕구이고 과정이다. 수정이 이루어지지 않으면 새로운 생명은 잉태를 이룰 수 없다. 병화(丙火)로 피어올랐던 화려함은 정화(丁火)를 거치며 수정(受精)으로 나타나고 드디어는 새로운 세대(世代)로 전이되는 과정에 이른다. 이 전이의 과정에서 핵심은 무토(戊土)와 기토(己土)가 된다. 즉 새로운 전이의 과정에 무토와 기토가 반드시 관여하게 된다.

  무토(戊土)의 역할은 제어(制御)하는 것이다. 표면적이고 형상적으로는 무성하게 자라남이지만 내부적으로는 화(火)의 번성을 막는 과정이다. 무토가 화기를 억제하여 번성하고 번지는 것을 막는 과정이었으며 결국 상황에 머무르게 하는 과정이라면 기토(己土)는 조금 더 나아가 전이의 과정이 적극적으로 이루어지는 시기가 된다. 무토가 억제를 하였다면 기토는 새로운 바탕을 마련하는 과정이라고 볼 수 있다. 전이는 변화다. 이 변화는 땅에서 이루어진다. 변하는 것은 토를 바탕으로 한다.

  토(土)의 성분은 변화의 주체가 되는 것으로 모든 것을 수용할 수 있어야만 변화의 주체가 된다. 변화를 하고자 하면 모든 것을 수용(收用)하여야 한다. 수용이 없다면 변화는 이루어지지 않는다. 따라서 각 절기의 끝에는 토가 배치되어 있는데 이를 간절기(間節氣), 환절기(換節期)라 부른다. 지지에서 보이듯 각 절기의 끝부분에 토를 배치하고 있는데 달리 보면 시작점에 배치한 모양이 되기도 한다. 인묘진(寅卯辰), 사오미(巳午未), 신유술(申酉戌), 해자축(亥子丑)처럼 말이다.

토의 의미는 모든 성정을 수용하는 것이고 달리 보면 펼치는 시점으로 나타난다. 따라서 작게는 목화금수(木火金水)를 수용하기도 하지만 나아가고 변화함에서는 사행(四行) 마디를 만드는 작용을 한다. 아울러 각각의 기운을 연결하기도 한다. 따라서 마디라는 말을 사용하여 통변(通辯)한다. 달리 보면 변화가 이루어지는 것이라는 것은 새로운 변화를 불러들이는 것이니 결국 세대교체(世代交替)의 중심이 되는 것이다. 이러한 특성을 머금으니 토(土)의 성정(性情) 중에는 생육(生育)이나 수렴의 의미가 강하기도 하지만 그 외로 변화, 머뭇거림, 중재, 배양, 숨기기, 이어줌의 뜻을 내포하게 되는 것이다.

같은 토라 하지만 무토와 기토는 습성이 매우 다르다. 무토는 강한 바위로 이루어진 성정이니 강하고 우뚝 서며 앞으로 나서는 성향이다. 그렇지만 기토(己土)는 잘게 부서지고 풍화(風化)가 이루어진 흙과 같은 성분이니 나서기보다는 뿌리 내리고자 하는 초목을 기르고 다른 모든 기운과 성정을 받아들이는 특성이 강하게 작용한다. 이는 수용으로 나타나고 기르는 성분이 되니 타인을 이해하고 포용하는 특징으로 나타난다.

천간은 지지의 세력을 얻어야 한다. 이를 두고 뿌리에서 투간되었다고 하는데 뿌리가 없으면 힘이 없고 허상(虛像)으로 끝나기도 한다. 모든 천간은 지지에 뿌리를 두고 있다. 만약 뿌리가 지지에 없다면 천간은 투간되어 드러나도 아무런 의미가 없다. 기토(己土)의 뿌리는 축토(丑土)와 미토(未土)가 되는데 이는 땅을 디디고 서는 나무와 같이 든든하고 안정적이다. 축토(丑土)는 차가운 계절이고 꽁꽁 언 땅이지만 내부적으로 씨앗을 가지고 있으며 음기(陰氣)를 더욱 압축하여 양기(陽氣)를 자극하는 시기이다. 축토(丑土)에 뿌리를 둔 기토(己土)는 어떤 경우에도 병화(丙火)의 도움을 얻어야 작용력을 발현시킬 수 있으며 미래를 예측하고 일어서고자 하는 힘이 강한 시기이니 이를 고(庫)라 하지 않을 수 없다.

기토의 뿌리가 되는 두 가지의 성분 중에 미토(未土)는 여름에서 가을로 넘어가는 절기에 배치되어 있는데 이는 양(陽)의 기운(氣運)을 음(陰)으로 전환 시키는 시기가 된다. 한여름의 뜨거운 기운이 점차 식고 이제 가을의 서늘한 기운이 드는 시기이다. 미토(未土)에 뿌리를 둔 기토(己土)는 열매를 맺고 숙성시켜야 만 하니 계수(癸水)의 도움이 있어야 금화교역(金火交易)의 뜻을 이룰 수 있다.

4. 오행적(五行的) 관점

기토는 기르는 성분이다. 다른 오행을 적절하게 수용하고 수렴하며 배치하여야 올바른 생육이 이루어진다. 같은 성분이라 하더라도 배치하는 순서나 그 위치에 따라 작용은 크게 다를 수밖에 없다. 같은 성분이라도 가까이 있어 도움이 될 수 있지만 때로는 멀어야만 사용이 가능한 경우도 있다.

기토에 수(水)가 투간하면 세밀한 관찰이 요구된다. 수가 많으면 기토와 섞이어 진흙탕이 될 것은 뻔한 이치이다. 기토는 단단하지 않은 흙이기 때문이다. 따라서 수가 투간 되어도 떨어져 배치되어야만 사용이 가능하고 진정으로 도움이 된다. 진흙탕이 아니라도 수기가 지나치게 많으면 넘치고 흐르니 무토(戊土)나 화(火)가 있어야 한다. 무토는 물을 막을 것이고 화기는 넘치는 물의 기운을 말려버릴 것이나 결정적으로 목(木)의 도움이 따라야 오래 간다. 목은 수기를 설기(洩氣)시키니 가장 안정적이다. 목은 물을 빨아들여 수관으로 오르게 하니 물을 조절하는 힘이 강하다. 그렇다 하더라도 금(金)이 많으면 목(木)은 설 자리가 없다. 목은 금을 만나면 좌불안석(坐不安席)이고 금(金)은 수기를 충족시켜주는 고(庫)의 역할을 하니 금은 투간을 달가워하지 않는다. 금이 투간되면 목은 서있을 자리가 없는 격이니 기토의 노력은 허사가 되고 기르는 공덕이 없게 된다.

기토는 습토(濕土)의 성질이라 어떤 경우라도 화기가 필요하다. 화기가 습기를 말려주어야 건강하다는 것은 불문가지(不問可知)이나 화왕(火旺)하여 지면 다양한 문제가 일어난다. 화기가 강한 형상이 나타나면 우선 토기가

지나치게 조열(燥熱)해진다. 이때는 계수(癸水)의 도움이
절실하다. 토(土)가 지나치게 왕(旺)하면 목(木)의 소토
가 필요하니 목이 반드시 있어야 하고 때로는 목의 기운이
더욱 늘어나 세를 이룰 수도 있다. 그러나 뿌리가 약한 을
목(乙木)은 도움이 적다.

5. 계절적(季節的) 관점

1) 춘절(春節)

봄은 얼음이 풀리고 곡식의 씨를 뿌려야 하는 시기이다.
이 시기에 씨가 땅에 들어 생장을 시작하려 하면 반드시 얼
어붙은 땅을 풀 태양이 필요하다. 태양의 따스한 기운이 땅
속으로 스며들어야 발아(發芽)가 되고 싹이 나와 지면을
뚫고 생장의 기운을 보인다. 싹이 밖으로 나와도 태양이 없
으면 초목은 자라지 못하니 태양의 존재는 필연이다. 따라
서 춘토(春土)는 화(火)를 가장 먼저 쓰는 것이다.

싹이 자라 태양을 보고 자라남에 있어 바탕이 되어 주는
것이 물이다. 물이 보충되지 않는다면 절대로 생육(生育)
을 이룰 수가 없다. 봄이 되면 물가의 버드나무 껍질이 물
기에 촉촉해져서 그 어느 때보다 잘 벗겨지는 것처럼 봄에
는 물의 존재가 필수적이다. 시간이 지나며 더욱 많은 물
이 필요하지만 봄처럼 적재적소(適材適所)에 필요하지는
않다. 봄에는 물이 없으면 농사를 지을 수 없듯 물의 존재
는 필수불가결(必修不可缺)이다. 따라서 태양을 얻으면
다음으로는 수(水)의 도움을 얻어야 한다.

기토는 흙이다. 부드러운 흙이다. 기토는 태양을 만나고 물의 도움을 받아 목(木)을 키우는데 존재의 목적이 있다. 그러나 봄이라는 계절은 생동이 넘치고 자라남이 지나쳐 목(木)이 왕(旺)해지기 쉬운 시기이다. 따라서 이 때의 기토(己土)는 본신(本身)이 허(虛)해지는 것에 주의해야 한다. 허해지는 것을 방치하거나 목의 성분을 지나치게 많이 떠안으면 병이 온다. 이 때는 토의 보충이 필요하다.

2) 하절(夏節)

계절이 뜨거움 속에 놓인다. 태양이 지나치게 강한 시기이기에 열기가 넘치고 양의 기운이 지나치므로 하토(夏土)는 지나치게 건조해지기 쉽다. 지나친 건조 시기에는 습기(濕氣)를 뿌려 조절을 하는 것이 그 첫 번째이니 하늘에서 내리는 빗방울이라도 바랄 일이다. 즉 절기의 특성에 따라 열기를 받으니 토(土)의 기세(氣勢)가 당당하나 자칫 지나치게 열기를 받고 태양의 힘에 의지하여 조열(燥熱)해지기 쉽다. 조열해지면 생토(生土)가 조토(燥土)로 변하고, 조토는 생육에 좋지 않은 땅이 되어 목(木)을 생육한다는 본래의 취지에 약해지기 쉽다.

절기에 의해 화기(火氣)가 만발하면 조열해지고 기토(己土)의 작용이 부실해지므로 열기를 식히고 마른 땅을 촉촉하게 적셔주는 계수(癸水)가 필요하다. 계수가 있어 땅을 적셔 목(木)의 기운이 살아난 후에야 다른 모든 것을 논할 수 있으니 하토(夏土)는 반드시 계수를 곁에 두어야 귀명(貴命)이다. 수의 공급으로 땅이 조열해지지 않도록 조정을 한 후에야 금(金)과 목(木)의 쓰임이 생기게 된다.

3) 추절(秋節)

가을에 들면 땅이 점차 서늘해진다. 이는 태양도 서늘해지고 땅도 서늘해진다는 의미이고 생장이 멈추었다는 것을 보여준다. 서늘한 기운에서는 성장을 멈추고 다음 세대(世代)를 위한 준비에 들어가야 한다는 의미를 부여한다. 따라서 기토에 뿌리박은 초목은 서서히 가을을 따라 미래를 대비하여야 한다.

미래를 대비한다는 것은 씨앗을 만드는 과정이다. 씨앗은 미래를 위한 투자이고 존재의 가치이다. 씨앗은 다른 생의 연결이다. 그 모습이 마치 불교(佛敎)의 윤회(輪回)와 같다. 부모가 자식을 남기고 죽어 생을 이어가는 것이나 다르지 않다. 곡식이 잘 익고 씨가 영글려 한다면 반드시 따사로운 햇살이 요구된다. 따라서 추토(秋土)는 병화(丙火)를 먼저 보아야 한다. 해가 없다면 곡식이 익지 않고 쭉정이가 되듯 가을 태생의 기토는 반드시 병화를 보아야 귀명(貴命)이다.

가을의 기토가 태양을 얻었다면 다음으로 목(木)과 수(水)의 사용처를 구별해야 한다. 목이 없다면 소득 없는 헛발질이고 아무런 기약 없이 투자만 계속하는 꼴이니 오랜 시간이 지나도 결과는 나타나지 않는다. 병화(丙火)와 목이 있다 하여도 기토는 수(水)가 왕(旺)해지는 것을 꺼리게 된다. 가을에 수기가 많으면 곡식은 익지 않고 잎만 자라며 뿌리는 썩기에 결실이 없고 타인에게 피해만 준다.

4) 동절 (冬節)

겨울 땅은 차갑게 식고 얼음으로 뒤덮인다. 또한 기토는 애초의 성정이 습토(濕土)가 강하기에 추위를 만나면 일시에 얼어붙는다. 차가운 한설(寒雪)에 모든 대지가 얼어붙는다면 나무도 생장을 멈추고 얼어붙는다. 따라서 기토와 수기가 만나면 몸이 아프고 병을 얻을 가능성이 많다. 잘못 깨어나 활동하면 얼어 죽는 꼴이다. 행여 활동을 하고자 한다면 따사로운 햇살로 먼저 녹여야 한다. 동토(冬土)는 따사로운 햇살과 같은 병화(丙火)로 한기(寒氣)를 제거하여 활동력(活動力)을 만든 다음 목(木)을 사용해야 된다. 그러나 열기만 강한 정화는 금물이다.

동토는 얼어 있어 뿌리가 움직이지 않으니 수를 빨아들이지 못한다. 수를 흡수(吸水)한다면 때로 얼어 죽는 결과로 나타날 수도 있다. 추운 계절에는 초목도 수를 빨아들이지 않는데 이는 살아남기 위한 자연적인 현상이다. 따라서 동절에 수(水)가 천간(天干)에 투간(透干)되면 빨리 막아 제극(制剋)하여야 하니 무토(戊土)의 도움이 필요하고 금(金)의 투간이나 지지의 활동은 뿌리에 물을 제공하는 격이 되어버리니 왕(旺)해지는 것은 뜻을 펼치는데 장애(障碍)로 나타난다.

6. 희기(喜忌)

기토의 성정은 기르는 성정이다. 수렴하고 보호하고 생육을 하는 것이 보람이다. 따라서 하늘에 떠 빛을 뿌리는 병화(丙火)를 보고 기름의 대상이 되는 목(木)을 얻으면 기르는 공덕(功德)이 가장 크다. 목이 없으면 기를 대상이 없으니 허송세월이고 병화가 투간되지 않으면 기르려고 애를 써도 헛수고가 반복된다. 따라서 해가 보이지 않는 모습의 배치가 이루어진다면 늘 습하니 병도 많다.

기토는 수(水)가 왕(旺)한 것을 두려워하지 않으나 계수(癸水)는 때로 흙탕물이 되어버리는 성정이 있다. 약간의 두려움이 있어 조심스럽다. 더구나 뿌리가 없으면 유실되기 쉽다. 따라서 지지에 반드시 기토를 보충하는 토의 성분이 받쳐주고 뿌리를 잡아주어야 한다. 금의 투간도 두렵다. 금(金)이 많으면 가지치기가 심해지는 격으로 목(木)을 기르기 어렵다. 습기(濕氣)가 많으며 수기(水氣)가 강하면 무토(戊土)와 갑목(甲木)으로 습기를 제거하면 좋은 명식이지만 신약(身弱)하고 습(濕)한 경우가 아니면 무토(戊土)가 그다지 도움이 되지 않는다. 때로 무토가 햇빛을 가려 기토를 습한 땅으로 만드는데 일조를 하는 경우도 있다.

7. 상(象)

논, 밭, 벌판, 밭갈이, 구름, 벌판, 비장(脾臟), 황색,

초원, 사막, 손가락(指), 살아있는 땅(活土), 생육의 땅(溫土), 작은 땅(小土), 생토(生土), 옥토(沃土), 평야(平野), 연기(煙氣), 해변의 땅, 골프장, 잔디밭, 축구장, 야구장, 중국내륙, 미색, 어머니 방, 운동장, 중국음식, 밀밭, 보리밭, 목장, 지평선(地平線), 분식, 페인트, 녹지(綠地), 과자, 어머니, 선생님.

8. 천간(天干)과의 관계

1) 己+甲 : 병화를 보아야 결실을 얻으니 화(火)가 없으면 기르는 보람이 없다. 병화가 없으면 노력은 많으나 결실이 어렵고 시간이 걸린다.

2) 己+乙 : 밭이 곡식이 자란 격이니 금(金)이 없어야 적은 것이라도 목적을 이룰 수 있다. 지나치게 많은 을이 투간되면 그늘에 땅이 가려 습해지고 뿌리가 파고드니 몸이 아프다.

3) 己+丙 : 가색(稼穡)의 공(功)을 이룰 준비가 되어 있으니 관(官)을 기뻐한다. 갑이 겹전하면 성공이 눈앞이다.

4) 己+丁 : 인공의 힘이 가해지는 것이니 온실과 같다.

5) 己+戊 : 높은 산이 햇빛이 가려진 모양으로 음지(陰地)의 땅으로 활용도가 떨어지게 된다. 무토가 조금 떨어져 있으면 더욱 도움이 된다.

6) 己+己 : 전답(田畓)이 넓으니 할 일은 많고 욕심 또한 크다. 몸이 분주하고 덕이 없으며 베풀 줄 모른다. 놀부가 흥부의 논을 빼앗으려는 격이다.

7) 己+庚 : 맨 땅에 바위가 돌출된 격이니 목(木)을 기르기 어려운 땅이 되기 쉽다. 노력(努力)의 대가를 얻기 어렵다. 목이나 을이 있어도 변하지 않는다.

8) 己+辛 : 구조가 좋으면 밭을 일구는 도구가 된다. 불미하면 쓸모없는 자갈밭이 되고 만다.

9) 己+壬 : 큰물이 몰아치니 감당하기 어렵다. 지나치게 큰물이면 흙탕물이 되어버린다.

10) 己+癸 : 병화(丙火)가 있고 조화(造化)를 이루면 큰 뜻을 이룰 수 있다. 구조가 나쁘면 흙탕물이 되어 병이 생긴다.

9. 기토(己土)의 통변(通辯)

기토는 흙의 근원이다. 진술축미(辰戌丑未)가 뿌리가 되는 기토(己土)는 가장 순화된 흙이며 모든 것을 수용하고 있다. 천간의 무토와 달리 온갖 초목이 가장 살기 원하는 토양(土壤)이다. 지지(地支)는 갈아엎는 소토가 중요하다. 소토가 있어야 공기가 들고 토양이 윤택해져 농사를 지을 수 있다. 따라서 충(沖)을 두려워하지 않으며 오히려 충(沖)에 의해 새로운 활력(活力)을 얻게 된다. 충이란 굳어 있던 땅이 충을 받아 풀리는 것과 같다. 이를 소토(疎土)라고 하니, 이러한 과정이 있어야 기토는 생명을 잉태(孕胎)하고 활동성이 생긴다. 기토는 초목을 길러 울창하게 하여야 하니 그 후에야 결실을 맺을 수 있다. 그러므로 반드시 병(丙)과 갑(甲)이 필요하다. 갑이 기토에 뿌리박아 병의 기운으로 자라난다.

　기토가 을목(乙木)을 보면 꽃을 피우는 격이다. 현실(現實)은 화려하나 미래(未來)가 보장되지 않으며 이성(異性)에 현혹되기 쉽다. 화초(花草)만 키우는 격이니 외정(外情)에 팔리는 꼴이다. 기토는 갑목(甲木)을 키워야 귀(貴)를 얻을 수 있게 된다. 을목을 키워서는 부(富)와 재(財)를 기대할 수 없다. 또한 기토(己土)가 병화(丙火)의 도움 없이 갑목(甲木)을 만나면 노력을 해도 결실(結實)을 얻기 어렵다. 수(水)가 없이 정화(丁火)만 보이면 조열(燥熱)해져 사물을 기르는 공덕(功德)을 잃게 된다. 이를 일러 인덕(人德)이 없다 하니 기토는 인덕이 없거나 매우 적다.

　토는 성장(成長)하고 생육(生育)의 기능을 다하려면 반드시 소토(疎土)가 필요하다. 따라서 토는 소토의 작용에 해당하는 다양한 변화가 와야 움직임을 보인다. 따라서 진술축미(辰戌丑未)가 뿌리가 되는 기토(己土)는 지지(地支)의 충(沖)을 두려워하지 않는데 충이 오면 오히려 땅속에 변동이 일어나 소토의 작용이 일어나는 격이 되기 때문이다. 따라서 기토는 오히려 충(沖)에 의해 새로운 활력(活力)을 얻게 된다. 이것을 소토의 이름다움이라 하지 않을 수 없다.

　기토는 이왕이면 갑목(甲木)을 키워야 한다. 이는 키우는 봉분에서도 어긋나지 않는다. 을목(乙木)은 화초(花草)와 같고 여자와 같다. 따라서 을목을 보면 현실(現實)

은 매우 화려하고 변화가 많으며 번잡하여 살아있음을 느끼게 만들지만 미래(未來)가 보장되지 않는다. 오히려 화초(花草)를 키우는 격이니 할 일을 멀리하고 외정(外情)에 팔려 외도(外道)하고 가정에는 소홀해 지기 쉬우며 미래에 결실을 맺을 가능성이 매우 적다. 이와 비교하여 갑목(甲木)을 키우면 재목과 그 열매를 얻을 수 있으니 귀(貴)를 얻을 수 있게 된다고 말한다.

기토는 모든 것을 수용하니 화왕절(火旺節)에 임수(壬水)가 투간(透干)하면 더운 날에 차가움이 밀려들어 중용(中庸)의 격을 이루는 것으로 보이고 아름답게 보이지만 생각과 결과는 다르다. 즉 배치나 표면적인 현상으로는 조후(調喉)로 쓸 수 있을 것 같으나 오히려 지나치게 차갑고 열기를 식혀버리고 증발(蒸發)을 하여 버리니 도움이 되지 않으며 오히려 본신(本身)에 수고로움이 따르게 되는 격이다. 또한 경금(庚金)과 신금(辛金)이 보이면 일을 벌리고 얻는 것이 부족하니 이것은 한여름에 냉해(冷害)를 입는 것과 같아 병에 들 염려가 있다.

기토의 성공은 태양과 나무의 조화로 이루어진다. 즉 태양을 받아 나무를 잘 길러 대들보로 쓸 수 있게 자라도록 하고 열매를 맺게 하여야 한다. 이와 같은 이치에 따라 기토(己土)는 어떠한 경우라도 병화(丙火)의 도움이 필요하다. 병화의 도움이 없다면 갑목(甲木)을 만나도 올바른 결실(結實)을 얻기 어렵다.

기토는 목(木)을 기르는 속성이니 화(火)의 기운과 수

(水)가 필요하다. 그런데 수가 없이 정화(丁火)만 보이면 조열(燥熱)해져 기르는 공덕(功德)을 잃게 된다. 그나마도 기토(己土)가 임수(壬水)를 보면 정화(丁火)가 신금(辛金)을 본 것과 비슷하여 좋은 결과를 말하기 어렵다. 금(金)이 왕(旺)할 경우 제극을 해야 하니 정화(丁火)의 쓰임에 따라 자손(子孫)이 달라지고 동절(冬節)에 병화가 아니라 정화(丁火)만 보이면 구들에 불을 때고 들어앉은 격으로 독수공방(獨守空房)이 두렵다.

1) 천간에 갑과 병을 보아야 결실이 있다.

2) 천간에 갑과 병이 있으며 지지에 진(辰)이 있다면 부귀를 모두 가질 수 있다.

3) 기토는 어떤 경우의 지지충(地支沖)도 두려워하지 않는다. 진술충(辰戌沖)도 두려워하지 않는다. 이는 굳어진 땅을 파는 것과 같다.

4) 기토는 어떠한 형충파해(刑沖破害)도 두려워하지 않는다. 이는 소토(疎土)하는 격이니 땅을 파헤쳐 지지의 기운을 일으키는 것이다. 쟁기로 땅을 파헤치는 것이나 같으니 생기가 피어 만물을 기를 준비가 된다.

5) 을목은 꽃이니 기토가 을목을 보면 사치와 허영심이 피어나며 외정(外情)을 즐긴다. 기토에 을목이 오는 것은 화단에 꽃을 키우는 것이나 같다. 기토의 남명(男命)에 을목이 오면 외부로 돌며 외정에 빠진다.

6) 기토는 햇빛을 받아 식물을 자라게 하는 것이 임무이다. 갑을이 있어도 병화가 없으면 나무가 자랄 수 없으니

결실이라고는 기대를 할 수 없어 속빈 강정에 불과하다.

7) 갑목이 있고 병화가 없이 정화만 투간하면 모닥불이 피어올라 갑목을 태우는 격이다.

8) 갑목이 천간에 투간되고 정화까지 투간되면 경금이 있어야 한다.

9) 무토가 투간되면 단단함과 부드러움이 조화를 이루어 대인관계가 원만하지만 무토가 햇빛을 가리는 것처럼 음지와 같아 재물이 모이지 않는다.

10) 임수와 계수를 보면 흙탕물이 된 것과 같아 가정이 안정되지 못하고 재물이 없다. 흙탕물이니 질병이 생긴다. 그러나 무토로 극을 해주면 흙탕물이 되지 않는다.

11) 기토가 연속으로 투간되면 흙이 먼지가 되어 날리는 격으로 천지가 온통 먼지가 된다. 선량하지만 덕이 없고 경쟁심이 높아진다. 먼지에 가려 온 세상이 흐려지니 건강이 나쁜데 척추(脊椎)와 하체(下體)가 병에 걸린다. 좁은 지역 역마(驛馬)이고 정신적인 직업이 좋다.

12) 기토가 연속으로 삼련해서 월일시에 기토가 연속 3개가 나오면 경쟁력이 있고 매우 넓은 평야와 같으니 많은 곡식이 자라는 것과 같다. 자신을 잃어버리지 않도록 조심해야 한다. 포용력과 언변이 뛰어나니 교육을 주관하는 계통으로 진출하면 두각을 나타낼 수 있다.

7장

경금론
〔庚金論〕

7장. 경금론(庚金論)

庚金(陰/陽干:革)

경금은 천간의 7번째 양간으로 성정은 음에 속한다. 토 (土)에 수렴된 기운을 수(水)로 바꾸려하니 혁(革)을 쓴 다. 혁신(革新)하는 것이다. 경금은 강한 쇠붙이의 기운인 데 막연한 쇠붙이가 아니고 거대한 규모를 지닌 금속성(金 屬性)이다. 철광석(鐵鑛石)의 원석(原石)과 같은 기운이 다. 금의 기운으로 물의 근원(根源)과 같아서 금생수(金生 水)하는 기운이다. 토(土)에 수렴된 기운을 수(水)의 기운 으로 이끌려 하니 임수(壬水)가 도와주어야 하고 철광석은 강하고 예리하며 살기를 지니니 정화(丁火)로 제련하여 지 나친 숙살지기(肅殺之氣)를 다듬어 주어야 한다.

가공되지 않은 무쇠의 성정을 지니고 있으며 경금은 계 절적으로 가을이니 결실의 계절이며 마무리의 계절에 해당 한다. 아직 거칠고 원석에 가까운 기운을 지녀 다듬어지지 않은 상태인지라 지나치게 강하고 살기(殺氣)가 넘치며 베 고 자르며 파괴시키며 돌진하는 사나운 기운이다. 요란한 소리를 내는 쇠붙이와 같다. 철광석, 금광, 자동차, 중장 비, 큰 바위, 우박의 성정이다.

근본적으로 경(庚)이라는 글자는 종을 매달아 놓은 것 을 본떴다. 그래서 주변이 종을 치는 것처럼 시끄럽기도 하다. 그래서인지 경일주(庚日柱)는 종처럼 소리만 요란하고 실속 없는 사람이 많다. 종을 사용하는 승려(僧侶), 무속인(巫俗人), 법사(法師)가 되는 사람도 있다. 물론 목사(牧師)나 신부(神父)의 경우도 해당되는 것으로 보아 이는 종을 치는 신분이라는 것은 종교인(宗敎人)으로 해석함이 옳겠다. 경(庚)은 강한 무쇠의 근원이니 강건함이 가장 앞서고, 수(水)를 득하면 녹을 닦아내는 격이라 청(淸)하고 화(火)를 득하면 쇠를 걸러 무기를 만드는 격이니 예리해지고, 건조한 토(土〔未, 戌〕)를 만나면 토생금(土生金)이 어려워 취약해지고, 갑(甲)을 보면 극하지만 을(乙)과는 합을 하여 좋은 사이가 된다.

1. 자의(字意)

경(庚)이란 단순히 쇠를 의미하는 것이 아니다. 경석(硬石)이라는 말은 경석(庚石)이라는 말과도 일맥상통(一脈相通)하는데 강하다는 의미는 변함이 없을 듯하다. 이는 쇠가 섞인 돌이라 두들기면 쇳소리가 난다는 의미와 같으니 경은 막연한 쇠가 아니다. 아직 철광석에 가까운 모양을 나타내고 있다. 경금은 사람에게는 나이를 의미하는데 먹을 만큼 먹은 나이이다. 이제는 다 자랐다는 의미이기도 하다. 다 자랐다는 의미는 더 이상 자라지 않게 되었다는 의미도 있다.

갑목에서 시작한 천간이 일곱째인 경금에 도달한 것은 가을로 접어들어 다 자란 나무에 결실(結實)이 익어간다는 의미이다. 달리 말하면 경은 도(道)를 의미하는데 이는 깨달음이다. 나이를 먹으면 자연히 도를 아니 이는 깨달음을 얻는 것이다. 사람도 나이를 먹으면 자연히 도(道)를 알게 되고 사람을 볼 줄 알게 되는데 이 또한 도(道)이다. 달리 경금은 바꾼다는 의미로 만물의 기운이 팽창(膨脹)에서 수축(收縮)으로 바뀌는 것으로 잘 여물어 단단해지는 때를 말한다.

경은 일곱째 천간이다. 표면적으로 양금이지만 속성은 음의 기운이다. 고친다, 갚는다, 단단하다는 의미를 가진다. 갑골문에서는 신전(神殿)에 매달아 놓은 종(鍾)을 의미한다. 이 종을 신전의 한 곳에 매달아 놓고 두들기거나 줄을 당겨 두드리는 것을 뜻한다. 종은 시끄럽고 탁하며 거칠고 오래도록 퍼져나가는 울림이 있다. 쇠붙이에서 청명(淸明)한 소리를 내기에는 힘이 든다. 오히려 탁한 소리가 나는 경우가 많다. 쇠붙이기 때문에 단단하고 두들기는 용도이니 주변이 모두 시끄럽고 말이 난다.

일곱째천간 경, 길 경, 나이 경, 별이름 경, 정(丁) 다음의 글자인 무(戊)는 무성하다는 의미를 지니고 기(己)의 변화를 거쳐 경(庚)에 이르니 이는 결실을 의미하는 것이다. 결실이라고는 하지만 수확(收穫)까지 의미하지는 않는다. 결실은 열매가 많이 달렸다는 의미를 지닌다.

경금의 의미에서 천간의 방향은 서쪽과 서녘을 의미하는 것이고 ≪설문≫에 따르면 가을에 들어 만물이 단단하게 결실한 것이라는 의미이다. 결실은 열매와 씨를 상징한다는 것을 알 수 있다. 음은 '경'이니 경(硬)과 같은 발음이고 의미를 되새기면 단단하다는 의미를 가진다고도 볼 수 있다. 봄이 되어 갑을(甲乙)을 거치며 태어나고 발아(發芽)하고 자라 여름이 되어 병정(丙丁)을 거치며 무성해지며 땅을 의미하는 무기(戊己)는 바탕을 제공하고 가을에 접어드니 경(庚)에서 열매가 맺힌다.

경은 사람의 배꼽을 상형한 것이다. 어쩌면 사람이 잉태되는 모습에서 착안된 상형이다. 모태(母胎)에서 자식에게 탯줄로 상형되고 나중에 태어나면 탯줄을 자르는 것에서 상형의 이유를 찾았을지도 모르는 일이다. ≪설문≫에 이르기를 "位西方 象秋時萬物庚 庚有寬也 庚承己 象人臍 古行切庚"라 하여 기(己)의 다음 글자로 사방을 지칭하고 있음을 확연하게 하였다.

2. 성정(性情)

경은 가을의 기운이다. 목에서 시작하여 성장을 거듭한 양이 실린 목의 기운이 이제 기운을 수렴하여 수의 기운으로 전환을 이루며 열매를 맺고 결실을 본다. 금의 성분은 성장(成長)의 과정이 토(土)에 의해 수렴(收斂)된 기운을 수축시켜 결실(結實)을 맺게 하는 역할을 한다. 즉 경의 기운은 가을의 기운이고 열매의 기운이다.

단단하게 결실을 이루는 성격은 성정으로 나타난다. 경금은 그러한 성정 때문에 절도(節度)가 있고 결단력(決斷力)이 있으며 매사에 공사(公私)가 분명하다. 싫으면 싫다 하고 좋으면 좋다하니 호불호(好不好)가 분명하다. 우왕

좌왕하지 않고 맺고 끊는 맛이 있다. 담백(淡白)하게 느껴지는 성정이다. 그러나 지나친 강함이 있는 기운이다. 만물을 응축(凝縮)시키려는 기운을 숙살지기(肅殺之氣)라 하여 외양(外樣)이 위엄은 있으나 지나치면 만물을 해치게 된다. 때로 도와주는 기운이 없어 금의 성정이 부족하면 비굴(卑屈)하기 쉽다. 너무 지나치게 드러나면 적이 생기기도 한다.

나무가 자라면서 꽃을 피우고 미래의 세대를 잉태시키기 위한 암수의 수정이 이루어진 시기가 토(土)의 시기이고 싹이 나는 시기가 목의 시기라고 한다면 경금(庚金)은 열매를 만드는 과정이다. 그러나 완숙(完熟)하지 않아서 열매가 나뭇가지에서 분리 되지 않은 상태이다. 이후에 오는 신금(辛金)이 되어서야 열매로서 완숙해지는 것이니 그 때가 되어서야 본체에서 분리된다. 본체에서 분리되면 비로소 다른 개체로서 존재감을 나타내고 화(火)가 있어야 숙성의 기운이 미치니 보람을 느낄 수 있다.

경금은 오상(五常)의 의(義)를 표방한다. 방향은 서쪽을 가리키고 서녘, 서방, 유방(酉方)이 모두 같은 의미이고 계절적으로는 가을을 의미한다. 서쪽에 저무는 시기이며 금의 성분이라 색깔은 백색(白色)의 의미이며 열매를 나타낸다. 맛은 매운 맛이며 숫자는 9를 표방하지만 4를 이끈다. 신체는 척추(脊椎)와 뼈, 대장을 의미하는데 폐에도 영향을 미친다.

경금은 목소리가 크고 늘 주변이 시끄럽다. 한번 말을

하면 주변을 의식하지 않고 말하고 그 목소리가 사람의 시선을 끈다. 한번 입을 열면 마음속의 생각을 뱉어버리는 직설적(直說的)인 성향으로 변한다. 의리(義理)와 의협심(義俠心)이 있으니 경고나 위협에도 굽히지 않고 할 말을 한다.

경금은 인정도 있고 순수함도 있어 때로 천진난만(天眞爛漫)하고 생각한 바를 가감 없이 내뱉는다. 마무리를 중시하며 실리적이라 겉으로 드러나는 모습 이외에도 실리추구형(實利追求形)이 많고 행동을 정하면 과감하고 냉철하여 맺고 끊는 맛이 있다. 그러면서도 냉정한 겉과 달리 속은 따스한 정을 가지고 있어 한번 사귀면 해를 끼치지만 않으면 좋은 관계가 유지된다.

성격적으로 올곧아 강직(剛直)한 편이고 원칙주의자(原則主義者)이며 어떤 협박이나 회유에도 굴하지 않는 고집이 있어 맺고 끊는 결단성이 돋보인다. 의지가 굳어 한번 관계가 이어지면 변하지 않거나 변하기 어려운데 상처를 입거나 배반당하여 헤어질 때는 오히려 서릿발이 서듯 냉정하다. 늘 평상시 자기절제(自己切除)가 이루어지는데 간혹 자기주장(自己主張)에 도취되어 고집이 지나칠 때가 있다. 대체적으로 강한 힘을 사용하거나 무기를 사용하는 직업인 군, 경, 검에 투신하면 좋다.

경금의 지나친 고집은 약점이다. 폭력적(暴力的)이고 공격적(攻擊的)인 성향은 간혹 거리감을 두게 한다. 비계산적인 행동은 장점일 수 있지만 주위를 살피지 못해 타인을 곤란하게 만드는 점은 단점으로도 작용하며 앞뒤 가리지 않고 무모한 행동을 벌이게 하는 시초가 된다. 지나치게 단단하기만 하여 고집을 피우며 융통성(融通性)이 없다. 돌아보고 피하는 재치와 순발력이 없어 처세에 무리가 있고 때때로 생각을 바꾸고자 타인의 눈치를 보는 것은 줏대 없이 보이며 순발력도 부족하다.

경금은 자신의 주장을 내보임에 주저하고 때때로 할 말을 하지 못하거나 마음에 걸리면 눈치를 보며 말을 하기 전까지 지극히 자기중심적 사고를 지닌다. 강한 기상을 지니고 있음에도 결단성(決斷性)은 부족하여 결론이 없어 용두사미(龍頭蛇尾)의 경향이 있고 매사 돌아치거나 무감각하니 가정적이지 못하다. 작은 일에는 무관심하여 원성을 듣는다.

경금은 양권에서는 화중과로써 부러울 것이 없으나, 음권에서는 무력, 무능하여, 제반사에 어려움이 따른다. 지지의 진사오미신유(辰巳午未申酉)까지는 잘 살고, 술해자축인묘(戌亥子丑寅卯)에서는 어려움이 따른다. 따라서 사주원국에서 지지가 무엇인가에 따라 달라지고 세운에서 어떤 지지가 오는가에 따라 활성화가 달라진다.

3. 음양적(陰陽的) 관점

경금(庚金)은 가을의 기운이고 가을의 기운은 숙살지기(肅殺之氣)라 표현한다. 기토의 기운은 수렴하여 양과 음의 기운을 적절하게 배분하여 드러나지 않으나 경금은 음의 기운을 드러내고 표현한다. 경금은 토를 표방(標榜)하는 기토 다음에 배치된다. 토는 금을 생하여 가을을 불러들인다. 토는 십천간(十天干)의 중앙에서 목화(木火)의 기운과 금수(金水)의 기운을 연결하고 중재하며 조화시키는 기운이다. 토(土)가 화(火)의 기운을 음(陰)으로 변환시켜주는 중재(仲裁)의 역할이라면 경금(庚金)은 차갑고 예리한 음의 기운을 드러내어 지금까지 표면적으로 드러나 보이던 양(陽)을 포장하여 분리(分離)하기 위한 실질적인 작업이 이루어지는 시기이다. 아울러 금의 기운을 내포하는 절기의 시작을 의미하고 열매의 시작을 표시한다.

차가운 절기로 넘어가는 경금은 기토에서 시작한다. 그런데 기토와 경금의 차이는 음의 기운이 양의 기운을 응축시키고 고립시키는 것으로 볼 수 있다. 이러한 현상과 진행을 나무의 성장(成長)과 생로병사(生老病死)에 대비한다면 꽃이 피어 벌과 나비가 날아와 수정(受精)이 이루어져 씨방을 형성한 시기가 토(土)의 시기라 한다면 경금(庚金)은 완벽하게 열매를 만드는 과정으로 볼 수 있다.

열매는 익으면 떨어져 땅에 묻히고 봄이 되면 다시 태어나는 과정을 반복하지만 경금은 아직 열매를 맺는 과정이고 본체에서 분리 되지 않은 상태이다. 열매는 완벽하게 익고 성숙하여야 땅으로 떨어진다. 이 기능은 경금이 아니고 신금(辛金)의 역할이다. 신금에 접어들어야 열매로서 완숙해져 본체에서 분리되어 또 다른 개체로 작용하는 때가 된다. 경금은 아직 열매가 맺히는 시기에 불과하니 아직 성숙과는 거리가 멀다. 열매가 자라기 위해서는 반드시 화(火)가 필요하다. 따라서 화기가 있어야 보람을 느낄 수 있다.

4. 오행적(五行的) 관점

쇠는 다스려야 기물(器物)이 된다. 녹이고 다듬어야 하고 두들기며 때로는 거푸집에 넣어 달구거나 형체가 만들어지면 물을 뿌리고 갈아내는 과정도 필요하다. 경금은 아직 다루어지지 않은 상태의 금속이다. 거칠고 무거우며 제련(製鍊)되지 않은 기운이다. 따라서 경금(庚金)은 화(火)가 있어야 쓸모가 있게 된다. 불길을 더해 녹여야만 쓸모 있는 기물이 된다. 그러나 과유불급(過猶不及)이라는 말이 있듯이 화(火)가 지나치게 강하면 형(形)을 이루지 못하고 퍼지거나 늘어지거나 혹은 지나치게 흐물거리는 형상이 되어 오히려 망치게 된다. 따라서 적절한 화의 조절이 필요하다.

쇠를 단련하고 두들겨 그 모양을 만들면 물을 이용해 식히고 다시 그 모양을 수정(修整)하며 때로 수(水)의 성분을 이용하여 갈아내어야 한다. 아울러 녹이 슬면 물을 이용해 갈아 녹을 벗겨내어야 한다. 이때는 임수(壬水)의 도움이 필요하다. 임수는 녹을 제거하는 성분이다. 그러나 계수(癸水)는 오히려 녹이 슬게 하는 성분이니 없는 것이 나으며 계수가 투간하면 있으면 무위도식(無爲徒食)하기 쉽다.

경금을 다루는데 수(水)가 왕(旺)하면 금속이 물에 빠져 물에 잠기는 격이라! 이를 수다금침(水多金沈)이라 하는데 금생수(金生水)의 일반적인 명식(命式)이 깨어지는 것이다. 이러한 명식에서 수의 지나치게 왕한 성질을 제어하는 데는 토의 성분이 필요하다. 즉 수가 지나치게 많거나 강하면 제어를 위해 무토(戊土)의 도움이 필요하나 경금은 때로 묻혀버리기 쉬우니 토(土)가 강해지는 것을 원하지 않는다. 경금은 자신이 지닌 경금의 살기를 조절하여야 올바른 명식이 된다. 그러나 경금은 근본적으로 살기를 조절하지 못하여 흉포(凶暴)하기 쉽다.

5. 계절적(季節的) 관점

1) 춘절(春節)

경금(庚金)으로서 춘절은 목(木)을 다루기 껄끄러운 시기이다. 근본적으로 춘절의 목은 새싹이거나 지나치게 여리기 때문에 경금을 잘못 사용하면 싹을 잘라 버리는 경우가 될 수도 있는데 이를 삭초제근(朔草制根)이라 한다. 그래도 신금(辛金)보다 나은 편이지만 사용에 제한을 두지 않을 수 없다.

봄철은 새싹이 피어나고 자라는 계절이라. 춘절은 목왕절(木旺節)이다. 새싹이 피어나고 자라나지만 나무가 왕하게 자라는 것이 아니라 싹이 왕하게 트여 잎을 낸다는 것이니 나무가 자란다는 의미하고는 약간의 차이가 있다. 금(金)이 강하면 싹을 제거하는 일이 벌어지는 격이니 사용이 불가하고 약하면 가지를 쳐주는 정도에서 그럭저럭 사용이 가능하다. 춘절은 대부분 자라나고 새싹이 터 오는 시기인지라 모든 목이 생목(生木)으로 작용하니 경금(庚金)의 작용이 부담스럽게 된다.

춘절에서 경금(庚金)의 본능과 임무는 나무를 자르려고 하는 것이 아니라 수기(水氣)를 만들어내는 것이다. 따라서 금의 본격적인 성질은 나무를 자라게 하는데는 어떤 도움이 되지 않는다. 그런데 춘절에 투간된 금의 성분은 뿌리가 작용해야 하며 목(木)을 자라도록 이끄는 수(水)와 성장의 가장 중요한 성분인 화(火)를 자신의 의도대로 적극적으로 활용할 수 있게 된다. 본신(本身)이 약할수록 토(土)에 의한 생(生)은 오히려 부담이 된다.

2) 하절(夏節)

경금에게 있어 하절은 지나치게 강한 열로부터 보호를 받아야 하고 수(水)의 작용이 적극적이어야 한다. 또한 경금은 지나치게 자란 목의 성분에게 가지치기를 할 수 있는 좋은 여건이 된다. 수가 투간되지 않으면 경금이 위축되게 되므로 하절의 경금에게 수는 인도자와 같은 역할을 한다.

경금에게 하절기에 투간된 수(水)의 작용은 화(火)로부터 경금(庚金)의 활동 공간을 확보하는 것이다. 만약 화가 투간되어 있으며 수가 투간되어 있지 않으면 화기를 제어하거나 방어하지 못해 경금을 녹게 만들어 버리므로 경금은 역할을 할 수가 없다. 따라서 수(水)에 의해 경금(庚

金) 일간(日干)의 능력이 달라진다.

3) 추절(秋節)

추절은 금의 기운이 극대화 되는 시기이다. 금의 시기이고 온 세상이 금으로 가득찬 시기이다. 따라서 이를 금왕지절(金旺之節)이라 한다. 금왕지절에서 가장 중요한 요소는 화가 된다. 화의 과다(過多)와 사용에 촉각(觸角)을 곤두세우지 않을 수 없다. 화에 의해 경금의 움직임과 기물의 형이 달라지기 때문이다. 이처럼 화(火)의 쓰임이 중요하게 되지만 병화(丙火)를 쓰는 경우와 정화(丁火)를 쓰는 경우는 천양지차로 다르다.

추절에는 화를 사용하기가 매우 중요한데 병화(丙火)를 쓰는 경우는 수목(水木)의 작용이 활발할 경우에 이롭다. 만약 수목의 활동이나 작용이 활발하지 못한데 병화를 사용하면 오히려 경금을 해할 수 있다. 정화(丁火)의 쓰임은 수(水)가 없이 금(金)이 강할 경우에 좋다. 즉 금을 제어하고 기물을 방어하기 위함이다. 따라서 정화는 초목을 자라게 하는 용도가 아니라 금을 제어하는 용도로 배치된 기능성을 지닌다. 따라서 갑목(甲木)을 사목(死木)으로 이용하는 경우가 된다.

추절의 경금이 병화(丙火)를 쓰는 것은 부(富)를 원하는 것이 되고 정화(丁火)를 쓰는 것은 귀(貴)를 원하는 것이 된다.

4) 동절(冬節)

동절의 쇠붙이는 지나치게 차갑다. 손으로 만지면 얼어붙는 듯하고 물기가 닿으면 차가운 기운이 잡아당겨 붙게 만든다. 이를 금냉수한(金冷水寒)이라고 한다. 겨울은 금속(金屬)이 지나치게 차갑게 얼어붙고 물은 차다. 이처럼 온 세상이 차가운 시기이니 따스함을 줄 수 있는 화(火)의 작용이 우선한다.

화는 차가운 기운을 풀게 만들고 얼어있는 것을 녹게 만든다. 따라서 빛과 열의 구분이 중요하다. 병화(丙火)로 한랭지기(寒冷之氣)를 조절해야 목(木)을 사용할 수 있는데 이는 병화의 성분이 차가운 기운을 몰아내는 것이기 때문에 가능하다. 정화(丁火)를 사용할 경우는 화(火)가 힘이 있어야 사용이 가능하니 목(木)의 도움이 부담스럽기 때문이다.

6. 희기(喜忌)

경금(庚金)은 아직 다듬어지지 않은 쇠이다. 경금은 거대한 무쇠덩어리와 같아 녹이는 기능이 있어야 기물로 만들어질 수 있다. 쇠를 다스리고 녹여 기물로 만드는 것은 정화(丁火)의 성분이기에 정화가 있어 기운을 다스려야 한다. 다행히 갑목(甲木)이 있으면 목생화(木生火)의 명식으로 정화(丁火)를 돕게 되고 경금(庚金)의 사용처가 분명하게 된다.

임수(壬水)는 경금(庚金)에 낀 녹을 벗기는 역할을 하게 된다. 즉 경금은 임수를 좋아하는 관계로 활동력이 된다. 그러나 병화(丙火)는 동절(冬節)에 조후(調喉)의 역할 외에는 도움이 되지 않으며 정화의 쓰임이 중요하다. 계수(癸水)는 오히려 정화(丁火)를 끄는 격이 되어버리니 상(傷)하게 한다.

7. 상(象)

강철(剛金), 철광석, 원석, 자동차, 대장(大腸), 서방(西方), 기차, 비행기, 큰 바위, 백색, 월색(月色), 광산, 신(神), 종(鍾), 편경(編磬), 절, 암괴(巖塊), 암산(巖山), 중장비, 물탱크, 댐, 물길, 목욕탕, 서방(西方), 가을, 열매, 독일, 무쇠덩어리, 철길, 폐(肺), 미국, 서쪽, 저무는 시간, 서광(西光), 우울증, 연세대학, 탱크, 장갑차, 대형차, 자주포, 탱크로리, 철강, 철공소, 대장간, 냉장고, 냉동고, 창고, 냉동사업, 주유소, 서리, 우박, 기관지, 콧병, 감기, 후두염.

8. 천간(天干)과의 관계

1) 庚 + 甲 : 나무를 베어 기둥을 삼으니 자신이 할 일은 있으나 독단적이기 쉽다. 생목(生木)과 사목(死木)에 따라 그때그때 쓰임이 달라진다.

2) 庚 + 乙 : 강한 기가 풀숲에 감추어진 격이다. 드러나는 살기를 감추게 되니 위엄을 갖추게 된다. 내강외유(內

剛外柔)의 모습으로 감성적 내면을 갖추게 된다.

3) 庚 + 丙 : 갑목에 정화가 투간되면 불길에 휩싸여 재가 되고 마는데 병화가 뜨면 갑목을 생목으로 사용할 경우 정화보다 쓰임이 효과적이다. 따스한 햇살은 싸늘한 가을과 동절(冬節)에 조후적 역할과 겁재(劫財)를 제거하는 작용을 한다.

4) 庚 + 丁 : 경금이 사용처를 결정하는 것이 된다. 쇠를 제련하는 격이다. 갑목이 사목(死木)일 경우 정화의 작용이 돋보인다.

5) 庚 + 戊 : 무토는 둑을 쌓는 물상이라 계수(癸水)를 묶는 역할이 있으나 경금이 궁핍하더라도 토가 강해지는 것을 원하지 않는다. 무토는 경금을 낳는다.

6) 庚 + 己 : 기토 하나의 작용으로 정화와 갑목 모두의 작용이 변질되니 경금에게는 치명적 작용으로 드러나기 쉽다. 토가 많으면 토다금매(土多金埋)가 된다. 병화를 쓰는 경우 피해가 적다.

7) 庚 + 庚 : 경쟁력이 살아난다. 자신을 드러내기 어렵다. 자신의 재(財)에 대한 투쟁, 경쟁을 나타내며 소란이 그치지 않는다. 자신을 드러내고자 소란을 피우는 성향이다. 신금(辛金)의 작용보다 오히려 겁재적 성향이 강하다.

8) 庚 + 辛 : 도움을 주거나 얻지도 못하지만 신금의 순발력도 실속을 얻기 어렵다.

9) 庚 + 壬 : 임수(壬水)는 경금이 좋아하는 것으로 녹이 슨 쇠를 물에 씻는 것과 같다. 즉 녹이 사라진다. 금의

기운이 움직이고 작용하는 공간이 된다. 정화와 가까이 하지 않아야 한다.

10) 庚 + 癸 : 금생수(金生水)의 이치가 있다고는 하나 노력하지 않고 결과를 얻으려 한다. 상생이 부족하다.

9. 경금(庚金)의 통변(通辯)

경금은 다난해진 기운으로 열매를 의미한다. 경금은 맑고 깨끗한 물을 생성시키는 요소이며 생명체의 성장을 돕기 위한 물을 만들고 불의 힘을 빌려 보석을 만들거나 액세서리를 만든다. 액세서리를 만들기 위해서는 쇳덩이를 녹이는 정화(丁火)가 필요하다. 경금은 쇠를 녹이는 성분이기 때문이다. 경금에 정화가 없다면 쇠를 녹이기 힘이 든다. 쇠붙이의 날카로움을 지니니 기물(器物)이 되어 벌목(伐木)하거나 초목을 베고 작물을 수확하는 도구가 되어 나무를 건축자재와 같은 용도로 쓰이도록 한다. 따라서 좋은 결실이 이루어지도록 하려면 갑목과 정화가 요구된다.

경금(庚金)은 강한 금의 성분이라 정화(丁火)와 갑목(甲木)을 보면 귀(貴)를 원하는데 갑목의 경우에는 갑목이 사목(死木)이어야 뜻을 이룰 수 있다. 갑목이 사목이어야 정화를 만나 불이 피어 경금을 녹일 수 있다. 갑목(甲木)이 생목(生木)으로 작용하는 경우에는 베는 것이 아니라 자라나는 것이니 병화(丙火)를 보는 것이 이롭다.

경금이 여름에 태어나 임수(壬水)를 보면 교육가적(教育家的) 자질(資質)을 갖추게 되는데 임수(壬水)에 기토

(己土)가 붙어있으면 흙탕물이 되어 버리는 격이라 남녀 모두 어려움을 겪게 된다. 경금에 계수(癸水)와 정화(丁火)가 투간(透干)되면 정신병(精神病)이 들기 쉽다. 가을철 경금이 갑목(甲木)이 있고 정화(丁火)가 없으면 망나니이고 겨울 경금이 정화(丁火)만 있고 갑목(甲木)이 없으면 가난한 선비이다.

경금(庚金)이 정화(丁火)와 갑목(甲木)을 보면 귀(貴)를 원하게 되는데 이는 정화를 만나 쇠를 녹여 기물을 만드는 이치와 같다. 갑목(甲木)의 작용이 사목(死木)이어야 뜻을 이룰 수 있게 되고 생목(生木)이라면 뜻을 이루기 어렵다. 즉, 사목이어야 경금으로 다듬어 대들보로 사용한다는 의미를 가진다. 갑목(甲木)이 생목(生木)으로 작용하는 경우에는 자라나고 얼어붙지 않아야 하니 병화(丙火)를 보는 것이 이롭다.

경금이 여름에 태어나 임수(壬水)를 보면 녹을 닦아내게 되니 교육가적 자질을 갖추게 되는데 임수(壬水)에 기토(己土)가 붙어있으면 흙탕물이 되는 격이라 병이 많고 남녀모두 어려움을 겪게 된다.

경금(庚金)에 계수(癸水)가 있으면 녹이 끼는 격이라 일생동안 노력하려 하지 않고 빌붙어 살거나 어영부영 살아가려는 심보를 지닌다. 화왕(火旺)한데 정화(丁火)가 또다시 투간(透干)되면 정신적 부분에 문제를 일으키기 쉽다. 가을철에 갑목(甲木)만 있고 정화(丁火)가 없으면 머리가 복잡해지고 이미 만들어진 기물을 녹이는 격이라 자신을 통제하기 어렵다. 결국 타인에게 해를 끼치는 결과를 가져온다. 겨울에 태어난 경금이 정화(丁火)만 있고 갑목(甲木)이 없으면 가난한 선비에 불과 하다.

1) 경금은 정화(丁火)가 있어서 다듬어 주어야 그릇이 된다.

2) 임수를 보면 그릇을 물에 씻은 금백청수(金白淸水)와 같아 발복의 기운이 무궁하게 피어난다.

3) 계수를 보면 경금이 녹이 스는 격이니 부끄러운 일만 생긴다.

4) 습토(濕土)인 진축(辰丑)을 만나면 생장의 기운이 들지만 조토(燥土)인 술미(戌未)를 만나면 바싹 말라 부서지고 만다.

5) 무토를 보면 고독하고 외로운데 경금이 흙에 묻힌 격이다. 무토는 외로운데 경금도 외롭다. 높은 산에 바위 하나 놓인 격이다.

6) 기토를 보면 땅속에 파묻혀 드러나지 않으니 아무짝에도 쓸모가 없다.

7) 병화가 있거나 정화가 있어야 차가운 몸을 덥히고 냉기를 몰아낼 수 있으니 대장(大腸)에 병이 없다.

8) 정화는 스스로 경금을 녹일 수 없어 갑목을 필요로 한다.

9) 정화가 경금을 녹이는데 젖은 나무인 을목을 사용하면 목적을 이루지 못하고 연기만 피어오르는 격이니 애로만 있다.

10) 경금이 경금을 보아 경금이 두 개가 병립되면 넓은 지역의 역마성이 되니 활동적이고 움직이며 옮겨 다니는 직업이 좋다.

11) 경금이 두 개로 병립을 이루면 양금상살(兩金相殺)이라 하니 칼날의 번뜩임이 두렵다. 두 개의 칼날이 싸우는 형상이니 크게 다치는 날이 있다.

12) 경금이 세 개로 병립을 이루어 월일시에 경금이 삼련하면 금이 3개가 줄지어 서서 금의 기운이 강력해진다. 강직하고 자신이 두각을 나타내기 원하는 성정이라 군, 경, 검으로 진출하면 두각을 나타낼 수 있다.

8장

신금론
(辛金論)

8장. 신금론(辛金論)
辛金(陰/陰干:從)

　　신금(辛金)은 10천간의 여덟 번째 천간으로 음간(陰干)이고 음의 성정을 지닌다. 신금은 차가운 성정을 지니고 있으며 예리함을 나타내고 뚫고 들어간다는 의미가 있으며 날카로움이 강하고 복수심이 있어 남을 해하는 기운도 있다. 유시무종(有始無終)이라 시작은 있지만 끝이 없으니 복수심(復讐心)이 그렇다. 신은 새로운 개체로 존재하기 시작하니 그 기운인 음에 순응하여 종(從)한다는 의미가 내포 되어있다. 금의 성질이고 수기(水氣)를 불러오는 힘이 있다. 날카롭고 예리함은 타의 추종을 불허하며 예술적(藝術的)인 기질과 눈썰미가 뛰어난다. 임수(壬水)를 좋아하나 설기(洩氣)가 지나치면 오히려 해롭다.

　　신금은 모든 과일이 익었다. 결실이 되었다. 성숙되었다는 의미를 가진다. 성장은 이미 미치고 성숙의 기운도 끝나간다. 성장과 노력이 이루어진 결실이며 잘 익은 열매를 의미한다. 표면적으로 보석 같은 성품이 돋보이고 소중하게 대접받기를 원하는 성정이다. 그러나 내면을 파고들면 지극히 자기 본위적(自己 本位的)이고 자기 주관적(自己 主觀的)이며 타인을 배려하는 힘이 지극히 약하다. 항시 자기 기준으로 파악하고 타인에 대한 배려(配慮)를 찾아보기 힘들다. 약한 자에게 강하고 강한 자에게 약한 성

정이다. 보석, 바늘, 구슬, 자갈, 칼, 서리와 같은 성품을
지닌다.

신(辛)은 암살용 칼로도 쓰고 흑백논리가 분명하고 일
견 자신만의 논리로 무장되어 있으므로 순진한 면도 있으
나 외골수라서 교제 폭이 좁다. 달리 돈 버는 재주는 가지
고 있다. 신(辛)은 겉으로 드러나는 강한 모습이 위장이며
내면이 연약하여 토(土)가 많음을 무서워하고 수(水)가 많
음을 좋아한다. 화(火)가 많으면 토(土)를 반기고 수(水)
가 많으면 정(丁)을 반긴다.

1. 자의(字意)

신금(辛金)은 날카로운 검이다. 수술용 칼이다. 강한듯
하여도 약한 면을 지니고 있다. 애초에 신금이라는 글자는
사람을 죽이다는 의미를 내포하고 있다. 새롭다는 의미도
있고 맵다, 고통스럽다는 의미도 있다. 표면적으로는 새롭
다는 뜻으로 결실이 된 열매가 익어 씨앗이 되니 다시 새로
워진다는 의미이다.

신금의 의미는 맵다 라는 것으로 사람의 독하고도 매운
심성(心性)을 의미하기도 한다. 독하다, 새롭다, 10개의
천간 중 여덟 번째 천간의 의미를 가진다. 〈갑골문자〉에
따르면 옛날에는 포로라는 의미가 있었다. 포로를 죽인다
는 의미를 포함한다. 따라서 희생(犧牲)을 의미한다. 죄인
을 죽일 때 사용하는 형벌용의 칼을 의미하기도 한다. 따
라서 사람을 죽인다는 의미가 있다.

매울 신, 독할 신, 괴로울 신, 고생 신, 슬플 신, 여덟째 천간 신, 가을을 나타낸다. 깊은 가을이다. 가을이 되어 만물이 성숙되어 맛이 맵다 하였으니 어쩌면 가을에 익은 고추를 말하는 것인지도 모른다. 가을에 접어들면 음의 기운이 강해지니 양의 기운은 괴롭다는 의미를 지닌다. 형벌을 집행하는 형벌용의 칼에서 형상된 글자이니 죄인의 의미가 된다. 천간의 여덟째 글자로서 지지를 차지하는 12자 중에 아홉째 글자인 신(申)과 통하니 음은 역시 신이다.

사람의 넓적다리를 상형한 글자이다. 신랄(辛辣), 신고(辛苦), 신유(辛酉) 등의 경우로 사용되는데 보통의 경우 어렵다, 곤란하다, 고통을 느끼다, 위기에 빠지다와 같은 의미를 지닌다. ≪설문≫에 이르기를 "秋時萬物成 而孰金 剛味辛 辛痛卽泣出 從一從 辠也 辛承庚 象人股 息鮮切辛" 이라 하였으니 경(庚)을 이었음을 분명히 하고 가을의 만물이 영글고 완성된다는 의미를 분명히 하고 있다. 행(幸) 자와는 겨우 일(一)자 하나 없고 있고의 차이라 행과 불행은 겨우 하나 차이이다.

2. 성정(性情)

신금은 결실(結實)이 이루어진 것이다. 이미 사물(事物)이 완성되어 이루어진 상태이니 자신에 대해 지나치리만큼 완벽(完璧)을 추구하는 경향이 있다. 이 성향이 자신만을 위하는 아집(我執)이나 고집, 혹은 지나치게 독선적(獨善的)인 경향으로 나타난다. 또한 남에게 보여주기 위한 허례허식(虛禮虛飾)이나 과장(誇狀), 그리고 자신을 미화(美化)하는 모습으로 나타나기도 한다. 이 경향은 타인에게 드러내 보이기를 좋아하는 허세(虛勢)와 목적(目的)에 부합하며 시시때때로 사기성(詐欺性)으로 나타나기도 한다. 결실(結實)이니 돈 버는 능력이 있기도 하다.

신금은 예민하고 섬세하며 자신을 드러내기 위한 행위에서 타인을 의식하여 행동하니 이를 자존심이라 일컫고 품격(品格)이라 말한다. 그러나 이는 자신만을 위한 허세(虛勢)인 경우가 많고 자기의 이익에 기인한 행동이다. 약한 자를 깔보고 무시하며 자신의 행동에 반하는 경우는 무시하거나 싸늘해진다. 자신의 목적에 타인을 배려하지 않는다. 유행(流行)에 민감하고 멋을 추구한다. 정확성을 요구하며 냉정하고 성격이 지극히 까다롭다. 복수심이 있으며 자기 본위적이고 타인에 대한 배려가 약하다.

신금은 금의 성정으로 의(義)를 의미하며 방향은 서쪽을 지향한다. 계절은 가을, 흰색을 의미하고 맛은 매운맛이다. 숫자는 4이지만 9를 인용하고, 신체적으로는 기관지, 폐, 뼈를 의미하지만 대장을 인용한다.

신금은 지혜가 있으며 현명한 판단을 한다. 큰 머리보다는 작은 머리가 발달하였으며 진정한 리더나 큰일을 하기에는 그릇이 부족하다. 큰 사람의 길 보다는 현시적으로 보여주는 허세형(虛勢形)의 인간형이다. 목적을 이루려는 성향이 있어 깔끔하고 강한 정신력을 가지고 있다. 자기감정을 잘 드러내지 않고 인간적으로 냉정하여 인간미가 떨어진다. 섬세한 면이 있으며 깨끗한 면을 추구한다. 외유내강형(外柔內剛形)이지만 자신의 이익을 추구하고 타인에 대한 배려가 약하다.

나름 의리와 의협심(義俠心)이 있지만 이익이 있을 때의 경우가 많다. 날카로운 성정에 이해타산적(利害打算的)이며 계획성이 있다. 비교적 준수한 용모의 소유자이며 칼 같은 성격이다. 의외로 온순하고 부드러운 성격도 보이는데 이는 자신이 약한 모습일 때 드러나는 성정이다. 자기 과신이 심하고 드러내는 현시욕이 있으며 타인의 관심이 자신에게 향하기 바란다. 굳은 마음으로 단호하게 행동한다. 이성으로부터 인기도 있다.

대인관계에서는 지극히 계획적이며 강한 자에게는 약하고 약한 자에게는 강하다. 그러나 겉으로는 대단히 매너 있게 행동한다. 차갑고 약한 자에게는 억압적(抑壓的)이다. 지나치게 냉정하고 냉철하여 살기가 강하고 사람의 관계에서도 약한 자에게는 무자비하다. 이익이 없으면 배신을 잘하고 위선적인 행동은 10개의 천간 중 최고이다. 무시당하면 집요하게 보복하고 잘난 체 하고 싶어 행동에 가식(假飾)이 넘친다.

이기적이고 자만심이 강해 사교성이 떨어진다. 강한 집착력이 있어 많은 사람들에게 소외당하고 자신의 속사정을 타인에게 터놓지 않는다. 타인의 속사정에 관심이 많은데 때로 약점을 이용하기도 한다.

신금은 음권에서는 잘 살고, 양권에서는 고역하나, 음

권종자는 양지에서 죽고, 양권종자는 음권지지에서 죽는다. 지지의 유술해자축인(酉戌亥子丑寅)에서 살고, 묘진사오미신(卯辰巳午未申)에서 사(死)한다. 따라서 사주원국에서 지지가 무엇인가에 따라 달라지고 세운에서 어떤 지지가 오는가에 따라 활성화가 달라진다.

3. 음양적(陰陽的) 관점

천간은 총 10개로 이루어져 있고 각각의 글자는 오행을 표방한다. 음양의 형질(形質)이 있어 각각 양간(陽干)과 음간(陰干)으로 나뉘기도 한다. 이중 양간은 입(入)의 성질이 있고 음간(陰干)은 종(終)의 성질이 있다.

십간에서 금(金)의 오행을 나타내는 것은 경금(庚金)과 신금(辛金)이다. 이중 경금은 양간이므로 입(入)의 성질을 지니고 있고 신금은 음간이므로 종(終)의 성질을 드러낸다. 즉 금의 시작은 경금이고 금의 끝은 신금인데, 항시 시작은 양이니 크고 원대하게 퍼지며 드러나는 성질을 보인다. 끝은 항시 음이니 수렴하고 죽고, 안정적이고 위축되는 성질을 지닌다.

금의 성정은 흔히 숙살지기(肅殺之氣)라고 표현하는데 이는 가을이라는 의미는 물론이고 저물었다, 또는 이미 익었다는 의미도 있다. 경금과 신금도 같은 금이라는 오행을 표방하고 있지만 드러냄에 있어 양간과 음간의 특질을 보이는데 숙살지기도 다르지 않다. 즉 경금은 양간으로서 퍼져나가고 번지는 속성이 있으므로 해서 이 숙살(肅殺)의 기운이 외양(外樣)으로 드러나는 성정이다. 그러나 신금 (辛金)은 음기가 양기를 포용하고 속으로 잠식시키는 포양 (包陽)의 작용이 있다. 그래서 양은 드러나지 않도록 하고 음이 드러나도록 하니 그러한 모습이 외양으로 두드러지게 보이기 시작하는 시기가 된다. 신금은 금의 성분 중에서도 안으로 충일하고 능숙하고 숙성된 기운이라 이미 완숙한 열매로 본체에서 분리되어 개체로 작용하게 된다.

진정한 숙성지기라고 할 만한 것이 신금이다. 경금과 다를 바 없이 금의 성정이기는 하지만 이미 익은 성정이다. 이미 숙성된 성정이다. 이것이 음간이 가지는 속성이다. 이러한 기의 작용을 내부 깊숙한 곳에 배경으로 깔고 있기 때문에 열매가 익어 떨어지는 성정이고 쇠붙이가 이미 불에 녹고 달구어져 제련되고 기물이 만들어진 형상이다. 따라서 신금(辛金)은 이미 만들어진 속성이라 장신구(裝身具)나 보물 같은 성정이 있고 쇠붙이의 성격이라는 측면에서 예리하고 날카로우며 남을 해하는 기질도 있다. 아울러 깔끔한 모양을 갖추려 하고 자기 본위적(自己 本位的)인 개별적 성향이 강하게 드러나게 된다. 남에게 으스대고 싶어 하고 자기의 거짓된 모습을 들키는 것은 죽기보다 싫어하며 외양적으로 분명하고 정확한 것을 좋아하는 것도 이러한 기본적 성향에 의해 생기는 것으로 볼 수 있다.

4. 오행적(五行的) 관점

신금(辛金)은 잘 제련된 기물이다. 좁게는 보석, 일반

기물, 가구, 장신구 등으로 파악할 수 있다. 조금 더 예리하게 파악하면 칼, 바늘, 침처럼 날카롭거나 흉기로 이용될 수 있는 도구의 성정도 파악이 가능하다. 신금은 이미 만들어진 보석과 같은 성정이니 드러내거나, 드러나는 것을 좋아한다. 남에게 드러나 보이는 것이 우선적인 생각이며 원하게 되는 것이다. 누구보다 화려하고 아름답게 보이기를 원하며, 치장도 화려하고 뻐기고자 하는 성향이 강하다. 남에게 피해를 주는 것 따위는 그다지 걱정하지 않거나 무시한다. 오로지 자신의 멋과 개성을 추구하는 성향이 강하다.

이 같은 성정을 지니고 있기에 신금은 개별적 성향이 존중되어야 아름다운 명(命)이 되는데 사실은 스스로가 아름답지, 타인의 눈에는 아름다운 것이 아니다. 즉 자신은 즐겁고 행복하지만 타인에게는 피해를 주는 행위를 아주 많이 한다. 타인의 생각을 하지 못하는 신금에게 자신을 방해하는 것은 모두 적이 된다. 자신의 화려함이 묻히기에 토(土)가 많은 것을 제일 꺼리는 성향을 드러낸다. 토가 많으면 아무리 자신이 노력해도 토다금매(土多金埋)를 벗어나지 못하고 성정이 묻히기 때문이다.

신금일주는 지지(地支)에 유금(酉金)이 있거나 임수(壬水)만 있어도 신약(身弱)을 논(論)하지 않는 특징을 지닌다. 즉 유금은 신금의 뿌리가 되어주기 때문이고 임수는 신금을 닦아 녹을 제거하고 빛을 내도록 하기 때문이다. 병화(丙火)를 보면 보석에 빛이 반사되는 것과 같아 자신의 성향을 밖으로 드러내게 되니 결국은 능력을 발휘하게 된다. 임수(壬水)의 도움이 없으면 재능을 갖추기 어렵다.

5. 계절적(季節的) 관점

1) 춘절(春節)

흔히 춘절은 목왕절(木旺節)이라 부르는데, 이처럼 봄은 초목이 싹을 틔워 자라기 시작하는 계절이다. 따라서 초목의 기운이 왕한 시기이며 이때는 갑목과 병화가 제일이다. 그런데 초목을 베어내는 성정을 지닌 신금(辛金) 일간이 부담스러운 시기가 된다.

신금(辛金)은 잘 다듬어진 칼이다. 시퍼렇게 갈려 있는 칼이다. 기회가 오면 휘둘러지는 칼이다. 성정이 날카롭고 뒤끝이 있으며 자신의 목적을 위해서는 복수도 마다하지 않는 특징을 지니고 있다. 신금이란 날카로운 성정이니 본래 어느 계절이라도 목(木)을 다스리고자 하는 목적(目的)을 세우게 되면 마구 휘둘러 초목을 베고 잘라 넘기려고 하므로 삭초제근(朔草制根)의 파란을 벗어나기 어렵다.

신금으로서는 가능한 사용하지 않는 것이 좋은데 임수(壬水)로서 신금(辛金)의 재능(才能)을 갖추고 병화(丙火)로 목(木)의 기운을 이끌어 자신의 모습을 갖추어야 한다. 목이 강하면 신의 살기가 어느 정도는 감추어지거나 제어하게 된다.

2) 하절(夏節)

하절은 태양이 이글거리고 온도(溫度)가 급상승하는 뜨거운 계절이라 이를 화왕(火旺)의 계절이라 한다. 나무가 무성하게 자라고 잎이 넓어진다. 이 시기에는 나무가 자라기 위해 물과 태양의 따사롭고 온후한 빛이 필요하다. 이 조건에 어울리는 오행이 바로 임수(壬水)와 병화(丙火)이다. 그런데 자라고 생장하는 근본은 목의 성분이므로 갑목(甲木)이 반드시 필요하다.

갑목이 성장하기 위해서는 몇 가지 조건이 있다. 갑목은 자라나서 반드시 병화를 보아야 하고 병화가 있어야 자랄 수 있다. 그에 도움을 주는 임수(壬水)의 작용이 적극적이어야 하며 토가 지나치게 강하면 갑목(甲木)으로 토왕(土旺)해지는 것을 조절해야 한다. 토의 성분이 지나치게 많거나 강해 토왕(土旺)이면 갑목(甲木)은 궁핍해지는데, 아무리 궁핍해져도 토(土)의 사용은 꺼리게 된다.

3) 추절(秋節)

신금으로서는 참으로 난감하지만 결실(結實)의 계절이고 숙성(淑性)의 조화로다. 신금은 숙성에 제일이다. 병화(丙火)로 모습을 만들고 임수(壬水)로 재능을 만든다. 목(木)의 작용은 간접적으로 토(土)를 조절하고 수(水)의 흐름을 만드는 것으로 족하다. 목이 지나치면 많은 토의 힘이 필요하고, 토가 지나치게 많으면 궁핍하니 목의 과다(過多)가 요구된다.

4) 동절(冬節)

동절은 차가운 계절의 영향을 받아 신금은 차게 얼어붙었다. 차가운 겨울철의 쇠는 어느 물체보다 강하지만 단단하고 차갑게 얼어붙는다. 지나치게 얼어붙으면 강한 힘에 부러지는 속성도 배제할 수 없다.

신금은 병화(丙火)를 쓰고 임수(壬水)를 사용하는데 목(木)으로 수(水)의 흐름을 조절할 수 있어야 순조로운 명(命)이 된다. 수가 지나치게 많으면 수다목부(水多木浮)가 됨으로써 목을 사목화(死木化)시키므로 병의 존재는 물론이고 목으로 수의 흐름을 조절할 수 있어야 길명이다.

6. 희기(喜忌)

신금(辛金)은 이미 완성된 상태이다. 경금이 열을 받고 빛을 받아 새로운 기물로 탄생하여 불순물(不純物)이 사라지고 청아(淸雅)한 형태를 이룬 것이 신금이다. 따라서 신금은 멋을 찾고 자신을 귀한 존재로 여겨 타인을 무시하거나 눈 아래 깔보는 성향이 있기도 하다. 따라서 매우 찬 성질을 보인다.

결정적으로 신금은 이미 만들어진 기물이므로 또 다른 인공적인 작업을 요구하지 않는다. 만에 하나 정화(丁火)가 다가오면 이미 만들어진 기물에 불길을 들이대는 격으로 만들어진 기물을 녹이니 평생 타인에게 해를 끼치는 특징을 지닌다.

신금은 어떤 경우라 하여도 정화가 가까이 오는 것을 싫어하며 임수(壬水)를 보아야 자신의 뜻을 이룰 수 있으며 토(土)가 많으면 매금(埋金)되어 자신을 드러내기 어려우며 병화(丙火)를 보면 주변의 도움이 크게 된다. 아울러 신금은 을목(乙木)이 가까이 오면 화초(花草)만 다듬는 격이니 외정(外情)에 정신이 팔려 평생을 허우적거린다.

7. 상(象)

연금(軟金), 폐(肺), 상(霜), 검도(劍刀), 주옥(珠玉), 관(冠), 장식, 파이프, 술잔, 트로피, 시계, 거울, 화장품, 수입품, 미국, 전화기, 카메라, 소형자동차, 면도칼, 술병, 커피 잔, 금은방, 목탁, 백금, 주정(酒精), 귀금속, 의료기구, X-RAY, 유리그릇, 가위 액세서리, 통닭, TV, 전자제품, 마이크, 수입품코너, 인쇄기

8. 천간(天干)과의 관계

1) 辛 + 甲 : 목의 기운이 있어 토의 기운으로부터 매금(埋金)을 막아주는 역할을 하게 되나 목(木)을 직접 다루는 것은 본신(本身)을 어렵게 만든다.

2) 辛 + 乙 : 오래가지 못하며 사치하기 쉽다. 칼로 풀을 베는 성정이라 상대를 쉽게 생각하니 인덕(人德)을 얻기 어렵다.

3) 辛 + 丙 : 보석에 해가 반짝이는 격이니 귀(貴)를 얻을 수 있으며 자신의 능력을 드러내 뜻을 펼친다.

4) 辛 + 丁 : 이미 만들어진 보석에 다시 열을 가하니 그 모양이 으스러지고 변형을 일으킨다. 완성된 형(形)을 망가트린다. 쓸모없는 짓, 엉뚱한 짓을 하기 쉽다.

5) 辛 + 戊 : 토다금매(土多金埋)라고 했다. 토가 많으면 금의 성정이 묻혀 드러나지 않는 것이다. 매금(埋金)되기 쉬우니 표면적으로는 토생금(土生金)의 생과 극이 형성되지만 인성(印星)의 도움보다 피해가 염려된다, 토의 기세를 제압하거나 설기시켜야 하므로 갑목(甲木)의 소토(燒土)가 필요하다.

6) 辛 + 己 : 토가 지나치면 금이 흙속에 묻힌다. 토다금매의 현상이 일어난다. 본신의 모습이 가려지고 기토가 물에 풀어지는 격이라 임수(壬水)를 흐리게 하니 몸이 아프고 표현이 왜곡되기 쉽다.

7) 辛 + 庚 : 병화(丙火)가 와도 걱정이다. 병화의 작용이 있으면 경금은 빛을 내지 않고 신금만 빛을 발하는 격이니 경금과 비교하여 비교우위라 생각하여 교만하고 자기중심적이기 쉽다.

8) 辛 + 辛 : 두 개의 칼날이 경쟁하는 격이다. 칼싸움이라 할 수 있다. 경쟁(競爭), 투쟁(鬪爭)이 강하여 잘난 척한다. 재주는 좋으나 지나친 기 싸움으로 기회를 놓치기 쉽다.

9) 辛 + 壬 : 물이 쇠붙이를 씻어 내니 먼지와 녹이 떨어져 나간 듯 깔끔하다. 자신의 재능을 갖추는 것이 된다. 병화의 도움이 있어야 진정으로 인정받는다.

10) 辛 + 癸 : 쇠붙이가 물을 만나 녹이 스는 경우이다. 겉치레만 심하고 실속이 없다. 임기응변은 뛰어나나 이름을 위한 일관성이 부족하다.

9. 신금(辛金)의 통변(通辯)

신금(辛金)은 예술적인 기질이 있으며 눈썰미가 좋다. 성정이 예민하고 정확한 것을 좋아하며 자기를 아끼는 성정이다. 위선적(僞善的)이라 할지라도 자신을 잘 포장하여 드러내기를 즐기는데 이는 고압적(高壓的)이고 도도한 행태로 나타나기도 한다. 임수(壬水)로 녹을 세척하고 병화(丙火)로 비추어야 신금(辛金)의 특성이 나타난다.

신금일주에 임수(壬水)와 갑목(甲木)만 있게 되면 부(富)를 얻으나 귀(貴)를 논하기는 어렵고 정화(丁火)만 있으면 자신이 녹아버리므로 뜻을 이루기 어렵다. 무토(戊土)를 보면 묻혀버리니 신세를 한탄하게 되고 기토(己土)는 인성(印性)으로 작용하니 신약한 경우 도움을 얻을 뿐이다. 그러나 기토가 지나치게 많으면 토다금매(土多金埋)라 자신을 드러낼 시간조차 없다. 을목(乙木)을 보면 다듬어 사용하는 격이라 사치하고 갑목(甲木)이 있으면 감당하기 어려운 재물이다. 갑목(甲木)이 있어 무토(戊土)를 조절하여 매금(埋金)을 막으면 기이(奇異)한 명이다.

신금은 이미 제련되어 이루어진 보석이며 재물이다. 옥이며 구슬이다. 빛을 내는 기물이다. 깨끗이 닦아 녹슬지 않게 하고 먼지를 털어주어야 빛이 나며 용도에 맞게 써야 한다. 신금을 닦을 때는 임수(壬水)가 필요하고 이미 제련되어 있으니 정화(丁火)를 꺼린다. 신금은 날카롭고 이기적인 성정만큼이나 꺼리는 것이 많고 까다롭다.

　신금(辛金)은 자신의 성정이 완성된 기물이라 생각하기에 뻐기고 자신의 예술성에 자부심을 가진다. 예민하고 정확한 것을 좋아하며 예술적인 기질을 드러낸다. 멋지고 비싼 것, 자신을 치장하는 것에 신경을 쓰며 남들이 자신에 대해 좋은 평을 해주기를 기대한다. 남의 덕으로 나팔 불어도 자신이 잘난 탓인 줄 알고 원님 덕에 나팔 불기도 좋아한다. 리더가 되기를 원하니 작은 조직을 이끌기에는 가능성이 있으나 큰 조직은 이끌 그릇이 아니다. 타인을 이해하지 않으며 자신만을 위하고 자신에게 주변을 맞추고자 하는 자기 본위적인 사고가 강해 자신은 좋으나 주변 사람에게는 해를 끼친다.

　신금은 스스로 잘 포장하여 자신을 드러내기를 원하니 녹이 낄까 임수(壬水)로 세척(洗滌)하고 병화(丙火)로 비추어 자신을 화려하게 드러내는 속성이 있다. 갑이 있으면 가지치기를 잘 하지만 병화와 임수가 드러나지 않으면 속 빈 강정과 같아 우물 안 개구리이고 치정(癡情)에 얽히거나 딴 짓에 정신을 판다.

　신금(辛金)은 반드시 임수와 병화가 있어야 특성을 제대로 살릴 수 있게 된다. 가장 두려운 것은 정화가 첩신(貼身)되는 것이다. 임수(壬水)와 갑목(甲木)만 있게 되면 부(富)를 얻을 수 있으나 귀(貴)를 논하기는 어렵다. 정화

(丁火)만 있으면 형(形)이 망가지게 되니 뜻을 이루기 어렵다. 신금이 무토(戊土)를 보면 자신이 저지른 일은 생각하지 않고 신세를 한탄하게 된다.

신금이 기토(己土)를 얻으면 신약한 경우 바탕이 되고 토생금(土生金)의 생극(生剋)으로 도움을 얻을 수 있으나 이는 본신의 평안일 뿐이다. 신금은 예술적 기질과 탐심(貪心)이 있는 성격이라 을목(乙木)을 보면 사치로 흐르게 되고 외정(外情)에 정신을 흐리게 되며 갑목(甲木)이 있으면 감당하기 어려운 재물을 욕심내게 되어 재물을 얻지만 결국 인심(人心)을 잃는다. 갑목(甲木)이 무토(戊土)를 조절하여 다행히도 매금(埋金)을 막으면 기이(奇異)한 명(命)이 되지만 지나치게 떨어져 있으면 아무런 이득도 없게된다.

춘절(春節)의 신금(辛金)은 초목을 베는 것처럼 하지 말라는 짓만 골라 하기 때문에 부모의 속을 썩이게 된다. 묘월(卯月) 신금(辛金)은 역시 자라나는 풀을 베는 격이니 특히 조심해서 관찰해야 한다. 여름철의 신금(辛金)은 뜨거운 열기를 식히고 녹을 제거해야 하니 오직 임수(壬水)의 도움이 필요하다. 기토(己土)나 계수(癸水)가 작용하게 되면 녹이 끼고 물에 잠기며 흙탕물까지 피어오르니 화(禍)를 자초하게 된다. 미월(未月)에 태어난 신금(辛金)이 임수(壬水)와 을목(乙木)을 보면 잘 다듬어진 칼로 화초를 다듬은 격이니 미인지명(美人之命)이나 실속이 부족하다. 정화(丁火)가 임수(壬水)를 합거(合去)하며 정의(正意)보다는 편법(便法)을 사용하게 되니 영원히 자신을 속이게 된다.

겨울 신금은 자신을 비추는 도구가 필요한데 병화(丙火)가 그 역할이다. 아울러 녹을 제거하는 기능도 필요하다. 따라서 겨울에 난 신금(辛金)이라도 녹을 제거해주는 임수(壬水)가 있고 자신을 차지 않게 해주고 비추어주는 병화가 있어야 한다. 만에 하나 계수(癸水)나 토(土)가 투간(透干)되면 능력을 갖추기 어렵다.

1) 신금이 을목을 보면 화초를 가지치기 하는데 몰두하는 격이니 가정을 돌보지 않고 외정(外情)에 묻혀 산다. 을목은 화초이며 이성(異性)이니 가정보다 외정에 신경을 쓴다. 신금이 양 옆으로 목을 세우면 두 집 살림이다.

2) 신금이 을목을 보면 꽃을 베어버리니 만인의 지탄을 받는다.

3) 신금이 을목을 보면 인(仁)을 저버린다.

4) 병화가 오면 합이 되어 빛이 나지 않는다. 빛이 사라지고 병(丙)이 신(辛)을 만나 물이 되어버리니 녹이 끼게 할 수도 있다. 병(病)이 오고 명성이 흩어진다.

5) 정화(丁火)도 꺼린다. 신금은 이미 제련된 보석이니 정화를 만나면 완성된 보석이 그 모양을 잃어버린다. 인기가 사라지고 병이 오고 이룬 것이 물거품이 된다.

6) 임수가 오면 보석을 닦는 격이다.

7) 무토가 오면 보석을 덮어버려 드러나지 않으니 매금(埋金)이라 한다.

8) 기토를 보면 땅에 떨어진 보석이 흙을 묻힌 격이라

품위가 나지 않고 빛이 나지 않아 창피를 당한다.

9) 신금이 다시 신금을 보면 신금 2개가 나란히 서니 병존이라. 재물이 생기고 재물을 다투기 위해 칼을 들고 싸우는 격이다. 어려운 일이 생기고 비참한 일이 생기며 손실을 입는다.

10) 신금이 월일시에 차례로 나타나 신금이 3개가 되면 삼련이라. 날카로움이 극대화되고 경쟁이 심화되는데 군이나 사법계통, 검찰에 투신하면 두각을 나타낼 수 있다.

9장

임수론
(壬水論)

9장. 임수론(壬水論)
壬水(陰/陽干:下)

임(壬)은 깊은 바다이다. 바다라고 하면 크다, 넓다는 생각이 먼저 들 것이다. 깊다는 생각도 있고 심하게 출렁이지만 평소는 조용하다는 생각도 든다. 바다는 움직이지 않는다. 바다는 모든 것을 받아들인다. 바다 속은 들여다 보기 어렵고 감추어진 것이 너무 많아 예측이 불가하다. 따라서 숨긴다고 하는데 이를 장(藏)이라 한다. 감추어지는 장(藏)의 본성에 의해 모이는 기운이 강해지기 시작하니 양간(陽干)으로 취집되는 기운이 유동적(流動的)으로 흐른다. 보이는 것보다 보이지 않는 것이 더욱 많다. 하(下)는 상(上)의 상대적 개념으로 그 기운이 아래에 모이려 한다.

임수는 정신적인 승화(昇華)를 의미하며 새로운 세계를 잉태하는 모습이다. 겉은 움직이지 않으나 속은 매우 역동적(力動的)이며 많은 것이 존재한다. 유동성이 있어 흘러가려는 속성이 있고 능동적(能動的)으로 대응한다. 물의 표면은 부드러우나 내면은 단단하니 외유내강(外柔內剛)이고 강물, 바닷물, 호수, 땀, 습기, 안개의 성정이다.

임(壬)이라는 천간은 그 자의(字意)에서 보이듯 실을 감아 놓은 실패를 본떠서 만든 글자다. 본성적인 측면에서 살펴보면 지극히 음탕(淫蕩)하고 색욕(色慾)이 강하여 외정(外情)에 치우치는 경우가 많고 가정에 문제가 발생하는 사람이 많다. 임수는 재주인데 문학적 재주가 비상하여 소설가(小說家)나 문학가(文學家)와 같은 예술적 소양으로 이름을 떨치는 사람이 많고 재미있고 각종 재주가 넘쳐 매력 있는 사람이 많다. 임(壬)은 수기(水氣)로서 금기(金氣)를 설기시키고 수기(水氣)가 강하면 토기(土氣)로 제극(制剋)하고 목(木)으로 설기하여야 하고 정(丁)이 있으면 합하여 목(木)이 되니 기쁘지만 때로 지나치게 음(淫)하여 진다.

1. 자의(字意)

임수는 바다를 말한다. 대단히 크고 넓으며 가려져 있는 것이 많아 광대무변(廣大無邊)의 드러남과 달리 많은 것이 보이지 않는다. 그러나 눈으로 보이지 않는 바다 속에는 많은 물고기들이 노닐듯 보이지 않는 것이 너무나 많다. 바람이 불면 출렁이지만 본신은 변한 것이 아니며 겉은 평온하지만 속은 바쁘게 움직이는 생물의 역동성(逆動性)이 있다.

임수는 나무의 씨앗이다. 임수는 자라게 하는 힘이다. 임수는 차가운 기운을 만나면 얼지만 따스한 기운을 만나면 풀린다. 임수는 잉태와 더불어 맡아 기른다는 뜻으로 열매가 익어 씨앗이 되어 땅속에 잉태(孕胎)되는 때를 말한다.

수(水)의 강함은 유연함을 동반한다. 겉으로 약하지만 내적으로 강하다. 물방울이 바위를 뚫는다. 그러나 시작에 비해 마무리가 다소 약한 부분이 있어 용두사미(龍頭蛇尾)의 경우가 많이 일어난다. 음기가 지나치면 살(殺)이 발동하는 것 같은 피해가 생기고 부족하면 작은 그릇에 담긴 물이 되어 성정이 편협(偏狹)되기 쉽다. 응집력, 침투력, 적응력, 어둠, 음모, 계획, 비밀, 정화작용이 특징이다.

아홉째천간 임, 북방 임, 간사할 임, 클 임, ≪설문≫에는 '부인이 아이밸 임'이라 하였다. 아마도 봄과 여름, 가을을 지나온 생물이 겨울에 들어가며 다음 세대를 위해 씨앗을 퍼트리거나 머금었기 때문에 이러한 표현을 하였을지도 모른다. 임(壬)자의 중앙은 십(十)자가 차지하고 있다. 이는 사방을 표시하는 글자이다. 이와 같이 사방을 표시하는 글자를 중앙에 놓고 남쪽은 별(丿)의 글자를 붙여 부정하여 남쪽, 태양이 아님을 표시하고 아래에 해당하는 북쪽으로는 일(一)로 표시한 것으로 풀 수 있다. 이는 중국인(中國人)들의 방향 감각에 어울리는 표식이다. 아래를 남으로 보는 한국의 의식으로 보아서는 안된다.

사람의 정강이를 상형하였다. ≪설문≫에 이르기를 "位北方也 陰極陽生故 易曰 龍戰于野戰者接也"라 표기하니 북방을 표시하였음을 분명히 하고 음이 성하고 양이 고단함을 드러내고 있다.

2. 성정(性情)

임수는 물이다. 물은 형상이 없다. 주위 환경에 따라 그 형상이 변하니 시작도 없고 끝도 없으며 고정된 형상도 없고 고집도 보이지 않는다. 담기는 기물에 따라 각기 다른 형상을 만들어 내는 것으로 변화가 크다. 그 형상이 변했다고 물의 속성이 변한 것은 아니다. 상황에 따라 환경에 따라 적응하는 힘이 있으며 주위에 따라 그 형상을 바꾸니 지혜(智慧)의 근원으로 탐구(探究)하고 연구(硏究)하는 능력이 뛰어나다.

임수는 북방을 지향하고 10개의 천간 중 아홉 번째 천간이다. 간사하다, 크다의 의미가 있다. 〈갑골문자〉에서는 바느질할 때 쓰이는 실패를 본뜬 글자라 한다. 임(壬)의 글자가 의미하듯 가운데가 불룩한데 이는 실패에 실을 잔뜩 감은 모습이다. 상형문자로 풀어보아도 실패의 모습이다. 애초 실패는 공(工)자 형식으로 양 옆이 튀어나오고 중간은 빈 모습이나 실을 감으면 중앙이 불룩하게 변한다. 임은 임신하다의 의미도 있다. 중앙이 불룩한 모습이 아이를 잉태한 모습이다.

임수는 수(水)의 성정이라 지(智)를 표방한다. 북쪽 방향을 의미하니 북쪽, 북방, 자방(子方)을 가리키고 계절적으로는 겨울을 표방한다. 맛은 짠맛이고 색은 흑색으로 나타난다. 흑색에서 회색까지 모두 임수의 성정이다. 신체는 방광(膀胱)과 생식기(生殖器)를 나타내는데 폭넓게는 신장(腎臟)과 전립선, 자궁(子宮), 성기를 모두 포함한다.

임수는 비상한 두뇌를 나타내니 학업에 실력을 드러낸다. 대체적으로 두뇌도 좋으며 총명하지만 사용측면에서는 약하다. 생각이 많으며 계산적(計算的)으로 행동하지만 일을 위한 편법일 뿐이다. 마음은 넓은 편으로 이해심도 지니고 있어 적을 만드는 편은 아니다. 사고는 유연성(柔軟性)이 있으며 침착한 성격으로 모든 일에 서두름이 없고 시작을 잘 한다. 일을 함에 서두르거나 촉박하게 하지 않으며 계획성(計劃性)을 지닌다. 유머와 재치가 있고 융통성(融通性)과 포용력(包容力)을 지니니 주변에 사람이 많으나 때로는 주변에 휘둘릴 때가 있다. 매사 적극적이고 다양한 방면에 관심이 많다.

임수는 바닷물처럼 넓고 깊다. 깊은 물은 차가운 성정이라 임수는 차갑기도 하다. 이해심과 차가운 성정은 간혹 내부적인 갈등을 일으킨다. 물이라는 성정은 흐르고 떠다니며 정처 없는 것이니 유랑벽(流浪癖)이 있다. 그러다가도 물은 모이니 정착에 신경 쓴다. 정형성이 없으므로 법과 도덕이나 규범을 무시하는 경향이 있어 남녀간의 문제에도 규범보다 몸이 먼저이고 음란(淫亂)한 성정이 드러나고 때로 음흉(陰凶)하기도 하다. 깊은 바다처럼 속을 알 수 없으며 비밀이 많아 까면 깔수록 양파껍질처럼 속을 알 수 없다.

일을 벌이기는 잘 하지만 지속력이 약하고 꾸준하지 못하니 용두사미격(龍頭蛇尾格)이라 변덕이 많은 탓이다. 격한 파도가 치면 격랑이 일듯 화가 나면 앞뒤를 가리지 않는다. 그러나 파도가 가라앉으면 평온하듯 언제 그랬냐는 듯 평정심으로 돌아가기도 한다. 약한 자에게 강하고 강한 자에게는 약한 면모를 지니는데 사색적인 특징이 있으며 비현실적으로 사고하며 감정조절에는 아주 약한 단점을 드러낸다.

임수는 음권의 주제자로써, 음권의 모든 천간을 지배하고, 양권에서는 무력하다. 유술해자축인(酉戌亥子丑寅)에서는 잘 살고, 묘진사오미신(卯辰巳午未申)에서는 무력하고 무능하여 진다. 따라서 사주원국에서 지지가 무엇인가에 따라 달라지고 세운에서 어떤 지지가 오는가에 따라 활성화가 달라진다.

3. 음양적(陰陽的) 관점

임수(壬水)의 계절은 차가운 계절이다. 얼음이 얼고 수온(水溫)이 지나치게 낮아지는 시기이다. 이 시기는 세상이 온통 음의 기운으로 둘러싼 듯 보인다. 그러나 그 속에 아직도 화의 기운은 희미하게 뭉쳐져 남아있다. 이렇게 남아있는 화의 기운은 살아남기 위해 안간힘을 쓰고 자신을 내부로부터 지키기 위해 단단히 뭉쳐져 있는 시기이다.

신금(辛金)의 시기부터 양의 기운은 별도의 개체(個體)로 작용하는 시기가 된다. 즉 열매가 숙성되어 떨어지면 이것은 표면적으로 금의 속성이지만 그 내부에는 화의 강한 기세가 자신을 지키고 있다. 즉 금(金)에 둘러쳐지듯 포장된 화(火)의 기운이 임수(壬水)에 이르면 이미 결과는 다른 양상으로 나타난다. 겉은 이미 음기로 가득 싸여 만물이 얼어붙은 것으로 드러나지만 내부는 양의 기운이 핵(核)으로 정(精)의 모습을 갖추게 되는 시기이다.

양이 지나치게 많으면 성장의 기운이 많아져 양의 기운이 정(精)으로 뭉쳐지지 않는다. 그러나 외부를 음으로 감싸면 양은 새로운 종자(種子)를 이루기 위해 강하게 응집하여 정의 형태로 응결된다. 이것이 종자의 핵(核)이다. 이 부분이 이루어져야 씨앗으로 구실을 하고 미래에 다시 싹을 낼 수 있으니 비로소 종자로써 조건을 갖추게 되는 것이다.

열매의 숙성된 모습은 음기(陰氣)가 양기(陽氣)를 품고 거처할 곳을 찾는 것이다. 따라서 양은 음으로 싸여 보호를 받을 수 있는 것이다. 만약 양이 지나치게 강하면 싹을 틔웠다가 차가운 계절에 얼어 죽는다. 따라서 음기(陰氣)가 지나치게 강하면 뜻을 이루기 어렵다.

4. 오행적(五行的) 관점

임수(壬水)는 얼음의 계절이다. 딱딱하게 굳어 있는 듯 보이는 속성이다. 외피(外皮)가 얼었고 딱딱하게 굳어 있어 어떤 변화도 보이지 않는다. 이는 얼음의 속성이고 씨앗의 겉껍질이 단단한 외피로 속껍질을 에워싸고 있는 모습이다. 드러나는 표피(表皮)로 보아서는 미동도 없으니 죽은 모습이다.

겉이 움직이지 않는다고 죽은 것이 아니며, 겉이 죽었다고 속도 죽은 것은 아니다. 단지 움직이지 않고 변화를 느끼지 못할 뿐이다. 임수의 모습이 그렇다. 임수의 계절적 성향을 드러내는 씨앗이 그렇다. 복숭아씨나 자두의 씨처럼 겉모습은 딱딱한 각질(角質)에 싸여있어 조용하고 변화가 없어 보이나 속은 유동적(流動的)이고 격정적(激情的)인 성정(性情)을 품고 있다. 따라서 온기(溫氣)가 피어오르고 양기(陽氣)가 충만하면 불꽃처럼 피어나는 생기(生氣)를 지니고 있다.

임수는 모든 것을 얼게 한다. 고정시키고 움직이지 못하게 하며 생각조차 얼어붙게 한다. 타인을 얼게 하고 스스로도 얼어버리는 약점을 가진다. 따라서 큰 바다처럼 보이나 그 속성은 차고 깨끗하다. 한겨울의 속성인 임수(壬水)가 지나치게 왕(旺)하면 생존하고 있는 모든 생물, 즉 타물(他物)에 피해를 준다. 따라서 임수는 지나치게 강하면 모든 것을 망가트리는 속성이 있다. 임수(壬水) 일간(日干)은 조금은 스스로가 약(弱)한 듯하여 어쩔 수 없이 인성(印星)의 도움을 받는 구조가 아름답다.

임수(壬水)가 왕(旺)하면 막아주고 제극(制剋)해 주는 무토(戊土)가 있어야 하고 갑목(甲木)은 임수의 넘치는 물을 흡수해주는 격이니 반드시 필요하다. 갑목이 물을 흡수해주는 이치는 지나치게 넘치는 물이 흐를 수 있도록 수로(水路)를 내어주는 격이다. 그러나 갑목(甲木)이 없으면 흐름이 막혀 수(水)의 기능을 상실하기 쉬우니 아무리 무토가 있어도 정체되었을 뿐 발전은 없다. 따라서 임수는 무토(戊土)와 갑목(甲木)의 상황을 잘 살펴야 한다.

임수로서는 목(木)이 있고 병화(丙火)의 도움이 필요하다. 병화와 목의 도움을 받는다면 비로소 수화기제(水火旣

濟)를 이루게 될 것이다. 그러나 화(火)가 왕(旺)하면 한 겨울이라 하여도 호수(湖水)의 물을 말려 한겨울의 가뭄을 만들어 버리듯 화의 기운이 적절해야 한다. 화의 기운이 지나치게 강하면 수갈(水葛)하여 본신(本身)을 상(傷)하게 된다. 또한 목(木)이 지나치게 많으면 물을 뽑아내는 기능이라는 측면에서 수로(水路)가 통일을 이루지 못하고 산지사방(散地四方)의 여러 가지로 갈라지는 것과 같아 매사가 분주하고 일이 많지만 외화내빈(外華內貧)으로 큰 뜻을 피기 어렵다.

5. 계절적(季節的) 관점

1) 춘절(春節)

임수(壬水)는 목(木)을 키우는 것이 임무이다. 목이 없다면 기를 대상이 없는 것이다. 임수는 반드시 목이 있어야 결과가 있다. 본신(本身)을 지키는 수원(水源)이 지지(地支)로 작용한다면 천간(天干)으로 목화(木火)의 작용이 아름답게 된다. 임수의 수원은 지지에서 자리하고 있는 자(子)와 해(亥)이다. 혹은 진토(辰土)와 축토(丑土)가 그 역할을 수행한다. 금의 성분은 투간되면 때로 해를 익히니 사용에 신중이 요구된다.

임수는 커다란 물과 같으니 토(土)가 왕(旺)해지는 것을 꺼리게 된다. 토의 기운이 왕해지고 과다(過多)하면 물을 막으니 임수로서는 할 일이 없어지게 되고 앞날이 불투명하다. 금(金)은 금생수(金生水)의 명식으로 물을 보충하지만 물이 넘치게 할 수 있고 지나치게 차가워지므로 간 (干)으로 드러나는 것 또한 좋지 않다.

2) 하절(夏節)

하절은 화(火)의 계절이다. 온통 뜨거운 기운이니 수 (水)를 증발시키고 만다. 하절에는 뜨거운 열기가 수기를 증발시키니 보충이 필요하다. 따라서 임수로서는 금(金)의 수원(水源)이 절실하게 된다. 금이 있어 수의 창고(倉 庫) 역할을 해 주어야 한다. 금이 없다면 물이 말라버릴 수 있다.

임수에게 금(金)은 인성(印性)의 역할을 하여 수기(水 氣)를 보충을 하게 되는데 신약(身弱)하면 다른 임수(壬 水)가 지원하거나 계수(癸水)가 지원을 한다. 금의 성분으로 금생수(金生水)의 격식에 따라 경금(庚金)과 신금(辛 金)이 지원하거나 보충하게 된다. 임수와 계수는 비겁(比 劫)으로 친구와 형제의 역할을 한다. 그러나 임수와 계수가 다가와 비겁의 역할을 하여 도움을 준다고 하더라도 혹독한 대가를 치러야 한다. 더구나 지나치면 오히려 역효과가 날 수도 있다.

임수의 화절(火節)은 목(木)이 잘 자라날 수 있다. 그런데 토(土)가 왕(旺)해지면 임수를 막으니 방비가 필요하다. 수가 과다할 경우에도 목을 쓰지만 토가 과다하더라도 목을 사용한다. 특히 신약(身弱)하더라도 목(木)을 우선 쓰고 수원(水源)을 찾아야 한다.

3) 추절(秋節)

가을의 임수는 열매를 추스르게 하는데 적절하다. 아울러 가을의 임수는 지나치게 깊은 곳에 있는 격이라 그 끝이 보이지 않을 정도로 깊다. 달리 추수통원(秋水通源)이라 부르는 것처럼 뿌리가 깊으니 쉽게 마르거나 토(土)가 있다고 해서 물의 연결통로가 맥없이 끊기는 것이 아니다. 이 경우에는 목화(木火)의 작용이 적극적이어야 쓰임이 커지는 명(命)이 된다. 화의 기운이 없다면 결실이 더디거나 이루어지지 않고 목이 없다면 결실은 아예 기대조차 하지 못한다.

임수가 추절에 다시 수를 부른다는 것은 추위를 덮어씌우는 것이나 같다. 그러나 수의 움직임이 있다고 해서 무작정 토를 이용해 막을 수는 없는 일이다. 수(水)가 왕(旺)해지지 않는 한 무토(戊土)의 사용은 조심해야 한다.

4) 동절(冬節)

임수는 차가운 물이다. 동절의 임수는 차라리 얼음이라 생각할 수 있을 정도로 차갑고 넘치는 물이다. 지나치게 차가워 나무를 얼리고 씨앗을 얼리기 때문에 병화(丙火)가 떠서 언 기운을 녹여주어야 한다. 수기(水氣)가 지나치면 무토(戊土)로 수기(水氣)의 범람을 막고 하늘에 뜬 병화(丙火)로 한기(寒氣)를 제거한다면 순조로운 명(命)이 될 수 있다.

토가 많으면 물을 막으니 갑목(甲木)의 역할이 커진다.

그러나 갑목이 지나치게 많으면 무토(戊土)를 소토(疎土)하여 힘을 약화시킨다. 무토(戊土)와 싸우지 않는 정도에서 갑목(甲木)이 작용한다면 명(命)을 더욱 빛나게 할 수 있다.

6. 희기(喜忌)

임수(壬水)는 갑목을 키우는 것이 가장 기쁜 일이다. 따라서 임수가 갑목(甲木)을 만나면 그 흐름이 지속되며 정화작용(淨化作用)으로 항상 깨끗함을 유지한다. 갑목이 임수를 빨아들이면 이는 수로(水路)를 만들어주는 것이나 같다.

목의 기운은 때로 수기를 분산시킨다. 즉 목(木)이 많으면 여러 개의 수로를 만드는 것이나 같은 격으로 기(氣)가 분산(分散)되니 하나의 일에 집중하지 못하고 이것저것 신경 쓸 일이 많다. 이처럼 여러 가지 일에 관여하나 깊이를 갖추기 어렵다. 임수에 갑목 출간이면 지혜(智慧)가 출중하여 하나를 얻으면 둘 셋을 이해하지만 지나치게 앞서가다 낭패하기 쉽다.

임수의 일간에 갑목이 투간하면 경금(庚金)이나 신금(辛金)이 있어야 조절이 가능하다. 수가 또 있거나 지지의 지장간에 수가 많으면 때로 곤란하다. 천간에 수(水)가 투간되어 많으면 무토(戊土)가 투간되어 제수(制水)함이 필요하지만 이는 무토의 역할이라. 기토(己土)는 투간될수록 가장 많은 피해를 준다. 즉 기토는 임수와 합하여 둑을 막고 물의 흐름을 막는 것이 아니라 임수와 합쳐져 흙탕물이 되어 버린다.

임수가 병화(丙火)를 보고 수화기제(水火旣濟)가 되면 그 뜻이 상통하달(上通下達)하게 되니 큰 뜻을 이룰 수 있게 된다. 임수로서는 병화를 얻어 목을 키울 수 있다면 가장 좋은 명식이 이루어진다 할 것이다.

7. 상(象)

강(江), 바다, 만(灣), 대양(大洋), 해수(海水), 수평선(水平線), 감옥(監獄), 북방, 북쪽, 수묵화, 도적(盜賊), 생식기, 전립선, 오줌줄기, 방광(膀胱), 북극, 도살장(屠殺場), 폭포, 자궁, 신장, 목욕탕(沐浴湯), 온천, 안개, 대설(大雪), 만년설, 흑색(黑色), 러시아, 외국(外國), 캐나다, 호수(湖水), 빙판, 구름, 비구름, 영국(英國), 흑해, 해변, 선방(仙方), 곶(串), 항구, 항로, 향로(香爐), 풍운(風雲), 고해(苦海), 도학(道學), 풍우(風雨), 해상(海上), 수심(水心), 은하수(銀河水), 선창가, 해변가, 여관(旅館)

8. 천간(天干)과의 관계

1) 壬 + 甲 : 나무에 물을 주는 관계이니 나무가 자라는 원동력이다. 좋아하고 필요로 하는 관계로 흐르게 하며 깨끗함을 유지하게 한다.

2) 壬 + 乙 : 화분에 물을 준 격이다. 꽃에 물을 주니 화려하고 외양적이며 즉흥적인 면이 강하다. 화(火)의 작용에 따라 희기가 달라진다. 병화가 좋다.

3) 壬 + 丙 : 물이 있고 해가 떴으니 자라야 할 물상이 필요할 뿐이다. 드러내 뜻을 펼칠 수 있으니 갑목이 도우면 상명(上命)을 의심할 수 없다. 임을 바탕으로 하여 화와 갑목이 펼쳐진다면 바랄 나위 없다.

4) 壬 + 丁 : 합을 이루어 유정한 관계이나 사사로운 것에 매달리니 큰 뜻을 펴기는 어렵다. 지나치게 깊으면 외정으로 바람 잘 날 없다. 이를 정임합(丁壬合)이라 한다.

5) 壬 + 戊 : 물을 막을 수 있느냐 없느냐의 문제가 된다. 임수가 왕(旺)하면 무토(戊土)의 역할이 돋보이나 임수의 흐름을 정지시키는 부분을 또한 관찰해야 한다.

6) 壬 + 己 : 흙탕물이 되지 않도록 해야 한다.

7) 壬 + 庚 : 금속에서 물이 생성된다. 전형적인 금생수(金生水)의 법칙이다. 끝임 없는 흐름의 원천(源泉)이 되니 기세가 당당하다. 그러나 탁수(濁水)가 되기 쉽다.

8) 壬 + 辛 : 청수(淸水)로 시작되어 탁수(濁水)로 끝나기 쉽다.

9) 壬 + 壬 : 지나치게 기세가 강하면 넘치기 마련이다. 바다가 심하게 출렁이고 바람 불며 파도가 일렁이면 방파제를 타넘는다. 기세는 당당하나 제수(制水)가 되지 않으면 스스로 파란을 몰고 다닌다.

10) 壬 + 癸 : 바닷물에 강물이 유입된 격이라. 수기(水

氣)가 범람하니 언제 넘칠지 모른다. 넘치면 다시 담기 어려워라. 목화(木火)의 작용이 적극적이어야 한다.

9. 임수(壬水)의 통변(通變)

물이다. 아주 넓고 힘차게 흐르는 물이다. 물은 아래로 흐르는 성정을 지닌다. 작은 물들이 모여 바다를 이룬다. 물은 항상 표면적인 평형을 유지하고자 한다. 그러나 속은 바쁘고 격랑이 일고 있다. 물은 흐르다 갑목(甲木)을 보면 수관을 타고 올라가는 성정을 지닌다. 수목의 수관을 타고 오르면 성장을 하고 꽃을 피운다. 갑목을 타고 오르면 나무 끝에 오르니 자신을 드러내기 알맞으나 꽃을 피우고 자신을 드러내려 한다면 반드시 병화(丙火)의 도움을 얻어야 한다.

임수는 비견(比肩)이 많으면 넘실거리는 물이라. 언제 넘칠지가 문제이다. 제방이 무너지지 않아야 한다. 물이 강하면 무병갑(戊丙甲)의 순서로 쓰임이 생기는데 무토(戊土)에 갑목(甲木)이 있어야 제방을 막고 수기를 설기시킨다. 무토가 또 있어야 무토(戊土)가 더욱 강해지고 수위(水位)를 조절 할 수 있게 된다. 임수(壬水)에 기토(己土)가 나오면 흙과 물이 섞이니 물을 막을 수 없어 흙탕물이 되어버릴 수 있는데 남명(男命)은 관(官)을 우습게 생각하고 여명(女命)은 남편에 만족하기 힘들다.

임수는 목이 무성하게 자랄 수 있도록 생명수 역할을 하며 보석에 녹이 끼지 않도록 세척하는 역할에 충실해야 한다. 임수는 계절적으로 겨울철이고 차가우니 따스한 병화가 필요하고 초목의 결실이 가장 중요하다. 결실은 열매를 맺는 것이니 따라서 임수는 병화와 더불어 갑목의 투간을 기뻐한다. 병화는 갑목을 자라게 하여 결실을 유도한다.

임수는 차고 맑은 물이다. 임수는 정한수처럼 깨끗한 물이다. 임수는 아래로 흐르는 물로 항상 평형을 유지하고자 한다. 그러나 물은 나무를 키우는 목적이 있다. 나무를 만나면 흐름이 달라진다. 즉 갑목(甲木)을 보면 수관(水管)을 타고 올라가니 자신을 드러내기 알맞다. 그러나 임수가 갑목을 타고 오른다고 해도 성장과 결실을 위해서는 반드시 병화(丙火)의 도움을 얻어야 한다.

임수는 비견(比肩)이 많으면 물이 넘치는 격이다. 따라서 무병갑(戊丙甲)의 순서로 쓰임이 생기는데 이는 흐르는 물을 먼저 막는 것이 우선이고, 데우고 열을 가하여 물기를 말리고 증발시켜야 하며, 마지막으로 분산시키거나 나무의 뿌리로 빨아들여야 하는 것이다. 즉 무토(戊土)를 이용해 물을 막아 흐름을 억제하는 것이 그 첫번째이고 갑목(甲木)이 있어야 물을 분산시키고 빨아들일 수 있다. 물이 줄어들면 무토(戊土)가 더욱 강해지고 수위(水位)를 조절할 수 있게 된다.

물이 흐르면 흙으로 둑을 세워 막는 것이 이치이다. 계수(癸水)나 임수(壬水)를 막을 수 있는 것은 무토(戊土)와 기토(己土)이다. 임수(壬水)에 기토(己土)가 나오면 지나치게 가까워 흙탕물이 만들어 지는 격이다. 남명(男命)은 관(官)을 우습게 생각하고 여명(女命)은 남편에 만족하기 힘들다.

계절에 따라 임수의 역할과 그 과다 또한 필요하고 달라진다. 인묘진(寅卯辰)월은 봄이라, 목이 성장하고 깨어나는 시기이니 수기와 화기가 필요하다. 우선 수(水)가 필요한 시기이니 임수로서는 어디를 가거나 귀여움을 받지만 수원(水源)이 부족하면 결과를 얻기 어렵기에 지지(地支)에 수원이 되는 글자들이 충분하게 포진되는 것이 중요하다. 또한 갑목(甲木)이 투간(透干)하면 부(富)를 이룰 수 있다. 그러나 을목(乙木)은 열매를 얻기 어려우니 노년(老年)이 외롭게 되는 것은 물론이고 한창 때 화초(花草)에 물만 주는 격으로 외정(外情)에 정신이 팔리니 늘그막에 외로운 것이 당연하다. 지지에 신자진(申子辰)의 수국(水局)으로 합국(合局)을 이루면 물이 넘치고 지나치게 흘러 갑목이 수다목부(水多木浮)의 현상이 이루어지기 때문에 무토(戊土)의 쓰임이 더욱 중해지게 된다. 무토(戊土)로서 물을 막고 갑목이 뿌리를 박아 안정감을 주어야 하는데, 만에 하나 무토가 없으면 무법자(無法者)와 같다.

사오미(巳午未)월은 뜨거운 열기가 피어오르는 계절이라. 땅도 타고 하늘은 뜨거우니 비록 병화(丙火)가 있어 나무를 자라게 하지만 물이 절실한 시기로 임수가 있으므로 가는 곳마다 귀인대접을 받는다. 그럼에도 여름에는 수기가 부족하여 힘에 부치는 격이니 경금(庚金)의 뿌리가 있으면 상격(上格)을 이루게 된다. 그러나 신금(辛金)이 투간(透干)되면 안일하고 사치에 빠지기 쉽다. 어느 경우라도 신금은 사치의 기능을 지니고 있는데 잘 사용하면 예술성(藝術性)이고 지나치면 사치성(奢侈性)이다. 임수가 있는데 계수(癸水)가 있으면 타인의 도움을 얻을 수 있다. 그러나 첩신(貼身)하면 때로 모든 것을 말아먹는다. 경금(庚金)이 없고 갑목(甲木)이 있으면 노력의 대가로 화(禍)를 불러들인다.

신유술(申酉戌)월은 가을이라 차가운 기운이 스며드는 계절이다. 임수(壬水)는 모왕자왕(母旺子旺)하여 자신이 신강(身强)하고 자식도 강한 형태이니 열매가 실하겠다. 천간에 무병갑(戊丙甲)이 있으면 여유로운 삶이 되는데 반드시 천간(天干)에 투간(透干)되어야 그릇이 커진다. 무병갑이 지장간에 자리할 수 있지만 결과는 미약하고 미미하다. 추절에 금(金)이 천간(天干)에 투간(透干)되면 아뿔싸! 추수할 곡식에 서리나 우박이 내리는 것과 같아 갑목(甲木)을 도둑맞는 것과 다르지 않다. 처자식을 거느리기 어려우니 그나마 정화(丁火)가 있어야 피해를 줄일 수 있다.

해자축(亥子丑)월은 차가운 기운이 넘치는 겨울철이다. 이 시기에는 지나치게 차갑고 수분(水分)이 주축이 되는 계절이니 임수(壬水)는 구박 덩어리로 태어난 꼴이다. 어쩔 수 없이 혼자 몸부림을 쳐서 자수성가(自手成家)해야 한다. 그러나 지지(地支)에 목(木)의 근(根)이 있으면 뿌리는 살아있는 격이니 미래의 꿈을 이룰 수 있고 정화(丁

火)가 투간(透干)하여 합(合)이 되면 따스한 물이 되니 인덕(人德)이 있게 된다. 그러나 때로는 지나치게 음(淫)하여 음정(陰精)에 목을 매는 수도 있다. 목(木)의 뿌리가 없으면 목화(木火)운에도 성사(成事)되는 일이 없다.

1) 무토를 보아야 제방을 쌓아 임수의 물이 넘치지 않게 하니 무토 없이는 모든 일에 차질이 생긴다.

2) 무토가 제방을 쌓고 물을 막아야 나무가 서 있을 터전이 마련된다.

3) 무토가 없으면 임수가 멈추지 않고 흘러가 버리니 갑목이 있어도 성장에 제약이 온다. 무토 없는 임수는 멈추지 않아 평생 유랑자다.

4) 무토가 있고 갑목이 투간되고 병화를 보면 정상적으로 자라나 꽃 피고 열매 맺으니 재물이 많은 운명이다.

5) 임수가 을목을 보면 꽃을 가르는 격이라 여자에게 정신이 팔려 평생을 그르친다. 외정에 빠져 사니 가정도 화목하지 못하다.

6) 정화를 보면 음란하여 여색을 밝힌다.

7) 기토를 보면 흙탕물로 변하니 불량배 인생이라.

8) 임수가 있는데 또 임수가 오면, 임수가 다시 임수를 보아 병립이라, 임이 두 개 나란히 서면 물이 제방을 넘쳐 마구 흩어지고 막을 수 없는 상황처럼 제멋대로 하고 좌충우돌에 인사불성이라. 제멋대로 하려는 기질이다. 명예를 위해 물불을 가리지 않으며 재능이 있으니 연예나 방송으로 진출하면 좋다.

9) 월일시에 임수가 투간되어 병렬을 이루니 임수가 세 개가 투간되면 예술성이 두드러지고 예능적 기질이 살아나니 정치, 예술, 방송계에서 성공한다.

10장

계수론
(癸水論)

10장. 계수론(癸水論)
癸水(陰/陰干:潤)

　계수(癸水)는 대하(大河)와는 다른 물로 적은 양의 물이고 적게 흐르는 물이며 그 양이 이미 임수와는 비교조차 할 수 없다. 우로수(雨露水)라 하여 이슬이나 안개, 혹은 비와 같은 물이고 계곡을 흐르는 물이다. 개울이나 하천을 따라 흐르는 물이니 물소리가 들리고 주변 환경에 민감하게 작용한다.

　계수는 임수와 달리 기가 강하게 취집되어 표면적으로 나타나니 본성은 감추어져 크게 드러나지 않는다. 강의 모습이 물 때문이 아니라 주변의 모습에 따라 채워진 것처럼 상황에 따라 주변의 모습에 따라 그 모습을 바꾸니 무쌍한 변화와 적응을 보여준다. 기(氣)적인 작용으로 어느 곳에 위치하던지 그 모습을 바꾸고 안개와 물, 혹은 얼음으로 변하듯 그 적응력이 뛰어나 조화를 이루니 이를 윤(潤)이라 한다. 리(理)는 드러나지 않고 기의 변화가 무궁하니 취용함에 있어 쉽게 판단할 수 없다.

　계수를 상징적으로 보여주듯 나무에 매달린 씨앗의 속성은 계수와 같다. 새로운 씨앗이 잉태되어 성장하고 있으나 보이지 않는다. 한겨울의 씨앗은 꽁꽁 언 얼음이라 성장이 멈춘 듯 보이고 모두 얼어붙은 듯 보이지만 내부적으로는 생장과 성장을 위한 준비를 하고 있다. 계수는 수축되어 있으며 결빙되어 있다. 강하게 응고된 모습이지만 곧 양기가 생성될 것이며 싹이 터 모습을 드러낼 때가 다가오고 있다. 정신적으로 타인을 돕는 성향이 강하다. 안개, 비, 수증기, 눈물, 김, 시냇물, 샘물의 성정이다.

계수는 글자에서 보이듯 빙글빙글 돌린다는 핵심적인 뜻이 있다. 무엇을 돌리는지는 그 사람의 성정에서 나타난다. 돈, 권력, 사랑 등을 돌린다는 의미도 있고 이리저리 돌아다니는 성정이다. 안주(安住)하지 못하고 돌아치고 남을 속이기도 하는 성정이라 정치꾼이나 도박꾼이 많다. 즉 두뇌가 명석하고 재치가 넘치지만 옳게 쓰는 사람과 나쁘게 사용하는 사람이 있고 스스로 너무 자만하고 과신하는 사람도 많다.

계(癸)는 표면적으로 보이는 물처럼 매우 약하고 유순하며 솟구쳐 토(土)를 윤택하게 하고 금(金)을 닦는 성분이라 빛나게 하며 지지에 진(辰)을 반긴다. 계(癸)는 수기(水氣)의 성분이기는 하지만 경(庚)과 신(辛)을 설기(洩氣)시킬 수 없다. 반드시 지지에 그 뿌리가 있어야 작용하는데 천간은 지지에 뿌리가 있으면 크게 사용됨이 있고, 그렇지 못하면 생각으로 그치는 경우가 많다. 지지에 뿌리가 없는 천간은 그다지 강하게 작용하지 못한다. 천간은 정신적인 경향이 강하고 지지는 물질적인 성향이 강하다.

1. 자의(字意)

계(癸)는 천간의 마지막 글자이기에 종결(終結)의 의미를 가진다. 계는 헤아린다는 뜻이다. 헤아리는 것은 판단하는 것이고, 계산하는 것이고, 느끼는 것이며 결정하는 것이다. 계는 감각이 뛰어나고 촉감이 좋다. 느낌이 빠르고 눈치가 있다. 감각적이고 예리한 판단력을 가진다.

계는 씨앗이고 웅크림이다. 땅속에 맡겨 길러지던 씨앗이 오랜 응고의 기간과 차가운 결빙의 시간을 모두 헤치고 다시 나오고자 하는 것을 의미한다. 그러나 아직은 움직인 것은 아니다. 내부적으로는 태동의 기가 있지만 아직은 굳게 얼어 있다. 해동되어 날이 풀리면 갑(甲)으로 다시 순환(循環)되는 때를 헤아리는 것을 의미한다.

열째천간 계, 북쪽 계, 헤아릴 계, ≪소전(小篆)≫에 이르기를 겨울에 물이 사방에서 땅속으로 유입되는 것을 상형하였다 하니 계절적인 의미를 나타내고 있다. 겨울은 춥고 물은 얼어버리는 것이다. 발(癶)자와 천(天)자가 합쳐진 모양을 하고 있다. 발(癶)자는 등지다, 외면하다. 돌아서다의 의미를 가지니 하늘을 등지고 돌아서다가 정확한 해석이 될 것이다. 광명을 등지고 돌아서는 것이며, 밝음을 등에 지고 돌아서는 것이다. 태양을 등지고 돌아서는 것이며 남쪽을 등지고 돌아서는 것이니 북쪽이라는 것을 알겠다.

하늘을 의미하는 십간의 마지막 글자이고 음(音)은 계라 칭한다. 북쪽을 가리키는 십간 중에도 임(壬)은 양을 의미하고 계(癸)는 음을 이야기하니 음중의 음이며 수(水)중의 수인 빙(氷)이라 할 것이다. 천간의 마지막 글자로 북쪽, 마지막, 물, 겨울, 춥다 등의 의미를 내포한다. 따라서 갑을병정무(甲乙丙丁戊) 까지는 생성의 기운이라 하고 기경신임계(己庚辛壬癸)는 결실과 수렴의 의미를 가지는데 갑을병정무는 양의 기운이고 기경신임계는 음의 기운이다. 갑을병정무까지는 생성이며 성장의 기운이고 기는 중앙, 경은 결실, 신은 성장의 억제와 성숙, 임은 북쪽, 계는 암흑의 의미가 있다.

계라는 글자는 사람의 발을 형상화 한 것이다. 갑부터 계에 이르기까지 머리에서 발까지 하향하며 형상하고 있다. 태양은 머리 위에 있고 땅속은 발 밑이라. 이는 태양에서 가까운 곳에서 멀어지는 것이고 어두운 곳으로 표시하고 있다. ≪설문≫에 이르기를 "冬時水土平可揆度也 象水從四方流入地中之形 癸承壬 象人足 居誅切癸 籀文從癸從矢"라 하였으니 겨울철의 기운이라는 것을 알겠다.

2. 성정(性情)

물은 물이다. 계수는 흔히 생각하는 모든 습기, 물의 모습이다. 습한 기운을 모은 것이니 하늘에서는 구름이 되고 다시 땅으로 내려오면 우로(雨露)가 된다. 땅에서는 솟아나는 샘물이고 흐르면 시냇물이다. 해가 뜨거우면 피어오르는 안개가 되고 아침이면 맺히는 이슬이다. 다양한 형태로 이루어지는 것은 주변 환경에 적응하기 때문이며 만물을 자양(滋養)하는 근본이 된다.

계수는 10천간의 마지막 열 번째이다. 〈갑골문자〉에서는 실을 감고 돌리는 얼레를 의미하는데 계수는 생긴 모습을 형상화한 것처럼 빙글빙글 돌려 얼레에 실을 감는다는 의미를 지닌다. 임수와 차이가 그것이다. 이는 빙글빙글 도는 우주전체, 천체를 의미하며 여자의 월경(月經)이라는 의미도 있다.

물은 솟아나 흘러서 도달하고 다시 흐르며 하늘로 오르기도 한다. 어느 곳에 이르더라도 자신을 추스르고 환경에 맞추니 그 모습 또한 변하기 쉽고 부드럽다. 지나치게 튀거나 궁색하지 않으며 환경에 따라 모양을 바꾸고 변화하고 적응하는 능력이 뛰어나다. 그러나 채우고 흘러 땅을 파이게 하고 나무를 자라게 하여 환경을 변화시키고 발전시키지만 자신을 드러내어 주체적 입장이 되지는 않는다. 이를 상선약수(上善若水)라 하는데 이것이 물의 장점이고 능력이며 고운 점이다.

계수는 지휘자가 아니므로 앞서 나가지 않는다. 그러나 앞서 나가는 자를 도와주는 역할에 충실하다. 그러므로 참모로서 능력을 발휘하지만 앞서 나가 대중을 지휘하거나 이끌고 나아가는 강력한 리더로서의 자질은 매우 부족하다. 계수는 흐르는 물이며 온도에 증발하는 물이니 변화에 민감하고 다가오는 환경과 변화에 대한 대응능력이 뛰어나기는 하지만 지나치게 변화가 심하고 자신을 지키는 능력이 약하니 잘못 흐르게 되면 중심이 약해져 줏대가 없어 보이고 좋은 머리를 앞세워 적응을 하다 보면 자기 꾀에 자신이 당하는 경우도 있게 된다.

수는 지(智)의 성정이다. 지향하는 방향은 북쪽이며 차가운 겨울의 기운이다. 색은 흑색을 지향하고 짠맛을 낸다. 숫자는 6이지만 임수(壬水)의 1을 이끌고, 신체적으로 신장(腎臟)과 생식기(生殖器)를 의미한다. 또한 자궁(子宮)과 방광(膀胱)에도 일정 부분 영향을 미친다.

계수는 총명하고 영리하며 머리가 좋고 감각도 빠른데다 감수성도 있으며 본능적으로 파악하는 느낌이 빨라 상황에 대하여 감각적으로 대응한다. 마음이 착하고 온순하지만 섬세하고 내성적인 기질을 가지고 있어 자신을 드러내는 것에는 약하고 속으로 끙끙 앓는 성격도 있다. 조용하고 자신을 드러내지 않으니 군중 속에서는 그다지 드러나지 않지만 머리가 좋고 적응력이 있어 시간이 지나면 대중 속에서 자신의 위치를 찾는다.

약하고 부드러워 보이며 강한 면모는 겉으로 드러나지 않지만 생기가 넘치고 활발하게 움직이는 것으로 약한 면모를 가리고도 남음이 있다. 순종적인 사고와 자세를 가지고 있으며 눈물이 많아 약하고 여성적인 취향이 드러난다. 지혜가 있으며 머리가 좋고 감각과 느낌이 빠르니 아는 것 많고 자존심도 강하다. 느낌이 좋고 예민하여 감각적으로 가능한다. 자존심이 강해 내성적인 면과 충돌을 일으켜 스스로 자신을 괴롭히기도 한다. 물의 성정이 흘러 바다에 가는 것처럼 수단과 방법을 가리지 않고 목적을 이루려는 성정이 있어 기회주의자, 혹은 이기주의자의 길을 가기도 한다.

이처럼 주변 변화에 자신을 맞추는 능력이 돋보이는데

이는 상황에 따른 변화에 순종하는 능력이기도 하다. 따라서 잔꾀가 백출하고 이익과 적응을 위해 변덕도 심하게 부리고 눈치를 보며 기회를 노리는 성정이 있다. 항상 주변을 의식하니 마음이 편하지 않고 환경변화에 민감하게 반응하여 자신의 이익을 찾으려 하니 스트레스가 많다.

물이 얼면 얼음이 되듯이 냉정한 면이 있고 주변에 변덕을 부리니 사람이 많이 오지 않아 고독을 느낀다. 신경 쓰는 것이 많아 산만하고 비관적인 성향이 강하다. 오만하고 음흉한 면이 있어 이간질을 하고 이익을 본다.

집중력이 떨어지고 머리는 좋아도 실천력은 떨어지니 시작은 좋으나 끝이 나빠 용두사미(龍頭蛇尾)의 성격이다. 자신의 비밀은 이야기 하지 않지만 타인의 비밀이나 약점은 캐고 다닌다. 그로 인해 타인의 약점을 효율적으로 이용하는 습성이 있다.

계수는 양권에서는 만생물의 시비물(施肥物)로써, 육성자의 역할자요, 음권에서는 만생물을 숙살시키고, 썩히는 작용을 한다. 지지의 유술해자축인(酉戌亥子丑寅)에서는 백사불길하고, 묘진사오미신(卯辰巳午未申)에서는 기동성을 자랑한다. 따라서 사주원국에서 지지가 무엇인가에 따라 달라지고 세운에서 어떤 지지가 오는가에 따라 활성화가 달라진다.

3. 음양적(陰陽的) 관점

계수는 물이다. 차가운 물이지만 씨앗을 자라게 할 수

있는 물이다. 계수(癸水)는 씨앗 종자의 상태로 다시 갑목(甲木)으로 환원되기를 기다리는 시기라 할 수 있다. 계수의 시기는 음으로 둘러싸인듯하지만 양의 기운이 보이는 시기이기도 하다. 그러나 양(陽)의 기운이 깊숙이 감추어져 드러나지 않으니 그 본성을 파악하기 어렵다.

극(極)을 이루면 다시 극을 향해 나아가는 법이다. 극과 극은 통하는 법이다. 지나치게 차가운 것은 지나치게 뜨거운 것을 부르는 것이다. 음(陰)이 극에 이르렀으므로 다시 양(陽)으로 환원되고자 한다. 이미 깊숙한 곳에서는 양의 씨가 태동되어 자라나기를 기다리는 것이다. 이로써 음은 극에 달하였다.

계수는 씨이다. 계수는 미래를 위한 종자이다. 종자가 없다면 미래를 예측할 수도 없고 만들어갈 수도 없다. 계수는 올바른 종자를 보호하는 기간이다. 갑(甲)으로부터 시작되어 모든 과정을 거쳐 축적된 경험과 노하우를 가공하여 종자를 새롭게 만들었으니 그 지혜(智慧)를 감당하기 어렵다. 따라서 계해는 지혜가 넘친다.

4. 오행적(五行的) 관점

계수는 차가운 물이다. 지나치게 차가우면 모든 것을 얼리기 마련이어서 종자(種字)를 키우거나 보호하기 힘들다. 계수는 생육(生育)의 기운이지만 차가운 기운이 강하여 피해를 주는 경우가 더욱 많다. 계수(癸水)는 비겁(比劫)의 도움을 받으면 튼튼해지고 힘이 강해지기는 하지만 이는 목(木)을 죽이는 행위에 불과하고 땅을 얼리는 행위에 불과하다. 따라서 스스로 원하지 않던 피해를 입게 되기 쉬우니 차라리 비겁이나 인성(印性)이 오지 않는 것이 좋을 것이다. 계수는 차라리 신약(身弱)하더라도 생(生)을 굳이 원치 않는다. 따라서 금이나 수의 도움이 그다지 달갑지 않은 것이다. 신약(身弱)한 중에 경금(庚金)의 사용은 오히려 계수(癸水)를 탁(濁)하게 만들기 쉬우니 이때는 오히려 신금(辛金)이 도움이 된다.

계수는 스스로 일어서기보다 타간(他干)의 도움을 절실하게 요구한다. 즉 타간(他干)에 의해 자신의 성향(性向)을 드러내게 되므로 계수(癸水) 일간의 경우는 어떤 오행(五行)이 투간(透干)했는지를 먼저 살펴야 한다. 따라서 계수는 눈치를 보는 능력이 좋은데 이를 두고 감(感)이 뛰어난 성분으로 표출된다.

5. 계절적(季節的) 관점

1) 춘절(春節)

수기(水氣)는 목(木)을 대상(對象)으로 삼는다. 계수는 임수와 같이 수기를 표방하니 그 쓰임이나 성정은 전혀 다르다. 계수는 수기이기에 목을 기르는 역량이 있다. 그러나 혼자의 힘으로는 육성의 역할이 미약하므로 투간에 병화(丙火)가 드러나야 한다. 병화의 작용이 간(干)으로 이루어지면 성장과 육성의 대상되는 목(木)의 쓰임이 돋보이게 된다.

계수는 투간의 대상에 대해 명쾌함이 요구된다. 토(土)와 목(木)이 같이 투간(透干) 되면 육성하고 투자해야 할 대상이 통일(統一)되지 않는 격이다. 즉 내면적으로 갈등의 구조를 갖게 된다.

2) 하절(夏節)

지나치게 자란 나무는 가지치기가 필요하다. 하절의 나무는 병화(丙火)의 지원을 받아 무럭무럭 자라고 수기로 무성하게 이루어진다. 나무가 자라기 위해 금(金)의 수원(水源)이 필요하나 지나치게 금(金)이 왕(旺)해지면 가지치기가 심해져 목이 자라는 것을 저해할 가능성이 높아진다. 자연히 금이 지나치게 강해지는 것을 원하지 않는다.

하절의 계수는 지나치면 뿌리를 썩게 만드는 작용을 한다. 따사로운 열기와 빛으로 중화(中和)시키고 말려주어야 한다. 따라서 정화(丁火)의 투간을 매우 두려워하나 병화(丙火)의 작용은 매우 유용(有用)하다. 그러나 병화라 할지라도 지나치게 투간되면 수기가 증발되고 잎이 마르기도 한다. 따라서 화기(火氣)는 지지(地支)로 조절하는 것이 좋다.

3) 추절(秋節)

계수는 차갑고도 냉정하다. 가을은 금(金)이 왕(旺)한 시기(時期)가 되니 수(水)의 고(庫)라. 수는 초목(草木)을 키우고 씨앗을 자리 잡게 하는 성정이지만 지나치게 많으면 언제 탁수(濁水)가 될지 모른다. 특히 첩신(貼身)을 이루면 탁하기가 말로 형언할 수 없다.

추절에 계수의 기운이 강하면 화(火)의 작용이 목(木)을 적극적으로 보호해야 한다. 목을 살려놓아야 수(水)의 흐름을 유지하여 명(命)을 맑게 만들 수 있다.

4) 동절(冬節)

절기적으로 수(水)가 왕(旺)한 시기이다. 차갑고 추우며 얼음이 핀다. 지나치게 강한 시기이니 본신(本身)이 대상(對象)을 찾지 않는다. 문제는 지나치게 차갑고 물이 과다(過多)하면 넘쳐 모든 세상을 빙판(氷板)으로 만든다는 것이니 이를 제극(制剋)할 필요가 있다. 계수의 제극은 목과 토의 역할이다.

계절적으로 수기가 강하니 목(木)으로 물을 분산시키고 뽑아 올려 약화시키고 흐름을 만들거나 토(土)로 제방을 막아 제수(制水)하는 것이 이롭다. 그러나 먼저 병화(丙火)의 작용으로 한기(寒氣)를 풀어야 명(命)의 사용처가 생긴다. 병화가 존재하지 않아 얼어버린 물을 녹이지 않는다면 얼어버린 땅도 녹지 않고 자연히 물을 막기도 어렵고 한기가 미치는 역량은 나무에 병을 준다.

6. 희기(喜忌)

수기의 목적은 나무를 기르는 것이다. 그 나무가 갑목(甲木)일 수도 있고 을목(乙木)일 수도 있다. 기른다는 것은 혼자되는 일이 아니고 반드시 화기(火氣)의 지원을 필요로 한다. 또한 갑목을 키우는가, 혹은 을목을 키우는가의 결과는 상상 이상으로 달라진다.

계수(癸水)가 갑(甲), 을목(乙木)을 보면 기르는 공(功)이 있고 무토(戊土)를 보면 무계합(戊癸合)이라고 부르듯 정을 주고받느라 정신이 팔리고 사회적으로나 일을 함으로써 인정받기 어렵다. 또한 병화(丙火)를 보면 기화(氣化)되어 능력을 발휘하기 어려운데 이는 뜨거운 햇살이 물을 증발시키는 것이나 다름없다. 아울러 임수(壬水)를 보면 본성을 잃기 쉽다. 따라서 병화와 임수의 첩신(貼身)이 두렵다.

계수는 흐르는 성분이고 증발하거나 하늘에서 비가 되어 내려오는 성분이다. 따라서 오르고 내리고 멈추다 흐르고 잠시도 쉬지 않고 움직이는 성분이라 어떤 형태인지 파악하여야 한다. 즉 신강(身强) 신약(身弱)의 구분보다 계수가 어디에 머무르고 어디로 흐르는지 파악하는 것이 무엇보다 중요하다.

7. 상(象)

물, 냇물, 생수(生水), 샘물, 정자(精子), 온천, 용천수, 간헐천, 현기(賢氣), 오줌, 눈물, 생식기(生殖器), 콧물, 땀, 용출수, 봇도랑, 논물, 석간수(石間水), 6, 현무, 북방(北方), 흑색(黑色), 중남, 러시아, 우로(雨露), 안개, 결로, 장마, 봄비, 가을비, 천(泉), 세숫물, 경찰(警

察), 자리끼, 오락(誤落), 분수(噴水), 강, 수도(水道), 연못, 소(沼), 도학(道學), 연지(蓮池), 지당(池塘), 정신(精神), 하천, 수로, 스프링클러, 수관(水管), 소방관, 지혜(智慧), 회색, 저녁, 어둠, 겨울, 씨앗, 저울, 응결, 응고, 수문장, 척후병, 정보, 수증기, 소프트웨어, 김, 참모, 신장, 귀(耳).

8. 천간(天干)과의 관계

1) 癸 + 甲 : 물이 나무의 수관을 타고 오르니 자신을 드러내는 대상으로 유용하다. 나무를 타고 오른 물은 잎사귀에 이슬로 맺힌다. 병화(丙火)가 적당한 위치에서 있어야 한다.

2) 癸 + 乙 : 물은 풀을 자라게 한다. 기르는 공덕이 있으니 유정한 관계를 이룬다. 병화가 있어야 꽃을 피우고 열매를 맺을 수 있기 때문에 병화가 있어야만 재능을 인정받는다.

3) 癸 + 丙 : 계수의 대상인 목의 성장에 적극적인 도움이 되니 유익하다 할 수 있으나 본신에 직접적인 작용은 피해로 드러난다. 목(木)이 없으면 병화의 의미가 없다.

4) 癸 + 丁 : 정화는 계수에게 재물이지만 물을 끄는 격이다. 재(財)를 얻기보다 오히려 몸을 아프게 하고 궁핍해지기 쉽다. 하절(夏節)의 정화는 물이 끓어 증발시키니 계수에 치명적이기 쉽다.

5) 癸 + 戊 : 합(合)을 이룬다. 정(情)을 주나 돌아오는

것이 없다. 파격적인 결합이 되기 쉽다. 결합을 한다 해도 아픔이 남는다. 좋은 사랑의 결과는 아니다.

6) 癸 + 己 : 마른 땅에 물을 주는 격이다. 만물(萬物)을 기르기 좋은 조건이 되나 목화(木火)가 있어야 가치가 드러난다. 따라서 을목이나 갑목이 투간되고 병화가 있어야 한다.

7) 癸 + 庚 : 금이 물을 불렀다. 탁수(濁水)가 되기 쉽다. 지나치면 인성(印性)이 본신을 병들게 한다. 인성(印星)에 의한 피해를 조심해야 한다.

8) 癸 + 辛 : 신금은 계수(癸水)의 배경으로 힘이 되나 때로 지나치게 강하면 잠기기도 하고 지나치면 넘치기도 하니 변화를 종잡을 수 없다. 숫자가 문제가 된다.

9) 癸 + 壬 : 큰물에 범람을 당한 격이라 계수의 본성을 잃는다. 격정적인 면이 나타난다.

10) 癸 + 癸 : 비가 억수같이 오는 격이다. 장마에 태양을 보기 어렵다. 무토(戊土)가 있어야 제방을 쌓아 넘치는 것을 막을 수 있으니 반드시 무토가 있어야 한다.

9. 계수(癸水)의 통변(通辯)

계수는 십간(十干)의 마지막으로 생사(生死)가 교차하는 시기이다. 계수가 돌아와야 씨앗이 싹을 틔울 준비를 하는 것이니 생명의 근원이지만 이전에는 이미 씨앗이 얼어 죽음의 고비이다. 그러므로 죽음, 눈물, 어둠 등을 나타내면서도 동시에 새로운 꿈, 무언가를 기르려는 시기가 되기도 한다.

아울러 계수는 여자의 월경을 의미하기도 한다. 여자는 월경을 지나야 잉태(孕胎)를 할 수 있다. 월경을 하지 않는 여자는 임신을 하지 못한다. 계수는 만물을 자라게 하는 물이다. 대상이 있다면 자라게 할 수 있다. 갑병(甲丙)이 있어야 자라는 대상을 찾고 키울 수 있다. 병(丙)이 있어야 어둠에서도 희망을 꿈꿀 수 있으며 목(木)이 없으면 아무런 결실이 없다. 신약(身弱)하면 경금(庚金)보다 신금(辛金)을 유용하게 쓴다.

즉, 계수는 식물이 자라 무성하게 할 수 있으며 이토록 자랄 수 있도록 생명수 역할에 충실해야 하며 불이 나면 불을 끄고, 더위를 식혀주는 소나기의 역할을 하도록 하니 그 역할이 다양하다. 계수는 찬 물이라 몸이 차고 습한 성정을 지닌다. 따라서 따스한 병화를 만나 몸을 데워야 하고 초목을 배양하는데도 병화가 필요하다.

계수는 십간(十干)의 마지막으로 생로병사(生老病死)의 긴 흐름 속에서 생사(生死)가 교차하는 시기이다. 표면적으로 계수는 전 과정의 마지막으로 죽음의 시기이다. 그러므로 표면적으로 죽음, 눈물, 어둠 등을 나타내도록 인식된다. 그러나 모든 자연과 우주만물(宇宙萬物)은 변화와 생동 속에 돌고 도는 고리가 형성된다.

죽으면 사는 것이고, 끝은 새로운 시작이다. 넘어지면 일어서는 것이고 차가우면 뜨거움의 시작이 있다. 따라서 계수는 암울한 결과 속에 새롭게 피어나는 희망의 의미를 가지고 있다. 따라서 소멸(消滅)이라는 대전제 아래 있는 계수이지만 동시에 새로운 꿈, 무언가를 기르려는 시기가 되기도 한다.

새로운 것을 기른다는 것은 새로운 조건이 있어야 한다. 기른다는 것은 나무를 의미한다. 기른다는 것은 풀을 의미한다. 초목을 기르고자 하면 물과 햇볕이 있어야 한다. 따라서 갑병(甲丙)이 있어야만 한다. 기를 대상과 기름에 필요한 빛을 가지고 있어야 어둠에서도 희망을 꿈꿀 수 있다. 신약(身弱)하면 수기(水氣)를 보충해야 하는데 임수나 계수로 바로 보충하면 세상이 얼어붙는 것이고 넘치기 십상이라. 금(金)을 불러 수기를 지원하는 것이 이상적이다. 이 경우에는 경금(庚金)보다 신금(辛金)을 유용하게 된다.

인묘진(寅卯辰)월은 온 세상이 활기로 가득하고 자라고자 하는 힘이 넘쳐난다. 계수는 봄에 꽃밭에 물을 주는 형상으로 성장의 기운을 듬뿍 뿌려주는 격이니 남녀 모두 인물이 뛰어나며 부지런하고 영리하다. 춘절의 계수에게 갑목(甲木)이 없으면 기르는 기운이 약하고 의미가 약해진다. 큰 기둥을 키울 여력이 애초부터 없다. 그러나 자람의 기능이고 새싹이 트는 계절이니 시작은 반복된다. 매사가 그럴듯 시작은 화려하고 진행도 그럴 듯하나 항시 마무리가 부실하다. 이를 두고 유시무종(有始無終)이고 용두사미(龍頭蛇尾)라 한다. 계수는 초목을 기르는데 제약이 많다. 무토(戊土)는 빛을 가리는 격이니 천간(天干)에 나오지 않아야 한다. 무토(戊土)가 천간에 나오면 계수는 본분 (本分)을 잃고 합(合)을 하려하니 나무를 키우기 보다는 외정(外情)에 빠진다. 기토(己土)는 갑목(甲木)을 합거 (合去)하므로 자라고 키우기보다 다른 곳에 정신이 팔린 다. 자연히 무기토(戊己土)가 나오는 것은 천덕꾸러기가 된다.

사오미(巳午未)월은 뜨거운 계절이라 차가운 물이 필요 하다. 시원한 물이야말로 이 시기에는 바라던 바다. 그래 서인지 어디를 가든지 인기가 많고 누구에게나 환영을 받 는다. 한여름의 수기(水氣)는 자연히 신약(身弱)하므로 버티기 위해서는 창고가 필요하다. 따라서 신금(辛金)으 로 수원(水源)을 이루어야 하며 수기를 말려버리는 병화 (丙火)는 떨어져야 한다. 겁재(劫財) 임수(壬水)는 물을 보충해 주어 열기를 식히고 나무에 물을 주는 격이니 약간 의 쓰임이 있으나 절대적으로 도움이 되지는 않는다. 아울 러 정화(丁火)는 열기를 피워 오히려 나무를 말리니 절대 로 쓰지 못한다. 수기의 흐름을 막으니 무토(戊土)가 나오 지 말아야 하며 아울러 무토는 계수와 합하여 딴 짓을 하고 만다. 따라서 나무를 키우는 일은 등한시한다. 무토(戊土) 가 나오면 싫어할 일이 아니고, 싫어할 수도 없지만 싫어 도 이별하기 어려우니 딴 짓을 하느라 허송세월이다. 기토 (己土)가 나오면 흙탕물이 되고 말 뿐이니 선조(先祖)의 공덕(功德)이 없다. 여름에 태어난 계수(癸水)의 여명(女 命)은 남편과 자식 때문에 고생하는데 무토(戊土)와 목

(木)이 투간되어 여름 계수(癸水)를 더욱 신약(身弱)하게 하기 때문이다. 그렇다고 목이 투간되지 않으면 계수는 존재의 의미가 없다. 계수일간이 화가 융성한 계절에 정화(丁火)가 투간(透干)되어 있으면 단명(短命)하기 쉬운데 금(金)이 있으면 그럭저럭 괜찮다.

신유술(申酉戌)월은 차가운 계절이라 계수도 지나치게 차갑다. 갑병(甲丙)이 투간되어 있으면 열매가 씨를 맺어 태양을 받아 익는 격이니 부(富)를 이룰 수 있으나 갑목이나 병화가 없으면 애초부터 결실이 없는 격으로 거둘 것이 없으니 천하에 무위도식(無爲徒食)하는 명(命)이 되기 쉽다. 술(戌)월도 갑병(甲丙)을 쓰는데 수기를 막는 흐름이 있으니 경신(庚申)으로 계수를 도와 생신(生身)하고 임계(壬癸) 수가 있어도 길하다. 역시 무토(戊土)가 나오면 높이 솟아 태양 앞에 서서 빛을 가리니 갑(甲)으로 제거하고 금(金)으로 도와야 한다.

해자축(亥子丑)월의 계수(癸水)는 수기가 차가운 계절을 만나 얼어붙는 경우에 해당하거나 지나치게 한습(寒濕)한 경우에 해당한다. 종자를 살려야 하고 수기를 제극해야 하므로 화토(火土)를 써야 한다. 얼어붙는 차가운 계절이니 녹이고 보살펴야 하는데 이에 병화(丙火)로 조후(調喉)를 유지하고 지지(地支)에 통근함이 중요하다. 겨울 계수(癸水)는 눈보라가 날릴 때 태어나니 어떠한 명식이 온다고 해도 어려운 현실을 벗어나기 어렵다. 천간(天干)에 화(火)가 없으면 태양이 없어 어두운 세상이니 집안을 망치고 가는 곳마다 외면당하게 된다. 봄여름 생(生)인 계수도 차가운 성정이 받침되는 금수운(金水運)으로 흐르면 성정(性情)이 고르지 못하다. 계수(癸水)가 을목(乙木)이 투간(透干)하면 얼굴이 곱다. 그러나 고운 값을 한다는 것 또한 운명이다.

1) 무토를 보면 외롭다. 무토가 있는 계수는 바위산에서 흐르는 물이라 청정하기는 하지만 봐주는 이 없는 폭포처럼 만사가 고독하다.

2) 무토가 오면 무계합(戊癸合)을 이루니 자신의 일을 망각하고 이성에 정신이 팔린다. 육체적인 애정행각이 지나치면 두렵다.

3) 기토가 오면 흙탕물이 되는데 분주하기만 하고 덕이 없으니 속빈 강정이라 말할 수 있다.

4) 계수는 갑목과 병화가 중요하니 결실을 이루어 재물이 따르는 운명이다. 그러나 계수가 연이어 오면 목의 뿌리가 썩는데, 계수가 오지 않고 진토(辰土)가 오면 재물이 쌓이는 격이다.

5) 갑목이나 병화 중 하나만 있어도 결실은 있으니 중간은 한다.

6) 갑목이 오면 결실이 좋으나 대신 을목이 오면 재목으로는 쓰이지 못하지만 예술가(藝術家) 기질이 있고 연예인도 좋다. 단 진토(辰土)가 없다면 잘 자라지 못한다.

7) 갑목이나 을목이 있어도 병화가 없으면 빈 쭉정이가 많아 결실이 알차지 못하다.

8) 경금이나 신금이 오면 갑목이나 을목이 있어도 서리를 맞은 격이고 밑동이 잘린 격이라 되는 일이 없어 한숨만 나온다.

9) 계수가 연이어 와 병립되어 계수가 2개이면 경쟁심이 강하고 매사 장애가 일어난다. 그러나 예술적 감각은 뛰어나니 예술, 연예, 문화, 방송 계통으로 진출하면 두각을 나타내기에 인기직종으로 진출하는 것이 좋다.

10) 계수가 연이어 월일시에 나와 3개가 나란히 서면 정치, 예술, 방송, 사람이 모이는 곳으로 진출하여 두각을 나타낼 수 있다.

2부.

지지론

2부. 지지론(地支論)

　지지(地支)는 천간(天干)과 한 쌍을 이루어 간지(干支)를 형성한다. 천간이 10개로 이루어져 있다면 지지는 12개로 이루어져 있다. 이 10개의 천간과 12개의 지지가 만나 60갑자를 이루는 것이다. 천간이 생각과 사상적인 분담이라면 지지는 행동적인 분담이라고 할 수 있다.

　지지는 자축인묘진사오미신유술해(子丑寅卯辰巳午未申酉戌亥)의 열두 가지 지지에 의해서 이루어져 있다. 이는 일반적으로 인식하고 있는 12개의 띠와 같다. 아울러 12개의 동물을 대비하고 있다. 그러나 단순하게 띠만을 의미하는 것은 아니며 시간이나 절기, 달(月)까지도 이 지지에 맞추어져 있다.

　십간과 서로 짝 맞춘 것을 간지라 하며, 이 경우 상부의 글자는 천간이라 하며 아래에 자리한 것을 지지라 한다. 대체로 지지는 질적(質的)인 의미를 가지며 생각, 사상의 의미를 가진다. 지지는 천간의 기적(氣的)인 것과 대조적인 성질을 가지니 행동적인 것이며 결과적인 것이다.

　지지를 판단할 때는 다양한 요소를 대비하여 파악한다. 단순히 띠가 지니는 성질만을 대비하지는 않는다. 각각의 글자는 다양한 의미를 내포하니 방향, 띠, 색, 음양, 계절, 시간 등이 그것이다. 방위적으로는 동서남북 및 중앙을 관장하고 계절적으로는 춘하추동을 나타내며 각각의 지지는 음양오행에 배속이 되어 있다. 각각의 글자가 음양으로 나뉘고 오행을 지니며 가리키는 방향이 있고 4계절의 하나에 배속된다. 1월에서 12월에 이르는 매월의 호칭이며 간지와 지지는 각각 교차되어 양은 양끼리, 음은 음끼리 호흡을 맞추어 60쌍이나 되니 이를 60갑자라 칭한다.

천간과 지지가 모여 사주를 구성한다. 사주는 년주(年柱), 월주(月柱), 일주(日柱), 시주(時柱)라 불리는 4가지의 기둥을 이야기 한다. 이중 하부를 맡고 있는 4글자를 각기 년지(年支), 월지(月支), 일지(日支), 시지(時支)라 한다. 어떤 기둥에 있다 하여도 지지가 의미하는 것은 지(地), 질(質), 지(地), 음(陰), 암(暗), 처(妻), 모(母), 녀(女), 내(內), 중(重) 등이 있다. 달리 추명학(追命學)이라고도 불리는 사주학(四柱學)은 생년(生年), 생월(生月), 생일(生月), 생시(生時)를 바탕으로 천간과 지지를 찾아 배치하는 4개의 간지에 의해서 성립이 되어 있으며 지지는 행동과 상황의 변화를 주도하는 것으로 대단히 중요한 의미를 가지고 있다.

만물은 천간의 기(氣)를 받고 지지 중에서 생(生)하여 생육(生育)의 과정을 되풀이하고 있는데 사주의 지지 중에서 생한 장간(藏干)을 인원(人元)이라 하며, 자신의 운명의 추기(樞機)를 장악하고 있는 것으로 본다. 즉 지지는 단순하게 지지 자체로만 움직이거나 생하는 것이 아니라 지장간(地藏干)이라고 불리는 천간의 기운을 내포하고 있어 이 지장간의 작용에 따라 무쌍한 변화가 일어난다.

또 지지는 천간이 지니고 있는 역량의 향배에도 중요한 역할을 수행하고 있는데 그것은 천간의 기가 어디에 바탕을 두고 있는가를 따져야 하는 것이다. 근(根)이 있다거나 근이 없다고 하는 것은 모두 지지에 맞추어본 기세의 후(厚)하고 박(博)함을 말하는 것이다. 천간에 있는 기운이라 하여도 지지에 뿌리를 두지 않으면 이는 사상누각(砂上樓閣)과 같다. 지지에 뿌리를 두어야 천간의 힘은 증대되고 가볍지 않다. 천간은 가볍고 지지는 무겁고 천간은 배반하기 쉽고 지지는 배반하기 어렵다고도 본다.

천간은 하늘의 기(气)이며 상징성이니 지지(地支)에 작용하는 면에서 행동적이라고 볼 수는 없는 일이다. 천간(天干)은 행동적인 면이 강한 지지(地支)의 작용적 측면에 비하여 대단히 기화적(氣化的)인 요소로 볼 수 있는 데, 달리 줄여 말하면 기적(氣的)의 작용으로 볼 수 있으며 행동적인 측면이나 육체적인 측면 보다는 정신적(精神的)인 면에 강하게 작용하게 된다.

천간과 지지의 작용이 다르다. 천간은 정신적이고 지지는 육체적이다. 지지(地支)는 길흉(吉凶) 부분에서 작용력이 크게 나타나게 되는 것이니 행동적이고 변화적인 것은 지지에서 크게 작용하는 것이다. 지지는 방위적(方位的)이며 행동적이다.

1장

자수론
(子水論)

1장. 자수론(子水論)

1. 지장간 : 壬10, 癸20(地支藏干 : 癸)

2. 자의(字意)

　자수(子水)는 아들이라는 의미, 12지지 중의 첫째 지지, 자식, 남자, 쥐, 어리다와 같은 다양한 의미를 지니고 있다. 양(陽)을 표방하면서 자(子)는 씨앗을 의미하는데 한겨울의 씨앗이니 봄을 희구한다. 사람들이 아들을 이야기할 때 자식(子息)이라는 말처럼 자(子)자를 붙이는 것은 대를 이을 사람, 씨의 대물림이라는 의미를 내포하고 있다.

　자(子)는 시작의 의미와 처음의 뜻을 내포하고 있다. 자시(子時)는 천기가 동(動)하는 시간이다. 갑골문의 자(子)는 머리가 큰 어린이가 손을 뻗어 자신을 안아달라고 하는 모양을 형상화 한 상형문자이다. 자(子)자는 사람이 두 팔을 벌린 모습이다. 갑골문의 아들 자(子)자의 윗부분은 머리를 형상화하고 있는데 어른과 비교해보면 지나치게 머리가 큰 모습이다. 실제로 아이를 어른과 비교해보면 어른은 6등신 이상 8등신에 이르지만 아이는 삼등신의 비율이 있을 정도로 머리가 크다. 아이는 신체에서 머리가 차지하는 비중이 크기 때문에 아이의 머리를 두드러지게 만든 특징이 있다. 아래 부분은 신체를 형상화 한 것으로 두 팔을 펼치고 있는 아이의 몸을 나타낸다.

　고전의 내용을 살펴보면 ≪설문≫에서는 "11월에 양기

(陽氣)가 움직여 만물을 자양한다"라 풀었고 ≪사기, 석명≫에서는 "만물이 땅 속에서 자란다는 뜻이다.", ≪한서≫에서는 "자(子)에서 맹아(萌芽)가 자란다."로 풀었다. 한결같이 자(子)는 씨앗이며 양기를 받아들여 눈을 틔워 자란다는 의미를 지닌다. 씨앗에서 싹이나 자란다는 의미는 이 글자의 속성(屬性)이며 생명을 잉태하고 있음을 보여주는 것이다.

아들 자, 첫째지지 자, 작위 자, 알 자, 열매 자, 씨 자, 경칭 자, 당신 자, 어르신 자, 임자 자, 자네 자, 벼슬 이름 자, 칠 자, 기를 자, 쥐 자, 어조사 자와 같은 다양한 의미에 사용하는 글자이며 어린아이의 모양을 가지고 만들어낸 상형문자이다. 자네, 선생이란 의미도 있는데 아들이라는 의미가 가장 많이 쓰인다. 음력 11월을 나타내고 있는데 대체적으로 양력으로는 12월에 해당한다. 양기가 서서히 동하는 시기이고 차가운 기운이 뼈 속으로 파고드는 깊은 겨울이다.

다양한 숙어로 사용하는데 자식(子息), 갑자(甲子), 자녀(子女), 자녀(恣女), 공자(公子), 공자(孔子), 맹자(孟子), 노자(老子)와 같은 존칭의 의미로 많이 사용된다. 종자(種子)와 같이 대를 이을 수 있는 씨의 존재로도 파악한다. 자(子)는 예부터 종자의 의미가 있는데 ≪설문≫에는 "一月陽氣動 萬物滋人 以爲偁形象 李陽冰曰 子在繦褓中 足倂也 卽里切子"라 하였으니 그 의미를 알겠다.

3. 음양적(陰陽的) 관점

해자축(亥子丑)은 겨울철을 말해주는 절기이다. 달력에서 달을 살피기 위해 해자축월을 찾으면 겨울철을 나타내고 있음을 볼 수 있다. 차가움은 음기이다. 한겨울은 음기기 충만한 계절이다. 음기가 가득 머무는 계절이고 음기가 극에 달하는 어두운 시간이다. 이 극음지기(極陰之氣) 속에 씨앗은 얼음으로 화해 웅크리고 봄이 오기를 기다린다. 겉으로는 추위와 한파(寒波), 눈, 어름, 빙판 등과 같은 단어로 보이듯 차가운 기운이 가득하지만 따스한 기운을 불러들이는 힘이 있다. 즉 극음지기에서 양의 기운이 시작되는 곳이 된다. 양이 오면 몸을 펴 태동(胎動)하니 맹아(萌芽)가 자란다는 것이다.

4. 계절적(季節的) 관점

일반적으로 구정(舊正)이 1월이라는 생각으로 한 해의 시작은 1월이라 생각하기 쉽다. 그러나 입춘(立春)이 들어 있는 달이 새로운 해의 시작이다. 즉, 입춘이 있고서야 춘절(春節)이 시작되는 것이다. 입춘이야말로 새로운 해의 시작이다.

자월(子月)은 11월의 대설(大雪)이 절입일(節入日)로 겨울의 중심이 되는 때이다. 아직 차가운 기운이 머무는 시기이다. 봄이 되어야 새로운 해가 시작되는 것이니 아직 새로운 한해가 시작되기 전의 시기이다. 즉 새로운 한해가 되고 절기가 이르러 싹을 틔우는데 자월(子月)은 그 이전이므로 아직은 웅크리고 있는 상태이다.

봄이 되어 양광이 비추어져야 모든 초목이 싹을 틔우니 자월은 한기(寒氣)가 넘치고 꽁꽁 얼어 있는 계절이므로 아직은 씨앗의 상태이며 발아(發芽)하지 않은 시기이다. 계절적으로 차가운 바람이 불고 얼음이 얼어있는 한겨울이므로 만물이 휴식기에 들어 기운이 안으로 갈무리되고 응축되는 시기다. 음양의 조화에서는 동지(冬至)가 지나고 10일이 지난 후에 일양(一陽)이 시작된다.

5. 오행적(五行的) 관점

자(子)는 수(水)이다. 수의 정점이라 할 수 있다. 보통의 경우 수(水)는 에너지의 근원이고 생명의 근원이다. 자수는 응축된 순수한 물로 꽁꽁 얼어있는 물이고 모든 것을 응축시키는 차가운 물이니 생명의 에너지라 하더라도 생명을 키우거나 깨울 수는 없다. 따라서 수생목(水生木)의 작용이 떨어지기 때문에 생명 에너지의 왕성함과는 거리가 멀다. 그러나 화기(火氣)를 제어하는 수극화(水剋火)의 작용력이 크다.

자수(子水)는 신금(申金)을 만나면 합(合)이 되어 자진합수(子辰合水)의 기능이 있어 수기(水氣)가 더욱 강해지고 자월에 축토(丑土)나 진토(辰土)를 보면 토극수(土剋水)의 작용보다 오히려 수기(水氣)가 강해진다. 이를 일러 신자진(申子辰) 삼합(三合)이라 한다. 진토는 토의 성분이라 물을 막는 역할을 하지만 자수(子水)와 합하면 물의 성질을 지닌다. 자수는 오화(午火)를 보면 수와 화의 기운이 충돌하게 되어 좋지 않고 대립하며 빙탄불상용(氷炭不相容)의 이치에 다다른다. 사화(巳火)는 모닥불처럼 살살 타올라 얼음을 녹이는 격이라 자수의 응결된 힘을 풀어 드디어는 흐르게 할 수 있다.

6. 상징

자수는 겉으로 보이는 냉기와 음기와는 달리 내부적으로 양기가 싹트고 있는 것을 의미한다. 고로 수의 기운은 인간의 생명력을 창조하는 근원이라. 따라서 자수는 인간에게는 배아(胚芽)와 같은 존재이다. 표면적으로 음의 기운이 가득하여 단단한 껍질로 싸인 듯 보이지만 양의 기운이 서서히 피어나려 꿈틀거리고 있다. 자수는 맑고 깨끗한 물이며 계곡물, 찬물, 얼음물, 고드름, 어름, 이슬, 땀, 씨앗을 상징한다.

자시(子時)는 23시 30분에서 1시 30분까지의 시간이며 자월(子月)은 음력 11월, 동지(冬至), 맛은 짠맛을 의미한다. 숫자는 6이고 색은 흑색, 정북 쪽을 지향한다. 신체 부위는 신장(腎臟), 요도(尿道), 음부(陰部), 항문(肛門), 생식기(生殖器)를 나타낸다. 동물은 쥐를 나타내는데, 쥐는 어둠속에서 움직이고 생식력(生殖力)이 강하며 예민하고 사람들의 음식을 축낸다.

7. 인간적 의미

　자(子)는 아이를 의미한다. 정자(精子)를 의미하고 난자(卵子)를 의미한다. 정자와 난자가 합쳐진 상태를 의미하기도 한다. 생식의 기운이고 생식의 씨앗이다. 성욕(性慾)을 나타내며 남자의 성기(性器)를 의미하기도 한다. 남자의 일지(日支)에 자(子)가 있으면 성욕이 지나치게 드러나며 성적 욕구가 많은 것으로 파악한다. 여자에게 적용할 때는 자궁(子宮)을 의미하며 여자의 성욕을 나타낸다. 모든 생명은 자수에서 시작한다. 자수가 없다면 생명이 잉태되지 못한다.

8. 성격

　1) 인정이 있으며 마음씨가 곱다.
　2) 성욕이 강하고 여성은 잉태를 잘 한다.
　3) 자식을 추스리는 모성애(母性愛)가 있고 부성애(父性愛)가 있다.
　4) 사교적이며 눈치가 빠르다.
　5) 조용한 성격에 스스로 고독을 즐긴다.
　6) 매사에 차분하고 침착하다.
　7) 자식을 많이 낳는다.
　8) 임신이 잘 되고 자식을 잘 낳는다.
　9) 매사 일처리에 냉철하고 인간적인 정이 적어 냉정하며 차가운 기질이 있다.

10) 맺고 끊는 성격이다.

11) 변화와 주변의 환경에 따라 변화가 심하고 가정에 기복이 있다.

12) 자수(子水)는 차갑고 수정처럼 맑은 물이니 깨끗함을 추구하고 청결함을 원한다.

13) 밤에 이동하는 쥐처럼 의심도 많고 비밀도 많다.

14) 작은 일에는 잘 놀라지만 큰 일이 벌어지면 대범하게 행동한다. 쥐도 구석에 몰리면 고양이를 무는 법이니 한계에 다다르면 대범해진다.

15) 명예를 추구한다.

16) 밖으로 드러내는 것을 좋아해 양성적으로 보인다.

17) 성격은 까다로운 편이라 남들 대하기에 불편하다.

18) 인덕(人德)이 부족하니 자식이 아무리 많아도 기대기 어렵다.

19) 차가운 물이라 수생목(水生木)이 어렵고 수극화(水剋火)는 으뜸이다.

20) 자수가 두 개 나오면 자자병존(子子竝存)이라 하고 인기를 먹고 사는 직업에 투신해야 길하다. 남에게 잘 베풀고 인간적으로 대해야 인기를 얻을 수 있다.

2장

축토론

(丑土論)

2장. 축토론(丑土論)

1. 지장간 : 癸9, 辛3, 己18(地支藏干 : 癸 辛 己)

2. 자의(字意)

꽁꽁 얽매인 상태를 의미하는 글자, 포박당하거나 꽁꽁 묶여있는 상태를 의미하며 음기가 가득했던 땅에 양기(陽氣)가 스며 들어와 지기(地氣)가 열리는 때이다. 소를 의미하는 십이간지의 하나로 사용되는 글자이다. 소는 밭을 가는데 반드시 필요한 동물이니 얼음이 풀리면 소를 이용해 밭을 간다. 10천간의 둘째 지지, 수갑(手匣)을 의미하는 글자이다. 용모(容貌)가 추하다라는 의미가 있다. 못생기다, 밉다, 못되다, 나쁘다, 미워하다, 부끄러워하다, 견주다의 의미가 있다.

고전에서의 내용을 살펴보면 ≪설문≫에서는 "얽어매다", "12월에 만물(萬物)이 움직이기 시작한다"라는 표현이 있으며 ≪사기≫에서는 "丑이란 묶인다는 뜻이다. 양(陽)이 위에서 아직 내려오지 않아 만물이 막혀 나오지 못한다"라는 의미로 풀었다. 축이란 손을 묶었다는 의미를 가진 문자이다. 아직 씨앗에서 싹이 나지 못했다는 의미로 쓰였다. 그래서 축토는 고(庫)라 한다. 재물의 창고이고 씨앗의 창고이며 활동성의 창고이고 변화의 창고이다.

≪한서≫에서는 "丑에서 싹이 막힌다"라고 기록했으며 ≪석명≫은 "막힌다. 한기(寒氣)가 저절로 얽힌다."라고

했으니 아직 땅이 풀리지 않고 차가운 기운이 머물러 있으니 싹을 틔우기 어려운 계절임을 드러내고 있다.

소의 상징으로 부지런하고 쉬지 않는 습성을 나타내기도 하고 둘째 지지로서 버금이라는 의미로 내포하고 있다. 자(子)가 으뜸이면 축(丑)은 버금이다. 아직 계절적으로 차가운 기운이 풀리지 않았고 얼음도 풀리지 않았으니 이는 습토(濕土)의 기운이다. 극단적으로는 빙토(氷土), 혹은 냉토(冷土)의 기운이다. 〈갑골문자〉에서는 손으로 웅크려 잡아 묶으려고 하는 모습을 본뜬 글자이다. 구속과 속박, 혹은 활동의 부자유스러움이 있다.

둘째지지 축, 수갑 축, 수갑 추, 손을 의미하는 彐(手, 扌) 글자에 곤(丨)을 더한 글자이다. 이는 손을 묶어 놓은 형상이다. 혹은 손의 중심으로 무언가 통과한 형태를 형상화 한 것이다. 달리 보면 손이 무언가를 잡은 형상이기도 하다. 음력으로는 12월이다. 12월의 추운 날이다. 손을 묶어 놓은 듯 농사일을 하지 못한다는 의미가 깃들여져 있다. 사람의 몸이 움츠러드는 날이다. 또 동물에 배속하여 소라고 하니 소가 쉴 수 있는 계절이기도 하다. 움츠러들다라는 의미의 축(縮)과 같은 의미가 있으며 소리도 같은 축이다.

축은 섣달이라고 하는 12월이다. ≪설문≫에 기록되기를 "紐也 十二月萬物動 用事 象手之形 時加丑 亦擧手時也 徐鍇曰 勅力切丑"이라 하여 12월임을 명확하게 하였다.

3. 음양적(陰陽的) 관점

음력 12월, 아직은 추운 계절이다. 계절이 바뀔 조짐이 보이는 시기이다. 그러나 하늘의 볕이 따스해진다고 해서 기온조차 따듯해 진 것은 아니다. 하늘의 양광(陽光)이 따스하지만 아직 냉기를 품은 바람은 차갑고 차가운 기운은 땅속에서 올라오니 얼음이 풀리지 않은 땅이다.

하늘의 기운이 따사로워도 땅속은 차가우니 사음이양(四陰二陽)이라 한다. 아직은 따스함보다 차가움이 많다. 생명의 움직임도 아직은 이른 것으로 아직 음기가 왕성한 시기로 양기가 밖으로 드러나지 않는 때다. 땅속의 모든 씨앗은 아직 깨어나지 않았다. 그러나 햇빛이 닿고 물이 닿으면 뿌리를 내고 싹이 터 자랄 준비가 되어 있으니 내부적으로 양기의 움직임이 활발하다. 씨앗의 내부에서는 이미 싹이 웅크리고 있다.

4. 계절적(季節的) 관점

봄이 오기 전의 계절인 축월(丑月)은 소한(小寒)이 절입일(節入日)로 온 세상이 꽁꽁 얼어붙는 자월(子月)의 한기(寒氣)가 내부적으로 누적되어 겉으로 드러나는 온화함이나 태양의 밝고 따스함과는 달리 체감으로 느끼는 가장 추운 시기가 된다.

축월이 되어야 목(木)의 기운이 태동을 하여 씨앗을 발아시킨다. 축월은 발아(發芽)의 기운이 느껴지며 두꺼운

껍질에 싸여 기회를 보는 시기이다. 씨앗은 겉만 풀리면 싹이 나지만 차가운 대지의 언 기운이 아직은 사라지지 않았다. 따라서 서둘러 싹을 틔우면 얼어 죽기에 기회를 노리는 시기이다.

축월은 음의 기온 속에서 양의 기운이 서서히 꿈틀거리는 시기이다. 차가운 기운은 씨앗에 더욱 압축을 가해 내부적으로의 반발력을 키움으로써 강하게 반응하여 발아하려는 힘을 키우는 때이다. 입절은 아니지만 24절기의 하나인 대한(大寒) 이후에는 금(金)과 토(土)가 강해지고 양기가 내부로부터 성장하여 수(水)의 기운을 목(木)으로 변화시켜주는 역할을 한다. 따라서 대한이 지나면 응축되었던 씨앗의 외피가 약해지고 반발력으로 싹이 꿈틀거리기 시작한다.

5. 오행적(五行的) 관점

축토는 얼어붙은 토이니 강하고 두껍다. 단단함이 모든 만물의 생동감을 저해한다. 차가운 기운에 씨앗이 눈을 틔우기에는 힘에 부친다. 그러나 내부적으로 양기가 움직이고 생동감을 가진 씨앗을 가지고 있어 곡식의 씨앗창고이다. 축토는 얼어있는 토로 한겨울을 상징하는 수기(水氣)를 만나면 더욱 응축되어 견고해지고 싹을 틔우기 어렵다. 축토가 화(火)를 보면 녹은 땅이 되어 풀어지는 해토(解土)가 되어 설기(洩氣)의 기능이 있어 화(火)의 기능을 상실하게 하기 쉬우나 토생금(土生金)의 역할은 뛰어나다.

따라서 축토가 자수(子水)를 보면 자축합(子丑合)하여 수토(水土)가 단단하게 응결된다. 지나치게 단단하여 깨기 어려운 결속력을 드러낸다. 토가 수를 막는 일반론이 이루어지지 않는다. 이는 남녀간의 경우에 확연하게 드러난다. 축월에 기토(己土) 사령(司令)이면 토극수(土剋水)의 작용도 눈여겨 관찰해야 한다.

축토가 미토(未土)를 보면 충(沖)을 하게 되는데 이를 축미충(丑未沖)이라 한다. 충(沖)이 일어나면 북방(方位)과 남방(南方)의 싸움이니 수극화(水剋火)가 된다. 축미충이 일어나면 축(丑) 중에 지장간의 수(水)와 미(未) 중의 정화(丁火)가 충돌하게 되니 이를 수화(水火)가 충돌했다고 보는 것이다. 아울러 축 중의 신금(辛金)과 미 중의 을목(乙木)은 을신충(乙申沖)이 되기는 하지만 충돌의 영향이 그다지 크지 않다.

6. 상징

축토는 굴복(屈伏)을 의미하기도 한다. 축(丑)자는 마치 무릎을 꿇은 모습으로 보이기도 한다. 지난 겨울을 이어온 한기(寒氣)가 지속되었지만 드디어 양기(陽氣)가 스며드는 계절이 다가오므로 스스로 양기의 힘에 굴복하기 시작하는 시기이다. 따라서 음이 가득찬 기운 속에서 피어난 양의 기운이 늘어나고 강해지기 시작하는 시작점이라고 할 수 있다. 이로써 생명의 원천인 종자(種子)가 기지개를 펴고 서서히 뿌리를 내리고 잎을 열어 자랄 수 있는 준비를 한다. 축토에서 씨앗이 양기를 받아야 다음 절기에 씨앗이 지표(地表)를 뚫고 성장할 수 있다.

　아직은 음이 강하지만 양의 기운이 힘을 얻는 시기이다. 따라서 음의 기운이 가득하지만 양의 기운이 씨앗에 스미는 시기이다. 얼은 땅, 빙판(氷板)을 의미하지만 씨앗을 보관하고 있고 창고의 의미가 대단히 강하다. 축은 고(庫)라, 축은 시간으로 01시 30분에서 03시 30분까지이고 축월은 음력 12월이다. 축월에 해당하는 절기는 대한이며 숫자는 10, 색은 황색, 황토색, 미색, 베이지색을 의미한다.

　축의 방향은 동북 쪽이다. 이를 달리 간방(艮方)이라 하기도 하는데 풍수지리(風水地理)의 방위 관념에서는 어린 아이를 의미하는 만큼 성장의 기운이 가장 강한 방향이다. 신체에 비유하면 배, 복부, 비장, 소화기를 의미하고 위장과도 관계가 있다. 동물은 소를 의미하는데 소띠가 그 실례이다. 소는 우직하고 고집이 센 동물이지만 믿음을 준다면 호랑이를 물리치고 주인을 구할 정도로 강하고 일편단심이며 충성심이 있다. 희생정신이 있으며 앞만 바라보고 걸어가는 동물로 일만 하는 동물로 인식되기도 하지만 강한 정신력도 갖고 있다. 단순하고 둔하며 지혜가 부족하기도 하다.

7. 인간적 의미

　축은 저장하는 곳이다. 저장하는 기능이다. 모으는 기능이다. 쌓아두는 기능이다. 인간의 구조에서 저장의 기능은 그다지 많지 않다. 그러나 쌓아둘 곳은 많다. 세월이 지나면 나이를 먹으며 뱃살이 나오는 것도 저장의 기능이다. 남성은 정자(精子)를 저장하고 있어야 하고 여자는 난자(卵子)와 아이를 뱃속에서 기르니 이 또한 저장의 기능이다. 따라서 여자는 저장이라는 측면에서 수정(受精)한 상태에서 배아(胚芽)를 자라게 하니 저장하였다가 아이를 육성하여 출생하는 기능이며, 아이에게는 인생의 시작이기도 하다. 따라서 여자는 일지(日支)에 축토를 깔면 재물의 보관과 저축을 잘하고 아이를 잘 낳고 양육도 잘한다.

8. 성격

1) 보수적이며 고집이 흔히 황소고집이라고 할 정도로 세다. 즉 고집불통이며 자신의 신념을 바꾸지 않지만 머리는 좋은 편이 아니어서 판단은 문제가 있을 수 있다.

2) 속을 잘 드러내지 않는다.

3) 명예욕이 강해 오로지 하나만을 보고 매진하는 성격이다.

4) 부지런한 듯 보이지만 느릴 때는 한 없이 여유를 갖게된다.

5) 서두르는 경우가 거의 없으며 차분하고 느릿하게 대응한다. 물고 늘어지는 성격이라 포기하지 않으며 때로 어려움을 혼자 극복하려 하므로 지나치게 시일이 많이 걸리는 경우가 있다.

6) 근면, 성실은 물론이고 노력을 하여 세월이 흐르면

성공한다.

7) 내성적이라 기분이나 감정을 밖으로 잘 표출하지 않는다.

8) 겉으로는 느리고 차분하지만 소가 콧김을 뿜어내듯 급한 면이 있다.

9) 적극성은 부족하여 타인이 압박하면 포기한다.

10) 협박에 약하고 지저분한 것을 싫어한다.

11) 인내심은 매우 강해 참기도 잘한다.

12) 꽁꽁 언 땅이라 나무가 뿌리 내리기 어렵다. 따라서 언 몸이라 장기 계통의 병이 많으며 특이 위장(胃腸)에는 좋지 않은 영향으로 나타난다.

13) 얼어있는 땅이며 습토이기에 토생금(土生金)은 문제없으나 토극수(土剋水)는 어렵다.

14) 축토는 겉으로 보아 땅이나 사실은 꽁꽁 언 땅이고 서릿발 같은 땅이라 수(水)의 성분이 많아 물을 막거나 물을 제어하지 못한다.

15) 축토는 금(金)을 생성하는 창고이다. 그러나 금은 축토에서 움직이지 못한다.

16) 습토인 축토 속에 금이 저장되어 있다.

17) 매사를 끈질기게 처리하니 반드시 결말이 있다. 처음에는 드러나지 않으나 시간이 지나면 결과가 드러난다.

18) 자꾸 캐물으면 입을 다무는 속성이 있다.

19) 비밀이 많다.

20) 학습 능력이 뛰어나다. 머리로 하는 공부가 아니고

노력으로 하는 공부다.

21) 축이 연속으로 와서 축이 두 개가 되면 축축해진 진흙땅과 같아 일이 안 풀린다. 실업자(失業者)가 되기 쉽고 몸이 아프다.

22) 고집이 세고 지배를 받기 싫어하지만 꼼꼼하고 차분하다.

3장

인목론
(寅木論)

3장. 인목론(寅木論)

1. 지장간 : 戊7, 丙7, 甲16(地支藏干 : 戊 丙 甲)

2. 자의(字意)

인목(寅木)은 봄이다. 날씨가 풀리는 계절이다. 얼음이 녹아 양기가 씨앗에서 싹을 틔우게 만든다. 추위가 서서히 물러나고 양기가 언 땅을 녹여 땅이 풀리니 이를 해토(解土)라 한다. 인(寅)이란 인(引)의 의미가 있으니 끌어당기며 움직여 나온다는 뜻이다. 잠자고 있던 모든 씨앗이 기지개를 펴고 두 팔을 벌리니 만물이 생성되기 시작하는 때이다. 축토에 얽매여 있는 상태를 끌어당겨 나온다는 뜻이며 사람이 활동을 시작하는 때이다.

고전에서의 인목에 대해 기술하기를, ≪설문≫에서는 "종지뼈를 의미한다"라는 말이 있고 달리 "정월(正月)에 양기가 움직여 땅속을 떠나 땅 위로 나오려 하지만 음이 아직 강하다. 머리에 도달하지 못하고 아래서 발목이 잡혀 있다"라고 하여 아직 양기가 피어나 마구 자라거나 마음대로 자라지 못하는 절기임을 나타내고 있다. 자라고자 하는 욕구는 충분하지만 풍성하게 자라기에는 시기가 아르다.

이 시기에 파종(播種)하면 설해(雪害)를 입기 쉬우므로 아직은 기회를 보아야 한다. 이 시기에 곡식을 심었다가는 얼어 죽는 경우도 있다. ≪사기≫에는 "만물이 지렁이처럼 꿈틀거리며 처음으로 생겨난다"고 했으니 천간의 을목(乙

木)과 같은 기운이다. 이제 서서히 얼은 땅을 밀고 올라올 것이다. ≪한서≫에는 "인(寅)에서 이끌려 도달한다"라고 했으니 인(引)의 성분임을 알겠다. ≪석명≫에는 "인(寅)은 당긴다. 생물을 끌어당긴다는 뜻이다"라고 했으니 땅속에서 싹을 당긴다는 의미로 보아도 타당하다. ≪회남자, 천문훈≫에서는 "인(寅)에서 만물이 꿈틀거린다. 움직여 나오는 모양이다"라고 기술하였는바, 역시 생명력이 드러나는 대목이라 하지 않을 수 없다.

인목(寅木)은 띠의 종류에서 의미하듯 짐승을 의미하는 뜻의 범(호랑이)을 나타내고 12자로 이루어진 지지의 3번째 지지이다. 방향은 동북(東北)을 가리키고 간(艮)과 겹치는 방향이다. 또한 동관(同官)이라고 표현하는데 이는 옛날 중국의 관료(官僚)들 사이에서 같은 관청에서 근무하는 같은 계급의 관료들을 호칭하는 말이었다고 한다. 〈갑골문자〉에서는 주술적 의미가 매운 강한 의미를 표방하는데 인(寅)이라는 글자도 그와 같은 뜻을 가지고 갑골문자에 표기된다. 갑골문은 사냥을 할 때 화살이 잃어버리지 않도록 화살 끝에 줄을 매단 모양을 본뜬 글자라 하니 아마도 황제나 왕이 사냥을 나갈 때 방향을 결정하거나 결과를 예측하는 주술적 의미로 사용하는 글자가 아니었나 생각해 볼 수 있다.

동방 인, 셋째지지 인, 공경할 인의 의미를 가지는 글자이다. 입춘(立春)을 입절로 삼아, 입춘이 지나면 본격적으로 봄이라 하여 만물이 생동하는 시기이다. 특히 입춘은 절기력(節氣曆)을 적용하여 새로운 해의 시작으로 본다. 즉 입춘이 지나는 시점이 새로운 해를 적용하는 기준이 되는 것이다. 그러나 양기가 동하기는 했으되 아직은 추운 계절이다. 양기가 피어오르기는 했어도 아직은 음기가 만만치 않다. 12간지를 동물에 배속하니 호랑이를 의미하고 옛글에 '사람은 인시(寅時)에 일어난다' 하였으니 옛날에는 지금과는 달리 더욱 부지런하였던 모양이다.

아직은 춥지만 양기가 생동하니 싹을 틔우는 계절이라 ≪설문≫에 이르기를 "髕也 正月陽氣動 去黃泉欲上出 陰尙彊 象宀不達髕 寅於下也 徐皆曰 髕斥之意 人陽气銳而出上閡宀 日所以擯之也 戈眞切寅"이라 하였으니 정월의 기운임을 알겠다.

3. 음양적(陰陽的) 관점

흔히 봄은 삼음삼양(三陰三陽)의 계절이라 말하거나 음기가 핀다고 말한다. 음기가 양기와 균형을 맞춘 듯 보이지만 사실은 음기가 양기에 밀려가는 것이다. 이는 주역에서 논하는 말이다.

주역의 64괘는 하나의 괘에 음양으로 이루어진 효(爻)를 배치하고 풀이하는데 모든 괘는 6개의 효로 이루어진다. 삼음삼양이라는 말은 음효(陰爻)가 3개이고 양효(陽爻)가 3개이니 음양의 조화가 3대3이라는 말이다. 표면적으로는 완벽하게 음양의 조화가 이루어진 격이다. 이러한 배치를 괘로 보아 천지태괘(地天泰卦)를 의미하는데 이 괘의 특징은 음양의 조화이다. 음과 양이 조화를 이루는 만물이 생장하고 그동안 얼음 속에 잠들어 있던 씨앗이 껍질을 걷고 새 싹을 틔워 내는 것으로 생명의 활동을 시작하는 때이다.

4. 계절적(季節的) 관점

인(寅)은 달로 인월(寅月)이다. 음력으로는 1월에 해당한다. 그러나 1월이라 해도 입춘이 지나야 인월이다. 한해의 시작은 구정(舊正)이 아니다. 신정(新正)도 아니다. 절기로 파악하여 한해의 시작은 인월이다. 인월은 대부분의 경우 음력 1월이 되는데, 조금 더 정확하게 말하자면 입춘이 시작되는 순간부터 인월이라고 한다. 크게 차이가 없는데 입춘은 대부분 그해의 양력 2월 4일 전후가 되는 것도 신기하다.

인월의 시작은 입춘부터이다. 입춘이 절입일이 되며 지장간(地藏干)에서 보이듯 각각의 달은 2개 혹은 3개의 기운으로 분할되어 있다. 즉, 지지의 글자 속에 천간이 2개 내지 3개가 배속되어 있다. 이를 지장간이라 부른다. 또한 인원(人元)이라고 부르기도 한다. 인월은 초기 7일간이 축월(丑月)의 여기(餘氣)가 사령(司令)하고 있는 기간이다. 다시 중기(中氣)의 7일간은 다음 계절에 해당하는 병화(丙火)가 사령하며 하순(下旬)에 이르면 본기(本紀)인 갑목(甲木)이 사령하게 된다.

각각의 절기는 표면적으로 나름의 오행을 지니고 있으

며 지장간에는 천간이 숨어 있는데 이 또한 각각의 천간은 음양과 오행을 지니고 있다. 지장간 속에 자리하고 있는 12간지의 글자가 가지는 의미도 절기를 무시할 수 없다. 표면적으로 드러나는 인월의 경우라 해도 우수(雨水)가 오기 전까지는 아직은 이른 봄이기에 지난 겨울의 기운을 무시할 수 없다. 따라서 인월은 목의 기운이지만 아직 수의 기운이 조금은 남아있다. 일러 초춘(初春)으로 한기가 남아있어 화(火)의 기운으로 한기(寒氣)를 풀어 주어야 한다. 우수가 지나간 이후에는 추위의 잔재가 물러나는 것이니 서서히 양기가 자라나 점차 양의 기운으로 강성해진다.

5. 오행적(五行的) 관점

인목(寅木)은 목(木)의 대명사이다. 목화토금수(木火土金水)의 오행에서 생명력을 지녀 자라는 것은 오로지 목(木)의 기운뿐이다. 이중 인목은 표면적으로 용도란 측면에서 인식하자면 강목(强木), 조목(操木), 눈목(嫩木), 사목(死木) 등으로 볼 수 있다. 그러나 형태적으로는 조금 더 많은 형상을 볼 수 있다. 천간의 갑목과 비슷한 형태의 기능성과 지시성, 그리고 같은 오행을 지니는 인목은 큰 나무를 지칭하고 있다. 숲을 이루는 우람한 나무이지만 잘린 나무이기도 하고 이 잘린 나무는 기둥과 대들보가 되기도 한다.

인목은 큰 나무이니 하늘의 양분을 받아야 하지만 잘 자라고자 한다면 물의 기운도 필요하다. 즉 수(水)의 기운을 잘 흡수하여야 높고 크게 자란다. 그러나 지나치게 많은 물에 노출되면 뿌리가 썩거나 뽑혀 둥둥 뜨니 안정감이 떨어지고 병이 있다. 목이 안정감을 가지고자 한다면 토(土)의 역할도 중요하다. 인목은 자라나 목재가 되고 따라서는 화목이 되니 목생화(木生火)의 작용력이 크다.

인월에 자라는 새싹은 아직 여리고 뿌리가 약하니 보호하고 아껴주어야 한다. 예리한 금속이나 서리를 만나면 목의 기운은 잘리고 거세당하니 삭초제근(削草制根)이 되어 자랄 수 없다. 즉 금(金)을 만나면 어린 나무인 유목(幼木)으로서는 잘리고 베어져 버티기 어려워 다치게 되므로 자연 금(金)이 두렵다. 인목이 화(火)를 보면 목의 기운이 화를 키우는 격이라 목화통명(木火通明)이라 하는데, 이는 화(火)의 기운을 상승시키기 위해 목을 사용하는 것을 말하는 것이다. 즉 목화통명을 이루면 목의 기운이 빼어나게 되는 것이며 병(丙)으로 꽃을 피운다.

목은 뿌리로 선다. 뿌리가 강하고 깊어야 안전하고 자존감이 서며 안정감이 생긴다. 쇠붙이나 바위에 서면 불안하다. 목질(木質)은 흙에 뿌리를 박아야 가장 안정감이 있다. 그렇다면 어떤 흙에 뿌리를 박는가? 지나치게 강한 흙에는 뿌리박기가 어려워진다. 따라서 뿌리 박기 쉬운 흙이 가장 좋다. 강하지 않은 토(土)를 보면 뿌리가 박기 쉬워지고 안정감이 생겨나 몸을 지탱하므로 튼튼해지는 공이 있다.

인월에 태어나면 물도 필요하고 태양도 필요하다. 봄철

에 고추모를 이전하여 심으면 뿌리의 활착(活捉)을 위해 물을 주어야 하고 뿌리가 내리면 태양이 있어야 잘 자랄 수 있는 이치와 같다. 화(火)가 없이 수(水)가 강하면 자라지 못하고 꽃을 피우지 못하고 뿌리가 썩을 뿐이니 목이 자라기 어렵다. 꽃이 피지 못하니 살아남아도 결실은 기대할 수 없다. 또한 수(水)가 없이 화(火)만 강하면 모종이 뿌리를 내리지 못하고 시들고 말라버리는 격이니 불에 타버려 분목(焚木)이 되기 쉽다.

인목이 신금(申金)을 보면 칼날이 되어 싹을 자르기 위해 들어오는 격이니 몸을 떨 일이고 인목과 신금의 방위를 보면 봄과 가을의 기운이 동서로 서로 마주보며 창을 찌르듯 다투게 되니 인중(寅中)의 지장간에 자리한 병화(丙火)와 신중(申中) 지장간의 임수(壬水)의 싸움은 차라리 가볍다고 할 수 있을 것이다. 인목이 오화(午火)를 보면 합하여 화(火)로 변하기 쉽다.

6. 상징

인목(寅木)은 씨가 터서 새싹이 지표(地表)를 뚫고 나오는 것이다. 싹이 지표면 위로 고개를 내민 격이다. 초목의 새싹이 나오는 것이다. 나뭇가지에 새싹이 연초록의 빛을 뿌리며 피어나는 것이다. 따스한 양기를 받아 얼었던 얼음이 풀린 것이며 그 틈에 생명이 하늘의 태양을 맞이하는 것이다. 태양이 떠오르는 것이며 그 태양에 새싹이 응대하는 것이다. 태양이 떠오르는 계절이고 태양이 비추니 아침이고 여명(黎明)이다.

삼양삼음이니 음과 양이 반반의 균형을 맞춘 시기이다. 표면의 음과 내면의 양은 겉으로 보이는 모습과 달리 균형을 맞추고 있다. 지난 겨울의 여기로 쌀쌀하지만 내면은 양의 기운이니 속에서부터 양기가 퍼져 오른다. 양의 기운과 음의 기운, 태양과 물의 기운이 엉키고 반응해야 싹이 트고 사물이 자란다. 자연의 천지조화는 음양의 조화에서 비롯되어진다. 겉으로는 아직 음의 기운이 충일하여 옷 속으로 추위가 느껴지지만 내실은 양의 기운이 충일하여 성장하고 부풀며 힘껏 기지개를 펴고 자라나고 있는 시기이다. 소나무, 전나무, 대림목, 메타세쾌이어, 고목(高木), 강목(剛木), 기둥감, 대들보와 같은 강하고 하늘을 향해 솟구치는 나무다.

인목은 시간으로는 인시(寅時)를 의미하니 03시 30분에서 05시 30분 사이이고 인월은 음력 1월을 의미하지만 입절인 입춘(立春) 이후를 말한다. 맛은 신맛이요, 숫자는 3을 의미하고 동북 쪽을 나타낸다. 강력한 생명력을 지닌 햇살을 받는 방향이니 자라남을 의미하는 것이고 신체의 심장, 담낭(膽囊), 사지(四肢)를 나타낸다. 팔다리가 모두 인목의 성분이다. 해당되는 동물은 호랑이이다. 그러나 호랑이 띠만을 나타내는 것은 아니다. 호랑이 성정은 위풍당당하고 용맹하며 끈기와 독립심이 강하고 위엄을 갖춘 동물이다.

7. 인간적 의미

인은 두팔 벌려 태양을 맞이하는 시기이다. 지난 겨울 인고의 세월을 보낸 생물이 자라난다는 것은 인간 세상에도 크게 다르지 않게 적용된다. 인은 태아(胎兒)가 어미의 몸에서 벗어나 출생(出生)한다는 의미가 된다. 출산(出産)이고 세상에 나오니 출세(出世)이다. 이는 인생의 시작을 의미하는 것이다. 인목은 천간의 갑과 같다.

8. 성격

1) 처음 세상에 태어나는 아이처럼, 세상의 태양을 처음 만난 식물처럼 아직 때가 묻지 않았으니 비교적 솔직 담백하다.

2) 인자한 마음과 순수한 성품이다.

3) 활동적이고 적극적이다.

4) 재주가 있으며 슬기도 있고 배움에도 충실하다.

5) 진취적인 기상이 있으며 강력한 리더십을 지니고 있다. 이는 갑목(甲木)과 크게 다르지 않은 성향이다.

6) 포부가 크고 강한 추진력을 지니고 있으며 우두머리 기질이다.

7) 타인에게 지거나 굴복을 싫어한다.

8) 이기적 성향이 있고 의심도 있으며 조심성도 있다.

9) 자기 주장이 강하고 주위를 둘러보고 살피는 조심성이 떨어지고 밀어붙이는 힘이 강하다 보니 적을 많이 만들

어 고독할 수 있다.

10) 시기와 질투심이 있으며 변덕도 있다.

11) 눈치가 빠르고 총명하니 장단점으로 작용한다.

12) 인신사해(寅申巳亥)는 역마(驛馬)라 칭하니 인(寅)은 역마의 성질을 지니고 있으므로 늘 바쁘고 분주하다.

13) 인은 역마이니 여행을 좋아하고 직업도 움직이거나 해외로 가거나, 아동이 많은 직업이 좋다. 그 숫자에 따라 역마의 구역이 정해지지만 인(寅)이 많으면 분주하다.

14) 항공계통에 취직하거나 종사하면 좋다.

15) 외교관이나 상사 주재원으로도 좋다.

16) 진취적 기상을 지니고 있다.

17) 잎을 보고 달리는 성격이지만 주위를 둘러보지 못하는 단점도 있다. 이끄는 힘은 강하나 주의를 살피지 못해 원망을 듣고 지나치다는 원성도 듣는다.

18) 물기가 없으면 바싹 말라 조목(燥木)이 되어 화기(火氣)를 살리는데 장점을 보인다. 지나치게 마르거나 젖으면 사목(死木)이니 살아있지만 역할이 없다.

19) 인(寅)이 연속으로 오면 인의 병존이라 하는데 남의 일에 간섭을 잘하고 참견을 하는데 때로 주제넘은 행동을 하여 문제가 되기도 한다.

20) 인이 많으면 명예를 중시하니 활발하게 활동을 하고 적극적으로 다가드는 직업이 좋다.

21) 인이 많이 출현하면 여자는 과부가 된다.

22) 인목은 갑목과 80% 닮아 있다.

4장

묘목론
(卯木論)

4장. 묘목론(卯木論)

1. 지장간 : 甲10, 乙20(地支藏干 : 乙)

2. 자의(字意)

묘(卯)는 작은 싹이다. 묘(卯)는 묘(苗)이다. 새싹이다. 씨앗이 오랜 추위와 얼어붙은 땅이 녹자 땅을 뚫고 나와 머리에 흙을 뒤집어 쓴 모습이며 두 개로 이루어져 한 쌍이 되는 문이 열리는 모습의 형상이기도 하다.

고전에서는 다양한 해설을 풀어놓으니 ≪설문≫에서는 "뒤집어쓰다. 2월에 만물이 흙을 뒤집어쓰고 나온다. 문을 여는 것과 같으므로 2월을 하늘을 천문(天門)이라 한다."로 풀었다. 묘란 각기 두 가지 상황이니 그 하나의 의미는 생물이 땅거죽을 열고 나온 것을 의미하고 있기도 하지만 또 다른 의미는 문을 열어젖힌다는 의미가 있기도 하다. ≪사기≫에서는 "묘(卯)는 무성함이다. 만물이 무성하다는 뜻이다."≪한서≫에서는"묘(卯)에서 갯버들이 뒤집어쓰고 나온다."고 하였는데 실제 냇가에 가 보면 다른 어느 싹보다 물가의 버드나무에서 버들강아지가 먼저 노란 색을 뒤집어쓰고 피어나는 것을 볼 수 있다. ≪석명≫에서 이르기를"묘(卯)는 뒤집어쓴다는 뜻이다. 흙을 이고 나오는 것이다."라고 하였으니 싹이 흙을 밀어 올리며 지표면으로 드러나는 것을 알 수 있겠다.

근본적으로 묘는 토끼를 나타내는 글자이며 십이간지의

넷째지지, 출근시간을 나타내기도 한다. 기한, 액일(厄日)이라는 의미도 있어 혼인을 치르는 날에는 사용하지 않는다는 주장도 있으나 『천기대요』 오합일(五合日)에 따르면 묘(卯)는 혼인날로 가장 좋은 날이다. 아마도 혼인날로 사용하지 않는다는 주장은 묘(卯)의 글자 모양이 하부가 둘로 갈라져 두 집 살림이라는 의미가 있고 여자의 경우 두 명의 남편을 모신다는 속설이 있기도 한데 이의 전이가 아닌가 생각한다.

묘의 또 다른 의미는 문의 양쪽을 밀어 본뜬 글자이며 강제로 쳐들어간다는 의미도 있다. 즉 문은 본시 두 개의 쪽으로 이루어진 것이 원칙이라는 의미이다. 따라서 문(門)이라는 글자도 양 옆으로 두 개의 짝이 마주보는 형식이다. 따라서 대립이라는 의미와 화합이라는 의미가 모두 상존한다. 〈갑골문자〉에서 의미하는 바는 소와 돼지까지 의미하지만 포로를 잡아 두 쪽으로 갈라 죽인 모습을 본 뜬 글자라는 의미도 있다. 일설의 주장에 따르면 어떤 물건을 놓고 칼을 이용하여 반으로 갈라놓은 모습을 형상화한 것이라는 의견도 있다.

넷째지지 묘, 토끼 묘, 애초 이 글자는 지개문을 의미하는 호(戶)자를 양 옆으로 등을 지개 배치한 글자였다. 즉 문을 양 옆으로 열어놓았다는 의미를 지닌 글자였다. 두 개의 문을 양 옆으로 열어놓은 상형이 봄의 문을 연다는 의미로 변화되었고 2월을 의미하고 있다. 동물로는 토끼에 배속되었다. 묘월은 초목이 싹이 트니 묘(苗)의 음을 가져와 묘라 한다.

묘월에 해당하는 2월은 땅이 열려 싹이 터오르는 시기이다. 《설문》에 이르기를 "冒也 二月萬物冒地而出 象開門之形故 二月爲天門 莫飽切卯"라 기록하니 2월이면 하늘의 문이 열려 양생(養生)의 기운이 피어남을 알 수 있다.

3. 음양적(陰陽的) 관점

세상은 음과 양으로 이루어지니 음양의 배치와 조화, 혹은 그 비율에 따라 생물이 성장하거나 소멸하는 순간을 맞이한다. 음양의 비율이 온도와 계절을 결정하고 어둠과 밝음을 결정한다. 묘의 시기는 사양이음(四陽二陰)으로 양기가 4, 음기가 2이니 양이 왕성해지는 시기이기에 음은 점차 밀려나는 시기이다. 음이 밀려나니 양기가 밖으로 나와 왕성하게 활동하는 때이다.

4. 계절적(季節的) 관점

묘월(卯月)은 양기가 강해져 강력한 생기가 피어오르는 계절이다. 음기는 이미 느껴지지 않는다. 묘월은 아직 차갑다는 느낌이 들지만 이미 따스한 기운이 가득 찬 때에 해당한다. 땅은 풀리고 싹은 자라기 시작하니 진정으로 봄이라 할 만하다. 경칩(驚蟄)이 절입일(節入日)로 개구리가 입을 연다는 의미가 있지만 이미 개구리가 하천(河川)이나 물가에 알을 낳았기에 울음을 터트린 것이니 생명이 잉태된 것을 의미하기도 하는 것이다. 달리 개구리가 입을 열었다. 입이 떴다라고 표현하는 것은 생물이 움직이기 시작했음을 보여주는 것이다. 묘월은 목의 기운이 가장 왕성한 시기로 양기가 상승하여 점점 따듯해지는 때로 만물이 성장이 빠르게 이루어지는 때이다.

묘월이 되면 겨울철 내내 얼음이 어는 것으로 인한 죽음과 얼어터짐에서 자신을 보호하기 위해 흡착되어 있던 나무의 수관(水管)이 부풀어 오르고 열린다. 수관을 따라 뿌리에서 흡수된 수기(水氣)가 나무를 타고 오르니 겨우내 물을 뽑아내어 말라 있던 건목(乾木)이 드디어 습목(濕木)이 된다. 습목 되면 생명이 충일하고 활기가 살아나며 생명력이 넘치게 된다. 그러나 대지(大地)는 표면의 양기가 증발하고 온도가 상승하니 땅거죽과 땅 속의 습기(濕氣)가 하늘로 올라 증발하고 땅의 거죽이 마르며 죽은 나무에서도 습기가 증발되어 건목(乾木)이 되고 공기가 건조하여 메마른 때가 된다. 이때는 산불이 많이 나기도 한다.

5. 오행적(五行的) 관점

묘목은 말라있던 나무의 습기가 타고 오르니 활기가 돌기 시작하고 나무 끝까지 습기가 도달하여 점차 잎이 나며 색이 푸른색으로 변해가는 시기이다. 물기가 나무의 수관을 타고 오르니 습목(濕木)이며 하늘거리는 싹과 잎이 피어나며 연초록으로 빛나니 화초목(花草木)이라 할 수 있다.

이 시기에 태어난 묘목은 아직 여리고 민감하니 금수(金

水)가 많은 것을 꺼리게 되는데 금은 풀을 베기 때문이고 수가 많다는 것은 뿌리채 뽑혀 둥둥 뜨기 때문이다. 이 시기에는 성장하고 꽃을 피우며 장차 열매를 맺을 수 있게 성장하려면 화(火)의 도움이 절대적으로 필요하다. 특히 병화(丙火)가 반드시 필요하다.

지나치게 많은 수(水)를 만나면 부목(浮木)이 되기 쉬우며 금(金)이 강하면 톱으로 자르려고 하는 격이니 목(木)이 다치기 쉽다. 수기(水氣)가 지나치게 많으면 나무가 물에 둥둥 떠버리는 수다목부(水多木浮)가 될 수도 있으며 술토(戌土)를 보면 지장간끼리의 합이 되어 갑기합(甲己合)이 되나 묘월이면 목극토(木剋土)의 작용이 더욱 강하여 진정한 합이라 논하기 어렵다.

묘목이 해수(亥水)를 보면 표면적으로는 수생목(水生木)이 되어 목기가 더욱 강해지나 만에 하나 한겨울의 차가운 물을 의미하는 자수(子水)는 오히려 아직 완전히 활착(活捉)하지 못한 나무에게 차거움이 몰려 뿌리를 상하게 하기 쉽다. 유금(酉金)을 만나면 지장간 왕지(旺地)의 충(沖)으로 톱이 나무 가지를 베려 드는 격으로 묘목이 다치기 쉬우나 화(火)가 있으면 화의 기운이 쇠의 기운을 넘보고 녹이려 드니 금(金)의 기운이 자신을 지키기에 급급하여 숨통이 트이므로 묘목도 물러서지 않는다.

6. 상징

묘목은 만물이 땅위로 솟아올라 초목이 싹트는 모양을

의미하고 두 줄기로 갈라지는 현상을 나타내고 있기도 하다. 콩을 보아도 싹이 트면 떡 잎이 두 개로 갈라짐을 볼 수 있다. 6개의 효(爻)로 분석하면 양의 기운이 넷으로 점차 몰락해 가는 음을 거칠게 몰아내는 상태이며 초목이 움트려고 하는 형상을 드러낸다. 잔디, 화초, 잡초, 풀, 넝쿨, 곡식, 등나무, 생목(生木), 활목(活木), 물가의 늘어진 나무를 의미한다.

묘는 시간으로 15시 30분에서 07시 30분을 가리키고 묘월은 음력 2월로 입절은 경칩이다. 맛은 신맛을 내는 것이고 숫자는 8이다. 색은 목의 기운이니 청색이고 신체는 간, 목, 눈을 나타내는데 피로감이 가장 위험하다. 동물은 토끼인데 순수하고 선하며 총명하고 재빠른 동물이라 숨을 때는 도망갈 길을 세 곳 이상 만들어 놓은다. 그래서 때로는 총명하다고 할 수 있지만 때로는 교활하다 할 것이다. 토끼는 새끼를 많이 낳는 동물이다.

7. 인간적 의미

묘의 시기는 어린아이에 해당하는 시기이다. 아이가 태어나 유아기(幼兒期)를 거치며 한창 성장하는 의미를 가진다. 묘(卯)라는 글자가 두 개로 갈라진 것처럼 두 개의 다리로 굳건하게 선다는 의미도 있다. 싹을 벗어나 활목이 되어 서서히 자라남을 의미한다.

8. 성격

1) 두뇌가 총명하고 학습 능력이 뛰어나다. 지나치면 교활해 지는데 순한 마음을 지녀 그다지 드러나지 않는다. '

2) 예술적 감각이 풍부하다.

3) 두발로 선다는 것은 자립(自立)이 아니라 두 사람이라는 의미도 있으므로 아직은 자립심이 부족하다는 것을 나타내고 있다. 어린아이의 심정을 지니고 있다.

4) 겉으로는 실속을 차리는 듯 보이지만 실속이 없다. 흔히 헛똑똑이라는 말을 듣는다.

5) 온화한 성품이며 인정이 많다. 때로는 이 온정으로 인생이 고난에 빠진다. 특히 여자들의 경우 이 온정으로 남자의 욕심에 노예가 되는 경우가 있다.

6) 하고 싶은 것이 많으며 욕심도 많다.

7) 애교가 넘치고 사교적인 성격이 드러나며 말투까지 애교가 묻어난다.

8) 활발하고 미래지향적 사고를 지닌다.

9) 비현실적인 사고가 강하고 변덕이 심해 주변을 피곤하게 한다.

10) 신경이 예민하여 잠을 잘 자지 못할 수 있고 겁이 많은 편이라 시시때때로 잘 놀라기도 한다.

11) 봄의 나무가 그러하듯 살아있는 나무이고 습기를 머금은 나무이기에 나무이지만 목생화(木生火)가 어렵다. 습목(濕木)은 목생화(木生火)를 이루지 못하니 불에 타지 않고 연기만 나거나 많은 나무는 오히려 불을 끈다

12) 목극토(木剋土)는 잘하여 흙에 뿌리박기는 아주 잘

한다.

13) 묘일생(卯日生)인데 사주원국(四柱元局)에 유(酉)나 술(戌)이 있거나 둘 중 하나만 있어도 의약계통에 투신하면 두각을 나타낸다. 사람의 생명을 다루는 일에 적합하다

14) 묘일주는 두 집 살림이라는 속설이 있다.

15) 묘가 연이어 나와 묘가 병존하여 두 개이면 재능이 있어 예술계통으로 진출하면 두각을 나타낸다. 생명을 다루는 직업도 좋다.

5장

진토론
(辰土論)

5장. 진토론(辰土論)

1. 지장간 : 乙9, 癸3, 戊18(地支藏干 : 乙, 癸, 戊)

2. 자의(字意)

　진(辰)은 변화한다는 의미이다. 진은 습기(濕氣)가 많은 땅이다. 진은 초목(草木)을 잘 자라게 하는 땅이다. 진(辰)은 진(震)의 뜻으로 우뢰와 천둥, 벼락의 의미를 고루고루 지니고 있으며 이에 따르는 변화와 변동이 세상에 펼쳐지는 것을 나타내며 습기를 머금은 땅이니 만물이 자라기 좋은 때이다.

　고전 속에도 진(辰)대한 다양하고도 잡다한 내용들이 나타나 그 진의를 깨닫고 짐작하게 해 준다. ≪설문≫에 이르기를 "우뢰다. 3월은 양기가 움직여 번개를 치니 농사지을 때이다. 만물이 모두 생겨난다."로 해설하였다. 봄이 되면 천기가 불안해지고 찬 기운과 따스한 기운이 성층권(成層圈)에서 충돌하니 수시로 번개가 치고 우뢰가 몰려오며 간혹 천둥도 많아진다. 그 여파로 비가 오니 땅이 촉촉하게 적셔지기도 한다. 따라서 습기 머금은 땅에서 물기를 뽑아 올리고 태양이 맑게 비추어지니 식물이 자라기 좋은 계절이다. ≪사기≫에 이르기를 "만물이 움직이는 것을 말한다."고 하였으니 변화와 변동을 말하고 식물은 자라고 사람도 부지런히 움직이는 것이다. ≪한서≫에서는 "진(辰)에서 움직여 아름답게 펼쳐진다."고 하였으며 ≪석명

≫에서 이르기를 "진(辰)은 펼쳐지는 것이다. 만물이 다 펼쳐져 나오는 것을 의미한다."고 하였으므로 변화하는 모든 것이 다양하게 보이는 것을 말한다. 모든 것이 펼쳐진다는 것은 변화뿐 아니라 자라나는 초목의 번짐도 나타내는 포괄적 의미가 되겠다.

일반적으로 사전적(辭典的) 의미를 살펴보면 진은 별 이름을 의미하고 다섯째지지, 하루라는 의미를 가진다. 진(辰)은 신(蜃)의 원자이기도 한데 이 글자의 의미가 남다르다. 조개가 껍데기에서 발을 내밀고 있는 모습이라는 의미를 지닌 글자이며 이러한 모습을 본 딴 글자라는 의미를 가진다. 조개는 빠르지 않고 움직임이 느리니 서서히 변화하는 모습이라는 의미도 가지고 있다. 〈갑골문자〉에서는 농작물을 갉아먹는 해충(害蟲)들을 묘사한 글자라고 한다

별 진, 다섯째지지 진. 때 진, 북두칠성 진, 북극성 진, 날 신, 별이름 신, 입을 벌린 조개의 모양이라 한다. 다양한 글자의 조합이다. 잡아끈다는 의미를 지닌 예(曳)자에 상부를 의미하는 이(二)를 더하고 초목의 싹을 의미하는 을(乙)을 더한 후에 될 화(化)자의 비수 비(匕)변을 조합한 글자가 된다. 이는 초목이 싹을 틔우고 커서 위로 자라난다는 의미를 지닌다. ≪설문≫에는 음을 '예'라고 했으니 지금은 '진'이나 '신'으로 읽는 것으로 보아 시대가 달라지면 발음도 달라지는 것으로 보인다. 다른 주장에 따르면 진(辰)은 삼(三)에 막는다는 의미의 별(丿)과 새싹을 의미하는 을(乙), 그리고 될 화(化)자의 비수 비(匕)변을 조합한

글자가 된다. 이는 삼월에 양기가 닿아 싹이 움터 변화해 가는 것을 의미한다고 보아도 무방하겠다. 양기가 진동(震動)하니 음은 진이다. 또한 양기가 신장하니 발음이 신이다. 음력 3월이고 양력으로는 4월인데 동물 배속은 용이다.

일진(日辰), 일진(日盡), 일월성신(日月星辰), 생신(生辰) 등으로 표기하는데 별과 날, 생일등으로 사용하는 문자이다. 『서문』에 이르기를 "震也 三月陽氣動 雷電振 民農時也 物皆生 從乙匕 象芒達聲也 辰房星天時也 從二 二 古文上學 徐皆曰 匕音化 乙艸木萌初出曲卷也 臣鉉等曰 三 月陽气 成艸木生上 徹於土故 從化 非聲 疑亦象物之出 植隣 切辰"이니 양기가 발동하는 시기라는 것을 알겠다.

3. 음양적(陰陽的) 관점

세상은 음양이기(陰陽二氣)로 이루어져 있다. 음이 강하면 음적(陰的)이라 말하고 양이 강하면 양적(兩的)이라 한다. 계절의 흐름에 따라. 온도의 변화와 낮밤의 변환에 따라 음이 강한 시기가 있고 양이 강한 시기가 있다. 진(辰)은 오양일음(五陽一陰)으로 양기가 아주 강한 시기이다. 양기가 넘치고 넘쳐 사방으로 확산되어 요동치는 때로 만물이 자라고 움직이는 시기이다.

양기가 넘쳐야 만물이 잘 자란다. 양기가 부족하면 만물을 자라지 못하고 응축되거나 위축된다. 음기가 지나치면 생물은 움츠리고 식물은 성장을 멈춘다. 양가와 음기가 조화를 이룰 때 가장 이상적인 생육조건이 이루어진다. 적도 부근이 덥고 뜨거운 날씨를 보이지만 무수한 식물과 생물이 자라는 것은 양으리가 지닌 미덕을 보여주는 것이다. 음기가 지나치면 생육을 멈추고 후대(後代)를 위한 준비를 한다. 오양일음의 비율은 양기가 충만하여 마치 빛살처럼 퍼져나가는 시기이다.

4. 계절적(季節的) 관점

진월(辰月)은 토의 기운이며 환절기(換節期)의 기운이 가득한 시기이다. 진월은 청명(淸明)이 절입일로 청명이 시작되고부터 9일간은 지난달인 묘월(卯月)의 왕성한 목기(木氣)가 여기(餘氣)로 작용하고 있어 토의 성분보다는 목기(木氣)의 성분이 더욱 강렬하다. 이는 지장간의 적용법에서 사용되며 이 기운이 표면적으로는 토(土)이지만 내부로는 목(木)의 기운을 발현시킨다.

최초 9일 동안 이어지던 목(木)의 기운이 지난 후에는 다시 9일부터 3일간은 수(水)의 고지(庫地)가 되는 계수(癸水)가 있어 사령(司令)하게 되니 이때는 표면의 토기(土氣)와 달리 내면으로는 수(水)의 기운이 충일하게 사령된다. 이후에는 마지막으로 다음 절기까지 토(土)의 기운이 강하게 작용한다. 18일 동안 토의 기운이 사령하므로 표면적으로 진월(辰月)은 토의 기운을 나타내는 것이며 무토(戊土)의 기운이 가장 강력하여 이를 정기(正氣)라 한다.

진월은 토기(土氣)의 달이다. 토의 기운이 사령하는데 이는 무토(戊土)가 정기로 자리하기 때문이다. 일반적으로 각 월은 지장간의 정기가 사령하여 그 기운을 표면으로 표출한다. 무토가 사령할 때에는 다른 어떤 기운과도 합하여 다른 변화를 일으키기 어려운 시기로 무계합(戊癸合)의 조건을 잘 살펴야 한다. 이처럼 무토는 다른 어떤 천간과 달리 절기(節氣)의 심천(深淺)을 자세히 관찰해야 한다. 진월은 지난달이 지닌 목의 상승기운을 조절하여 화기로 연결시키는 중간자적인 작용을 한다.

5. 오행적(五行的) 관점

진토(辰土)는 환절기의 의미를 지닌다. 아울러 다른 두 가지 계절의 교량 역할을 수행한다. 12지지 중에서 토의 성분을 지닌 모든 글자는 모두, 혹은 그 달은 모두 앞뒤의 계절을 연결시키고 각기 다른 오행의 징검다리 역할을 수행한다. 따라서 표면적으로 토기(土氣)를 드러내지만 모든 토기(土氣)에 숨어있는 지장간(地藏干)을 살펴야 하는 이유다. 진토도 지장간에 계수(癸水)를 포함하고 있어 물기가 가득한 습토(濕土)로 목이 뿌리내리기 좋은 토(土)이니 성장의 기운이 왕성하다. 토를 표방하는 진술축미(辰戌丑未) 중 진토가 초목을 키우고 생장을 지탱하는 가장 좋은 토이다. 표면적으로 화기가 무성하여도 설기하여 지나치지 못하게 하며 토생금(土生金)의 작용이 크다. 그러나 진월에는 금이 힘을 쓰기 어려운 때이므로 설혹 표면적으로 진유합(辰酉合)이 이루어져도 작용은 무력하다.

진토가 자수(子水)와 만나면 자진합(子辰合)의 기능과 신자진(申子辰)의 삼합에서 반합(半合)으로 합하여 수(水)로 변하기 쉬우나 진월에는 토기(土氣)의 운(運)이 강하여 무토가 당령(當令)하면 토극수(土克水)의 작용도 살펴보아야 한다. 따라서 합을 살필때에 지장간의 어느 시기에 해당하는지 살피지 않을 수 없다. 즉 표면적으로는 합이 이루어진 듯 보이지만 합은 표면적일 뿐 내부적으로는 합의 기능이 일어나지 않을 수 있기 때문이다. 술토(戌土)를 보면 방위로 봄과 가을의 기운이 싸우게 되니 금극목(金克木)의 작용이 크게 되고 토의 기운은 서로 섞이는 형상이 이루어지게 되므로 토는 오히려 강해진다.

6. 상징

진토는 만물이 자라나 성장하고자 기지개를 펴는 시기이고 변화와 발전의 기상을 지닌다. 진토는 습기를 머금은 습토이므로 만물이 성장하고 꽃을 피우는데 가장 적당한 땅이다. 식물과 나무를 자라게 하는데 천간에 물을 의미하는 수기(水氣)가 투간되지 않는다 하여도 지지에 진토가 자리하면 수의 역할은 가능하거나 충분하다 할 수 있다. 때로는 진토가 있으며 수의 오행이 투간되면 지나치게 많은 수의 영향을 무시할 수 없게 된다. 진토는 성장과 꽃을 피우는 데 필요한 물의 공급처이니 만물을 성장시킨다. 따라서 진토는 변화와 상징을 상징한다.

운기를 효(爻)로 살피면 6개의 기운중 양의 기운이 다섯이고 음의 기운은 하나에 불과하니 음의 기운이 지나치게 허약하여 밖으로 밀려나는 시기이다. 음의 기운은 양의 기운을 조절하는 정도에 그친 것으로 양의 역할을 제어하거나 조절할 수 없다. 양의 기운이 충만하므로 피어나고 자라며, 번지고 성장하는데 좋다.

진토는 물기를 머금으면 쉽게 마르지 않는 진흙과 같은 흙을 의미하는데 흔히 니(泥)라고 표현되며 대표적인 습토이며 생물을 자라게 하는 생토(生土)이며 나무나 식물이 성장하기 좋은 흙이다. 바위나 자갈밭이 아니고 논이나 초원, 혹은 작물이 잘 자라는 밭과 같은 흙을 의미한다.

진(辰)의 시각은 07시 30분에서 09시 30분 사이를 뜻하며 진월은 음력 3월이다. 음력 3월은 절기력으로 청명으로 시작한다. 맛은 단맛을 내며 색은 황토색을 의미한다. 황색이나 미색, 베이지 색과 같은 색도 동류로 볼 수 있다. 숫자는 5를 나타내며 방향은 동남쪽이다. 신체적으로는 위와 피부, 가슴을 나타내는 것으로 병을 예측할 수 있다. 동물로는 용(龍)으로 귀결되는데, 이 용은 열두 지지에서 표현되는 다른 짐승과 달리 상상의 동물이며 현실에서는 만날 수 없는 비현실의 총아라 할 수 있다. 영험하고 상서로우며 변덕이 심한 영물이다. 용은 자신을 제외한 나머지 지지를 구성하는 동물들의 특징을 하나씩 모아 만들어진 상상의 동물이다. 용의 조화라고 표현되는 행위는 변덕이며 흔히 용은 승천(昇天)한다고 알려져 있는 데 이는 인간의 이상과 욕망, 이상을 의미하는 것으로 풀이된다.

7. 인간적 의미

사람은 태어나면 부모의 도움 아래 자라나고 처음에는 기어 다니다가 1년여가 지나는 시점 언제부터인가 두발로 서고 걷다가 점차 뛰기 시작한다. 이는 사람의 성장과 생의 모습을 대변한다. 사람은 유년기(幼年期)를 거치면 소년기(少年期)를 거친다. 유년기는 부모의 도움으로 걷고 먹지만 소년기가 되면 뛰고 혼자 설수 있는 기반을 마련한다. 소년기가 지나면 청년기(靑年期)에 접어들며 사람으로서 가장 강하고 왕성한 기를 만나게 된다. 소년기와 청년기 사이에 인생은 물론이고 신체의 급격한 변화가 일어나는데 이때를 사춘기(思春期)라 한다. 진은 사람의 생로병사(生老病死)에 있어 사춘기에 해당한다. 용이 변화가 많은 것처럼 이 시기는 변화가 많고 인간에게는 변덕이 많은 사춘기와 같아 자신을 자신이 통제하기 어려우며 급격하게 자라나고 성장하는 시기이다.

8. 성격

1) 진(辰)은 용을 표방한다. 용은 상상의 동물인 것처럼 이상이 높고 욕망이 강하다. 아울러 비현실적 사고를 하는 경우도 있다.

2) 센스가 빠르고 이해력 높으며 판단이 빨라 귀신같다는 소리를 듣는다. 지나치지 않는 절제력이 요구된다.

3) 이해력이 높고 배움의 욕심이 있으며 박식하다

4) 앞으로 나아가고자 하는 진취적인 기상이 강하다

5) 총명한 머리를 지니고 있으며 다양한 재주가 있으며 예술적 기능도 있다.

6) 호기심이 많다

7) 세상을 보는 눈이 달라 발명가의 기질이 풍부하다.

8) 출세의 기운이 강하고 주저하지 않으며 천복(天福) 으로 출세가 가능하다

9) 영웅의 기질이 강하다.

10) 호걸풍이며 대범하고 만사에 주저하지 않는 태산 같은 기질을 지니고 있지만 현실에 대한 감각이 떨어지고 무뚝뚝하여 잔정이 부족하다.

11) 고집이 세고 자존심이 강하다.

12) 밀고 나가는 뚝심이 매우 강하여 성공과 실패가 다변하다.

13) 어려운 일을 해결하는 능력과 뚝심이 발군이다.

14) 침착하고 조용한 성품을 지니지만 때로 역린(逆鱗) 이라는 말처럼 지나친 폭발력을 드러내는 약간의 포악성도 보인다.

15) 성격이 급해 손해를 보게 되지만 오래가지 않아 곧 풀린다.

16) 호기심이 많은 반면 지나치게 이상적이고 비현실적인 감각을 지닌다.

17) 남자는 어디에서나 앞서는 우두머리의 역할을 하려 한다.

18) 여자는 변덕이 심하고 돈과 이성에 약하다. 지나치게 사치스러운 풍조를 지녀 이성에 끌리고 돈에 약한데 남 탓을 한다.

19) 투기를 좋아하고 풍류를 즐기며 주색에 빠지는 성격이다.

20) 진토는 수기(水氣)의 창고이니 나무가 있다면 뿌리를 잘 내리니, 사물을 기르고 사람을 기르는 재주가 있다.

21) 진토는 갑목이 좋아한다.

22) 진토, 진월은 표면적으로 토의 성분을 드러내는 흙이지만 습토이고 봄의 토이므로 토의 기운이 아주 강하지 못하다. 습기의 기운이 강하여 나무들이 뿌리박기 좋고 싹을 틔우기도 좋다. 흙이라 해도 제방을 쌓을 수 없으니 물을 막기 어렵다.

23) 진이 연이어 나오면 병존하여 진이 두 개가 되니 사람의 생명을 다루는 의업(醫業)이나 약업(藥業), 한의사(韓醫師) 등에 투신하면 이름을 얻고 보람을 느낄 것이다.

6장

사화론

〈巳火論〉

6장. 사화론(巳火論)

1. 지장간 : 戊7, 庚7, 丙16(地支藏干 : 戊, 庚, 丙)

2. 자의(字意)

사화(巳火)를 나타내는 글자는 사(巳)이다. 그런데 이 사(巳)자는 이미 그렇다라는 의미를 가진 이(已)자와 비슷하고 이것이다 라는 의미를 지닌 기(己)와 비슷하다. 세 개의 글자는 쓰기도 헷갈릴 수 있고 잘 못하면 엉뚱하게 읽거나 이해할 수 있지만 사실 의미는 그다지 다르지 않다. 세 글자 모두 이미 그렇다는 의미를 가진다. 사(巳)는 표면적으로 화기(火氣)를 의미하는 글자이지만 시기적으로는 만물이 이 시기에 이르러 이미 자라나고 무성해진 것을 나타낸다.

사(巳)는 뱀, 여섯째지지, 삼짇날이라는 의미를 내포하고 있는 글자이다. 자식(子息), 태아(胎芽), 복(福), 행복(幸福)이라는 의미도 있다. 구부러진 모양이다. 구불거린다는 의미다. 꺾이거나 숙이거나, 혹은 펴지지 못한 것을 의미하는 모양이다. 무언가 구부러진 모양이며 펼쳐지기 전의 모습이기도 하다. 〈갑골문자〉에서는 구부러진 뱀의 모양을 형상했다고 하는데 아마도 똬리를 튼 모습으로 보일 수 있는 글자이다. 특이한 것은 뱀을 의미하는 글자이지만 실제 문헌에서 뱀을 의미하는 경우는 사(蛇)를 주로 사용하는데, 사(巳)는 천간지지에서만 사용하는 경향이 있으므로 조금은 특이하다.

사(巳)는 뱀을 의미하지만 그것은 가늘고 긴 띠를 나타내는 용도일 뿐이다. 고전에서의 내용을 살펴보면 그 의미를 알 수 있는데 ≪설문≫에는 "이미 지나간 것이다. 4월에 양기가 이미 나오고 음기가 감춰지므로 만물이 나타난다. 곧 모양이 드러난다는 뜻이다."라는 의미를 지닌다고 기록되어 있다. 세상에 모습을 드러내는 것이 아니라 펼쳐져 본 모습이 드러난다는 의미이니 융성해진다는 의미로 해석될 수 있다. ≪사기≫에는 "양기가 이미 다함을 말한다."로 기록되어 있다. 양기가 다했다는 것은 이미 다 자랐다, 이미 무성해졌다, 곧 음기가 온다는 의미이니 한껏 무성해진 것을 알 수 있다. ≪한서≫에서 "사(巳)에서 이미 무성해진다." ≪석명≫에서는 "사는 이미 지났다는 뜻이다. 양기가 다 퍼졌다."라 하였으니 생물이 무성하게 자란 시기임을 알겠다. ≪회남자, 천문훈≫에서는 "사에서 생장이 이미 확고해진다."고 하였으니 모든 생물의 성장에 대한 감각이 확연해졌다.

이미 이루어졌다는 뜻의 기(己)와 비슷하고 의미도 비슷하다. 여섯째지지자 사, 뱀 사의 의미를 가진 글자이다. 본시 뱀을 의미하는 글자이다. 추운 날에 생물은 동면(冬眠)을 한다. 동면하는 뱀은 몸을 돌돌 말고 있다. 사자는 그런 모습의 형상이 아닐까? 이 시기가 되면 뱀이 동면에서 깨어나 밖으로 나서니 이를 동칩(冬蟄)에서 깨어났다라고 한다. 동칩에서 깨어난 뱀이 다시 자라기 위해 허물을 벗는 시기가 바로 4월이다. 아무래도 중국은 뱀이 많았던 모양이다. 이 시기를 사월이라 칭하고 음도 사(蛇)와 동일하게 달았다.

이 글자는 기(己)자와 유사한데 하나같이 구불거리는 형상이다. 이를 곡각(曲角)이라 칭한다. 무언가 구부러져 있다. 굴절되었다. 혹은 불안정하다의 의미를 지향한다. 사(巳)는 뱀을 의미하는데 평소 문헌적으로 사용처가 많지 않다. 보통 뱀을 표현할 때는 사(蛇)자를 사용하기 때문이다. ≪설문≫에 이르기를"巳也 四月陽气巳出 陰气巳藏 萬物見成文章故 巳爲蛇 形象 詳里切巳"라고 하였으니 사(巳)는 사(蛇)임을 분명히 한다.

3. 음양적(陰陽的) 관점

사(巳)는 육양(六陽)의 기(氣)라고 한다. 여섯 개의 양이다. 주역(周易)에서 절기(節氣)를 표현할 때는 음양의 효(爻)를 살피는 데 모두 여섯 개의 효로 파악한다. 여섯 개의 효가 조화를 이루어 계절과 음양의 강도를 파악한다. 이 효는 각기 음양을 의미하고 있는데 모든 절기와 계절은 음양의 배합으로 결정된다. 그런데 사화(巳火)의 계절에는 모두 양으로 이루어진 효가 자리하니 양기가 넘치는 시기이다. 온 세상이 양의 기운으로 가득하다는 의미를 지닌다. 양으로 가득 찬 세상이니 음의 기운은 찾을 수가 없다.

온 세상이 양의 기운으로 넘침이다. 양의 기운이 극에 이르러 음이 자취를 감추는 때이다. 양기가 사방에 퍼져 이미 끝에 다다른다. 양은 마지막까지 모두 채웠으니 한껏 용틀임이 있고 더 이상 양의 기운으로 나아갈 수도 없다. 양이 넘치면 음이 다가오니 곧 음의 기운이 다가올 수 있음을 알겠다.

4. 계절적(季節的) 관점

사월(巳月)은 열기(熱氣)가 넘치는 달이다. 양기가 가득하니 온 세상의 온기가 넘치고 온 세상이 열기가 있는 달이다. 흔히 여름으로 접어들었다는 말을 하는 계절이고 만물이 양적으로는 극에 달하는 계절이다. 입하(立夏)가 절입일로 여름이 시작되는 때이며 하늘에서 부어지던 열기가 수풀과 생물의 잎을 지나 서서히 땅으로 스며드는 시기이다. 땅이 더워지면 진정으로 성장이 폭발적으로 일어난다. 입하 초기에는 앞 달의 기운이 여기(餘氣)로 남아 토와 금의 기운이 강하게 되나 소만(小滿)이 지나게 되면 기운이 극양(極陽)에 이르게 된다. 극양은 순양(純陽)이고 사화는 순양의 기운이다.

5. 오행적(五行的) 관점

사화(巳火)는 매우 뜨거운 불이며 태양(太陽)이다. 양화(陽火)는 빛과 열을 동시에 뿜어내는데 그 강도가 음화(陰火)보다 매우 강하다. 사화(巳火)의 지장간에서 보이듯 병화(丙火)가 사화를 구성하는 대표 성분이다. 지장간의 30일중 16일을 병화가 차지함으로써 정기가 되었으며 강한 열기와 빛을 뿜어내니 극양(極陽)이라 할 수 있다. 사화는 양화(陽火)가 되며 매우 큰 불을 의미하는 달이며 기운이다.

사월(巳月)에 유(酉)를 보면 표면적으로는 사유합금(巳酉合金)의 기운으로 모아지는 것으로 보이고 신(申)을 보면 사신합수(巳申合水)로 변할 듯 보이지만 이는 표면적인 것으로 속은 다른 경향이 있다. 즉 사월(巳月)이 신금(申金)이나 유금(酉金)을 보면 표면적으로는 합하여 변하는 것으로 보이기 쉬우나 오히려 화극금(火克金)의 작용이 크게 일어난다. 또한 사월이 해수(亥水)를 보면 사해충(巳亥沖)이라. 북방과 남방의 싸움으로 수극화(水剋火)가 이루어지나 목기(木氣)가 유여(有餘)하면 수화기제가 되어 중화를 이루게 된다. 따라서 기와 해가 있으면 목기가 있는지를 빨리 찾아보아야 할 것이다.

6. 상징

양화(陽火)인 오화는 열기가 땅 속으로 투사되는 과정이다. 땅에도 빛이 닿아서 온기(溫氣)가 넘쳐야 성장이 강해진다. 물을 머금고 생물을 성장시키던 흙이 태양에서 부어져 내리는 열을 받아 지열(地熱)이 피어오르고 만 가지의 기가 꿈틀거리니 양기가 충만 되어 모든 생물이 기지개를 펴고 급격하게 성장한다. 지기의 충만은 열기의 충만이다. 따스한 양기의 충만은 온 세상에 자라난 생물을 고루 자라게 하고 오곡백과를 무르익게 하는 힘이다. 양기 충만의 결과는 개화로 이루어지니 온 세상의 꽃이 망울을 터트린다.

온 세상을 양기로 채우니 육양(六陽)의 계절이라. 뜨거운 기운이니 적외선, 용광로, 태양, 화산, 뜨거운 열기, 큰 불, 폭발물, 혹은 핵폭발과 같은 열기와 위력이다. 사시는 09시 30분부터 11시 30분 사이의 시간으로 정오를 향해 달려가는 시간이며 음력 4월에 해당한다. 음력 4월의 절기적 시작은 입하로 이 시기부터 여름이다. 입하는 4월의 입절이다. 모든 사물이 불에 타면 쓴맛을 내니 사화의 맛은 쓴 맛이고 숫자는 7, 색은 적색을 표방한다. 방향은 동남쪽을 가리키며 신체부위는 소장, 인후, 어깨를 가리킨다. 동물은 뱀이다. 뱀은 독을 지닌 기어 다니는 짐승이다. 깨끗하지만 예민하여 건드리면 물고 독을 뿜으며 사악하기가 최고이다. 언제나 기회를 노리는 습성을 지니고 있으며 건드리지 않으면 자기 위치를 지킨다. 자기 본위의 습성을 지니고 있으니 자기 이외는 그다지 관심이 없다.

7. 인간적 의미

사람은 태어나 죽을 때까지 살다가 소멸하는 과정을 일생(一生)으로 삼는데 삶의 형태는 제각각이지만 인간은 공통적으로 자라는 순서가 있다. 가장 먼저 아기에서 유아기를 거치고 사춘기와 청년기를 거치며 자란다. 청년기를 지나면 성숙한 시기를 지나 점차 소멸의 시지로 접어든다.

유아기에는 부모의 젖을 먹으며 자라고 보호를 받으며 자란다. 유아기를 거치면 사춘기를 거치고 드디어 청년기에 들어선다. 이미 정(丁)이라는 의미를 지닌 청년기는 인생의 황금기라 할 수 있다. 가장 몸이 건실하고 튼튼하며 육체적으로 완성을 의미하고 정신적으로도 지배를 받지 아니한다. 사화의 시기는 인간에 비유하면 청년기에 이르는 것이니 세상이 흥분과 만족으로 가득하다.

8. 특성

1) 두뇌 명석하고 재주가 많다. 자기 자신의 이익을 위해 머리를 쓰니 좋지만 타인에게 해가 되는 경우가 많다.

2) 외모가 단정하고 깔끔하며 외양을 꾸며 드러내기 좋아한다.

3) 자신의 목적에 근면성실하고 활동적이다

4) 고집이 세고 자존심이 강하다.

5) 강한 성격으로 자기본위적(自己本位的)으로 활동하고 지나친 이익을 추구하므로 타인으로부터 배척을 당할 수 있다.

6) 표면적으로 예의바르며 사색적이다.

7) 학문을 닦으면 학문적으로 대성이 가능하다. 그러나 학문에 취미가 없을 시에는 무뢰한(無賴漢)이나 세상에 독기(毒氣)를 품고 살아갈 수 있다.

8) 외골수 기질이 있으며 화끈하다

9) 친절하지만 냉철하다.

10) 냉정하다.

11) 세밀하고 상황에 따라 침착하게 대처하는 능력이 뛰어나다.

12) 논리적으로 보인다.

13) 사치와 허영심이 넘친다.

14) 의심이 많으며 자신에게 이익이 없거나 자존심에 상처를 입히면 화를 참지 못하고 자기위주의 사고를 하여 타인과 화합하지 못하니 점차 고독하다.

15) 근심과 걱정이 많다.

16) 성적(性的)으로 강하게 느끼도록 한다.

17) 지적인 면을 갖추지 못하면 지극히 음란하다.

18) 사화는 역마성이니 옮겨 다니거나 해외를 주로 다니는 직업이 좋다. 인신사해(寅申巳亥)가 모두 이와 같으니 무역, 여행, 해외무관, 상사에 근무하면 좋다.

19) 사화는 다른 오행을 만나면 쉽게 변한다. 변덕이 죽이 끓듯 하며 쉽사리 모양을 바꾸듯 목적을 따라 말을 바꾸고 행동을 바꾼다.

20) 사(巳)는 뱀을 의미한다. 뱀은 차가운 동물이지만 변온동물이다. 이처럼 사(巳)가 지배하면 쉽게 변하는데 성격이 죽이 끓듯한다.

21) 사(巳)가 신(申)을 만나면 합(合)도 되고 형(刑)도 되는 것으로 먼저는 길하게 작용하지만 시간이 흐르면 흐를수록 나빠지고 불리해진다.

22) 사화는 충이나 형을 만나면 시력이 이상이 생긴다.

23) 사가 연이어 와서 병존을 이루니 사(巳)의 글자가 둘이라. 사는 역마로 활동성이다. 둘이 되면 더욱 역마가 강해진다. 사는 아이가 웅크린 모습으로 뱃속에 있는 태아(胎芽)로도 보는데 둘이 되면 쌍둥이를 낳는다고 한다.

7장

오화론
(午火論)

7장. 오화론(午火論)

1. 지장간 : 丙10, 己9, 丁11(地支藏干 : 己, 丁)

2. 자의(字意)

거스른다는 의미를 가진 글자이다. 중앙을 나타내는 열 십(十)자의 한 끝에 사람인(人)자를 표시하였는데 과거에는 사람인(人)자가 아니라 화살표의 표식을 나타내는 개(个)의 머리 부분을 형성하는 글자로 보인다. 이 글자의 모습은 지금의 화살표 모양이라 최초에는 사람이라는 의미가 아니라 방향을 나타낸 것으로 유추가 가능하다. 이는 북쪽을 가리킨 것이 아니라 남쪽을 가리킨 것이니 양기가 충만하다. 남쪽이다. 양기가 가득 찼다는 의미가 된다. 양기가 가득찼다, 남쪽이라는 의미는 화살표가 가리키는 방향 때문이다. 중국은 예로부터 상부를 남쪽이라 의미한다. 양기가 충만하니 이제 서서히 물러날 때가 되었다. 음기가 침범할 시기가 되었다. 음기가 양기를 거스르는 의미이다. 양이 극성에 이르러 음기가 시작되는 것을 말한다.

오(午)는 음화(陰火)로써 낮을 의미하고 정오를 의미한다. 남쪽을 가리킨다는 의미의 글자이다. 일곱째 지지를 나타내고 다섯이라는 의미도 있다. 거스르다. 어수선하다. 〈갑골문자〉에 따르면 절구공이를 본뜬 글자라고 한다.

고전에서도 다양하게 풀이를 하였는데 ≪설문≫에서 이르기를 "거스른다는 뜻이다. 오월(午月)에 음기가 양을 거슬러 땅을 뚫고 나온다."라고 하였으니 온 천지에 양기가 가득한 틈으로 음기가 스멀거리듯 스며 나온다는 의미를 알겠다. ≪사기≫에서 이르기를 "오(午)란 음양의 교체시기로 정오(正午)라 한다."라 기록하였으니 오는 정오이고 정오가 지나면 음의 기운으로 넘어간다는 의미가 되겠다. ≪한서≫에서는 "오(午)에서 높아진다."라 하였거니와 ≪석명≫에서는 "오(午)는 거스른다는 뜻이다. 음기가 아래에서 올라와 양기를 거스른다."하였으니 음기의 태동이 분명하다.

한낮 오, 일곱째지지 오, 교차할 오와 같은 의미를 지닌 글자이다. 오월은 양기가 가장 왕성한 시기이다. 이미 양기가 극에 달하고 음기가 태동하고 음기가 발동을 시작하려는 시기이미 음양이 교차하는 시기라는 의미를 지닌다. 따라서 교차할 오라고도 읽는다. 사람을 의미하는 인(人)자에 방향을 의미하는 십(十)자를 결합하였다. 중심점에서 사방을 표시하는 방법을 사용하면 십(十)자가 되는데 예부터 중국은 남쪽을 위로 표기했으므로 그곳에 화살표 형식의 사람인(人)자를 남쪽으로 표기하여 지금의 오(午)자가 이루어졌다. 따라서 해가 떠오르는 방향이 남쪽이므로 낮이란 의미도 있지만 방향을 지칭하여 남쪽을 가리키기도 한다. 방향을 가리키는 나경(羅經)에서 보듯 남북을 가리키는 용어인 자오선(子午線), 오전(午前), 오후(午後), 오침(午寢)과 같은 의미로 쓰이는데 주로 낮 12시경을 가리키는 단어로 쓰이는 경우가 많다. ≪설문≫에 이르기를

"牾也 五月陰气午逆 陽冒地而出 此子矢同意 疑古切午"라 하였으니 오월이 되면 음기가 태동하는 것을 알겠다.

3. 음양적(陰陽的) 관점

양이 넘치면 음이 스며들고, 음이 넘치면 양이 태동되어 음양의 조화를 이루는 것이다. 음양의 조화는 서로 바뀌고 채우며 드나드는 것이다. 오화는 극양(極陽)이 가득한 세상이다. 극양의 기운에서 새로이 일음(一陰)이 시작되는 때이다. 음이 극에 달하면 양의 기운이 퍼져 음의 기운이 확산되는 것을 방어하듯 양의 기운이 가득 차 확산을 이루면 음의 기운이 피어나 양의 확산을 차단하는 것이다. 달도 차면 기울어지듯 양이 차면 기울어 음이 들어오고 음이 가득차면 기울어 양이 스며드는 것이 음양의 이치이고 법칙이다.

이처럼 음양의 조화는 스스로 확산과 쇠멸을 반복하기에 이른다. 오화가 양의 확산이 극에 달한 시기이라면 음의 생기가 피어오를 것이다. 양은 무한한 확장 되었으니 이제 소멸의 길이 남고 음은 다시 생성되고 영역을 넓혀가는 시기에 도달하였다.

사방으로 끝없이 퍼지는 양의 기운을 새로 시작되는 음의 기운이 생겨나와 더 이상의 양이 확산되는 것을 방지하게 된다. 하지만 아직도 음의 기운은 마치 아지랑이처럼 미약할 뿐이라 양의 기운이 확신되어 우주(宇宙)를 가린 것처럼 보인다. 아직 양의 기운이 천지(天地)를 덮고 있으니 음은 그 행위와 자태를 뽐내기 어렵다. 맹렬한 양기 속에서 음의 기운을 아직은 실감하기 어렵다. 그러나 이미 음의 기운은 실낱처럼 피어나기 시작하였다.

4. 계절적(季節的) 관점

오월(午月)은 입절이 망종(芒種)이다. 망종은 털끝이라는 의미도 있지만 이미 땅속으로 들어간 씨앗이 썩었다는 의미도 있다. 씨앗으로 넣은 종자는 이미 썩었으니 싹이 자라 무성해진 것이다. 망(芒)은 풀초(艸) 밑에 망(亡)이 자리한 글자이니 이미 썩어 싹이 무성하게 자랐음을 보여주는 글자이다.

망종이 절입일이 되며 지장간에서 보이듯 초기 9일은 전달의 여기로 남아 병화(丙火)가 지배하며 이후 3일간은 기토(己土)가 당권(當權)하게 되며 마지막에는 정화(丁火)가 사령(司令)하게 되는데 정화가 가장 강력한 힘을 발휘하니 정기라 부르는데 그 기간에서 보듯 아주 길지 않아 열기가 점차 힘을 잃을 것이라는 것을 알 수 있다. 이는 무성하던 기운이 서서히 스러짐을 보여준다. 곧 나타날 하지(夏至)를 기점으로 음(陰)이 시생(始生)하여 힘을 얻으며 서서히 피어오르면 지금까지 천지를 지배하던 극양(極陽)의 기운을 서서히 소멸하기 시작한다.

5. 오행적(五行的) 관점

사화(巳火)가 자연적(自然的)이고 양적(陽的)이며 광적(光的)이라면 오화(午火)는 인위적(人爲的)이고 음적(陰的)이고 열적(熱的)이며 문명(文明)의 불이다. 인위적인 경향이 인간적인 면을 부각시키고 열적(熱的)인 성향이 빛과는 달리 역할을 한다. 사람의 손에 의해 이루어지는 것이니 사람의 정신문화(精神文化)와 관련이 깊다. 사람의 예술성과 지식, 혹은 노력이나 문명과 관계있으므로 교육, 문화사업, 언어와 문자 등의 속성을 갖는다. 오행의 생극(生剋)은 여전히 힘을 발휘하니 화가 왕(旺)하여 목을 만나면 자분(自焚)하게 되니 지나치게 불을 피우는 것은 때로 자신을 불에 집어넣는 경우에 해당할 수 있다.

오화는 열기를 지니고 있으므로 쇠를 녹이는 기질이다. 병화는 빛이 강한 성질이라면 오화는 열이 강한 성질이다. 오화가 금을 만나면 금을 극(剋)하여 그릇을 만들기도 하나 지나치면 쓸모없게 만든다. 또한 이미 만들어진 기물을 녹이면 쓸데없는 짓을 한 결과로 나타날 수 있다.

타오르는 불길에 물을 부우면 불이 사방으로 번지거나 강하게 피어오르는 것을 보듯 강한 오화가 자수를 보면 더욱 맹렬해지기 쉽다. 오화가 진토나 축토를 보면 습기 머금은 흙에 불이 꺼지는 격으로 빛을 잃기 쉬우며 양기가 넘치고 화기가 내제되어 조토(燥土)인 술토와 미토를 보면 동질성을 지니고 있으므로 설기가 되지 않고 오히려 합하여 화기가 오히려 강해지게 되기 쉽다. 특히 오화는 미토와 합을 하면 가장 강한 모습으로 나타난다.

6. 상징

오화는 한여름의 뜨거운 빛과 열기를 표현하고 있다. 양의 기운이 가득하지만 아주 깊은 곳으로부터 음의 기운이 서서히 나타나기 쉬우니 오양일음(五陽一陰)이라 부른다. 온 세상에 양의 기운이 가득한 가운데 음의 기운이 피어나니 이를 일음(一陰)이 시생(始生)했다라고 하다.

오화는 살아있는 불로 표현되며 사람의 노력으로 만들어진 불이 포함된다. 따라서 활화(活火), 밝은 불, 온화한 불, 방을 데우는 불, 방을 밝히는 불, 따듯한 불, 촛불, 난로불, 온돌을 데우는 불, 등불을 의미한다.

오시(午時)는 11시 30분에서 13시 30분사이이며 오월(午月)은 오월(五月)로 가장 따스한 기운이 넘치는 계절이다. 오월의 절기는 망종이며 타버린 맛은 쓴맛이다. 숫자는 2이며 남방을 의미하고 적색(赤色)이다. 신체적으로는 심장, 정신, 눈동자를 의미하는데 동물은 말이다. 말은 초원을 질주하는 짐승으로 역동성이 큰 짐승이다. 말은 역동성과 생동감을 준다, 역동적인 행위를 의미하는데 남방, 남쪽을 가리키고 남방(南方)은 풍수에서 중녀(中女)를 지칭하는 방향인 것처럼 활동성이 있다.

7. 인간적 의미

오월(午月)은 오월(五月)이다. 오월은 만화(萬花)가 피어나 나름대로 자태를 드러내어 뽐내고, 다른 사물도 모양을 내고 벌과 나비를 불러 모으는 계절이다. 온 세상에 꽃이 만발하여 모든 사람의 시선을 묶는 계절이며 꿀을 생하는 시기이다. 인간에게 오월은 활력이 넘치는 계절이지만 인생사에도 오월은 청년기에 해당한다. 청년기는 가장 화려하고 역동적이며 감정도 피어나고 생산에도 기여하는 시기이다. 인생의 황금기라고 할 수 있는 시기이다.

8. 성격

1) 오화는 따듯하다.

2) 오화는 포근하다.

3) 오화는 지극히 사교적이며 꽃이 만발하듯 화술이 뛰어나다.

4) 예의 바르며 태양이 빛을 밝히고 불길이 사람을 인도하듯 희생과 봉사정신이 강하다.

5) 화려하고 열정적이나 불이 식듯이 빨리 식는 단점도 있다.

6) 사랑도 빠르고 식기도 빨리 식는다.

7) 독립심이 강하고 다혈질이다. 발끈하는 성질에 화를 참지 못하고 대들거나 화를 내고는 곧 후회한다.

8) 화가 나면 어디로 튈지 모른다.

9) 활발한 행동이 활동적이며 상황에 긍정적이다.

10) 대단히 이기적인 성향을 드러낼 때가 있다.

11) 이익이 되면 적극 참여하지만 손해가 날 듯하면 즉시 절교하는 성향이 있으며 앞뒤를 재는 성향이 있다. 이기

적인 성향이 강하다.

12) 일복이 많다.

13) 비밀을 숨기지 못하고 잘 퍼트리며 자기 자랑을 잘한다.

14) 참을성이 부족하여 용두사미(龍頭蛇尾)의 모습으로 나타나고 이를 유시무종(有始無終)이라 한다. 참을성 부족으로 불이익을 당하며 실패할 수지가 다분하다.

15) 성격이 이중적이다.

16) 변태적 성향이 강하다.

17) 예의가 없고 무례를 범하는 경우가 많다.

18) 변덕이 심하다.

19) 주색에 빠질 성향이 있다.

20) 오가 다시 와서 병립하면 오가 2개가 나란히 서는데 이 경우는 뛰어난 사고의 소유자이다. 사고력이 뒷받침되고 기민함이 있으니 언론이나 방송으로 진출하면 좋다.

8장

미토론
(未土論)

8장. 미토론(未土論)

1. 지장간 : 丁9, 乙3, 己18(地支藏干 : 丁 乙 己)

2. 자의(字意)

미월(未月)은 여름과 가을의 중간 길목이다. 이를 간절기라 하고 환절기라 한다. 12지지 중에서 토의 지지는 하나같이 계절을 가르는 환절기에 삽입된다. 미월 이전은 여름이고 미월 이후는 가을이다. 따라서 미월에는 이미 가을의 기운이 들어오기 시작한다. 여름이 지나가며 만물이 이미 이루어져 열매가 맺히고 맛이 생기기 시작한다(味). 이처럼 미월은 이미 열매가 생성되는 시기이다. 시간으로는 이미 정오를 넘어 성장이 그치게 되는 것을 의미한다. 미월 이후는 만물의 성장이 이루어지는 것이 아니라 성숙(成熟)하게 된다.

미(未)는 아니다, 미래, 장차, 앞으로 다가오는, 내일이라는 의미가 강하다. 여덟째지지이며 〈갑골문자〉에서는 나무가 매우 무성한 글자의 모양을 본뜬 것이다. 즉 나무목(木) 위에 일(一)자를 더해서 일단 무한을 의미하였지만 위로 튀어나온 글자의 모양은 한껏 자랐다는 의미를 지니고 있다.

고전에서 이르기를 ≪설문≫에서는 "맛, 6월에는 맛이 든다."하였으니 이미 열매를 맺어 맛이 들고 있음을 알 수 있다. 과일은 이 시기에 열매를 맺지 않으면 가을까지 익지 못할 것이다. ≪사기≫에 기록하기를 "만물이 모두 이루어져 맛이 있다."하였으니 이미 맛이 들었다. ≪한서≫에서는 "미(未)에 가려져 어두워진다."하였으니 정오를 넘어 해가 기우는 시간임을 알겠다. 인생도 이제 기울 것이다. ≪석명≫에서 이르기를 "미(未)는 어두움이다. 해가 한가운데에서 기울어져 어두워진다."하였으니 정오를 넘은 것을 알겠고 인생도 기우는 것을 알겠으며 나이를 먹어 청년기를 넘어서 장년기(長年期)로 들어서는 길목임을 알겠다. 열매를 맺는 것처럼 사람도 후사(後嗣)를 준비해야 한다.

아닐 미, 미래 미, 여덟째지지 미, 나무가 무성한 것을 형성하였다. 나무가 무성한 시기는 유월(六月)이다. 중앙을 의미하는 열십(十)자 위로 나무의 가지가 무성한 것을 표현하고자 일(一)자가 더해지고 뿌리가 무성함을 나타내고자 여덟팔자 모양의 형상이 더해지니 드디어 미(未)자가 되었다. 또한 달리 살펴보면 나무목(木)자에 일(一)자를 더한 것이고 목(木)자에서 일(一)자를 더했음에도 계속 자라나는 모습이니 아직 성장이 끝나지 않았다. 아직 모든 것이 끝나지 않은 것이다. 그럼에도 나무의 끝은 꼬리에 해당하는 것이니 미(尾)자와 같은 훈으로 미라 부른다.

다양하게 사용되고 미래(未來), 기미(己未), 미결(未決)과 같은 의미로 많이 쓰이는데 아직 아니다, 다가오지 않았다, 결정되지 않았다 등등과 같은 의미로 많이 사용된다. ≪설문≫에 따르면 "味也 六月滋味也 五行木老於未 象

木重枝葉也 無沸切末"라 하였으니 나무가 늙은 것이 아니라 자라기를 다 하였다고 볼 것이며 나무에 잎이 중중한 것을 나타내고자 한 것이라 보인다.

3. 음양적(陰陽的) 관점

천지간에 가득하던 양의 기운이 서서히 퇴보를 시작하였다. 여름이 접어들었던 사(巳)와 오(午)의 기운이 서서히 물러가며 양을 물리치는 음의 기운이 태동을 한다. 양이 물러간 자리에 음이 스며들어 자리를 잡기 시작하니 은연중 차가운 기운이 조화를 이룬다.

미토의 시기는 이음(二陰)이 시작되는 때이며 서늘한 기가 피어오르기 시작한다. 그러나 땅에 흡수된 열기가 복사(輻射)되어 가장 더위를 느끼는 때이기도 하다. 하늘의 빛과 열이 땅을 덥혀 온 세상이 뜨겁고 온 몸을 태울듯하나 더 이상의 열기는 생성되지 않는다. 뜨거운 열기는 당분간 계속된다. 새롭게 더 이상 더워지는 열기는 아니다. 태양이 약해져 음의 기운이 스며드니 이미 만물의 성장이 멈추기 시작했다. 양의 기운이 땅속 깊은 곳에서 피어오르는 음기에 싸이기 시작하는 시기가 된다.

4. 계절적(季節的) 관점

여름이 끝나가는 계절인 미월(未月)은 표면적으로 아직 여름이 끝나지 않았다. 이미 형성되어 절정을 이룬 양기의 기운이 아직은 천지를 달구고 있으며 음기는 피어나지만 아직 양기를 밀어낼 힘을 가지지 못하였다. 입절을 이룬 소서(小暑)가 이름에서 보이듯 더위가 물러남을 알리고 있기는 하지만 아직 시간이 필요하다.

소서는 절입일(節入日)이 되어 9일이 되기까지는 지장간에서 보여지듯 이전 달의 오화(午火)의 여기가 남아 사령하게 되어 열기의 기운이 강하다. 9일간에 걸친 여기가 지나면 후로 다시 3일간은 을목(乙木)이 사령하나 곧 대서(大暑)가 지나면서 기(己)의 기운에 사령하여 정기가 되니 토기(土氣)가 왕성해진다. 이로써 미월은 표면적으로 토의 기운이 드러난다. 미월은 여름과 가을의 다리 역할을 하는 시기로 달리 금화교역(金火交易)의 역할을 하는 시기이니 양기를 수렴하여 금의 기운과 연결하는 고리가 된다.

5. 오행적(五行的) 관점

미토는 화기가 많이 남아있는 토이다. 그러나 음이 수렴되기 시작하여 반드시 화토(火土)라고 부르기는 무리가 있다. 미토는 화기가 수렴되어 이루어진 토로 결실로 가는 첫 단계에 해당된다. 가을로 접어들며 결실이 이루어지나 이미 가을이 들기 전에 결실의 의미가 생겨나니 미토야 말로 가장 이상적인 단계이다. 미토는 이미 결실로 이루어질 맛을 나타내고 있다. 모든 만물의 성장을 멈춘 상태로 이때 다 자란 만물은 생활에 활용되는 모든 것이 포함되는데 크게 보아 건축자재(建築資材), 섬유(纖維), 포목(布木) 등의 의미를 포함하고 있다.

미토가 자수(子水)를 보면 화기를 듬뿍 머금은 토의 기능상 물을 막는 토극수(土克水)의 작용이 강하게 일어나며 가장 이상적으로 수기를 억제하는 토가 된다. 해수(亥水)를 만나 주변에 묘(卯)가 있어 목기가 강하면 해묘미(亥卯未)가 삼합(三合)을 이루니 수의 성질과 합해지고 다시 목의 성질로 변질되기 쉽다. 미토가 다시 오화(午火)를 보면 합하여 오미합화(午未合火)가 되어 화와 토의 기운이 강해지고 다시 수(水)의 조절이 없으면 불기둥처럼 회기만이 강해져 바싹 마른 조토(操土)로 생금(生金)의 능력이 약하다.

6. 상징

미토는 양의 기운이 서서히 감퇴하고 빠져나가기 시작하는 시기로 만물의 생장은 멈춘다. 성장이 멈추면 후사(後嗣)를 준비해야 하니 열매를 맺고 결실을 준비한다. 이미 차가운 음기가 스며들어 성장은 멈추고 열매가 맺히니 잎은 단풍이 들고 수분은 하강하니 나무는 목질이 단단해진다. 수분이 목질에 남으면 겨울철의 한기에 얼음으로 화해 죽음에 이르니 물을 내려 수관을 보호해야 한다. 잎은 딱딱해지고 건조해지며 거칠어지고 더 이상 꽃은 자라지 못하니 씨를 만드는 작업이 시작된다.

천지간에는 양의 기운이 가득 차 보이지만 두 개의 음이 이미 자라고 있으니 곧 양이 균형을 잃어 물러갈 것임을 보여준다. 미토는 화기가 가득 찬 토이지만 점차 차가워지고 있으며 뿌리 깊은 곳에서 음의 기운이 안개처럼 피어오르기 시작한다. 미토는 흙, 골재, 메마른 땅을 의미하니 바닷가의 바람에 날리는 흙이고 사막의 흙으로 만물의 뿌리를 잡지 못하는 흙의 성정이라.

미시는 13시 30분에서 15시 30분 사이이고 미월은 음력 6월이다. 소서가 입절이고 단맛을 의미한다. 잘 익은 과일은 달다. 땅의 성분은 달고 숫자는 10이다. 남서쪽을 의미하는데 이는 풍수적으로 노모(老母)의 자리이니 재산(財産)의 터이다. 신체부위로는 위, 췌장, 척추가 해당되고 동물은 양(羊)이다. 양은 겉으로 순하고 얌전하고 차분하지만 열이 많고 고집이 세며 한번 싸우면 두 개의 뿔을 내세워 죽을 듯 돌진하니 그 피해가 크다. 따라서 양인(羊刃)이라는 말이 나왔다.

7. 인간적 의미

표면적으로는 몸을 태울 것처럼 열이 있지만 이미 내부적으로는 차가운 음의 기운이 파고드니 초목은 꽃을 떨군다. 차가운 기운에 만물은 결실을 이루기 위한 준비를 다하려고 꽃을 버리고 씨앗을 만든다. 만물이 다음 세대를 준비하니 인간이라고 다를 바가 없다. 인간은 청년기에 지나 중년기에 다가드니 자식을 양육(養育)하고 교육하는 시기이다. 지금 자식을 다스리고 가르치지 못하면 미래가 불확실하다.

8. 성격

1) 표면적으로 온순하고 정직하며 자비심이 보인다. 내면과는 다르게 보인다.

2) 지나치게 건조한 심성을 보이기도 한다. 이는 사막토의 성분이 드러나기 때문인데 겉으로는 정성을 다하고 친절하나 내심으로는 한계를 정한다.

3) 사교적이며 화술이 뛰어나지만 책임질 약속은 하지 않는다.

4) 나름의 중심을 지키려하고 중도를 가지만 나서지 않는 것이 책임을 회피하기 위한 것과 자신에게 다가올 피해를 피하려고 하는 심성도 있다.

5) 겉으로 차분하고 침착해 보이지만 괄괄하고 급한 성격이라 한번 평정이 깨어지면 깊은 곳의 성정이 드러난다.

6) 타인을 배려하는 희생정신이 있다.

7) 고집불통으로 타협하지 않으며 자기본위적으로 사고한다.

8) 자존심이 강해 마음에 상처를 입으면 다시 보려하지 않는다.

9) 타인의 간섭을 싫어한다.

10) 돌아다니는 것을 싫어해 때로 외톨이 기질이 있다.

11) 고상한 척하지만 마음에는 어울리고 싶은 욕망이 강해 고독을 느낀다.

12) 소견이 지나치게 좁고 괴팍한 심성이 있어 자신의 의견에 맞지 않거나 자신의 목적에 반하면 삐치고 포기하

거나 다른 사람을 피곤하게 한다.

13) 편협하다

14) 타인에게 좋고 싫음을 잘 나타내지 않으므로 타인은 마음이 좋거나 넓은 마음이라 생각하지만 반대로 편협하기 때문에 나타내기 싫어 마음을 닫거나 삐진 것이다.

15) 말을 함부로 하여 구설수에 오른다.

16) 양보와 겸양의 미덕이 없다.

17) 미토는 목(木)의 고(庫)이니 목(木)은 미(未)에서 입묘(入墓)되어 고목(古木)이 된다.

18) 미토는 바싹 마른 조토(燥土)이므로 물을 막는 토극수(土克水)는 뛰어나지만 토생금(土生金)은 어렵다.

19) 미(未)는 미(味)이니 음식솜씨가 있다.

20) 미가 연이어 나와 병립을 이루어 미가 2개가 서면 타인에게 손해를 많이 보고 어렵고 힘든 일이 계속 반복적으로 일어 난다

21) 미가 연이어 나와 병립을 이루어 미가 2개가 서면 사람의 생명을 다루는 일이나 직업을 가지고, 혹은 그와 관련된 직업에 종사하면 활인 되어 어려움이 줄어든다.

9장

신금론

(申金論)

9장. 신금론(申金論)

1. 지장간 : 戊7, 壬7, 庚16(地支藏干 : 戊 壬 庚)

2. 자의(字意)

  신(申)은 신(伸)이다. 이는 펼쳐진다, 널리 펴지다의 의미를 지닌다. 펼쳐진다는 신(伸)의 의미는 음기가 강하게 피어나 펼쳐진다는 의미가 있다. 즉 이 뜻은 그동안 천지간을 지배하였던 양의 기운이 쇠퇴하거나 물러나거나 굴(屈)하고 음의 기운이 천지간에 펼쳐진다는 뜻이 된다. 즉 양이 음으로 교체되는 시기이다.

신(申)의 의미는 납, 아홉째 지지, 펴다, 이야기하다, 보내다, 명확하다의 의미가 있으며 고전에서 평가하거나 설명한 내용을 살펴보면 ≪설문≫에서 이르기를 "펼쳐진다는 뜻이다. 7월에 음기가 성하여 퍼진다."라 적고 있다. 천지간에 퍼져있던 양기가 사라지고 음기가 피어올라 서서히 영역을 넓혀감을 의미하는데 이미 성하다고 했으므로 무성하게 퍼지는 단계에 접어들었음이다. ≪사기≫에 이르기를 "신(申)이란 음의 힘이 작용하는 것을 말하며 음기가 작용하여 만물을 해친다." 양기가 강해지니 성장의 기운을 헤치고 있음을 알겠다. 이로써 만물의 성장은 멈추었음을 알겠다. ≪한서≫에는 "신에서 퍼져 확고해진다."하였으니 이미 음기가 자리를 잡았음을 알겠다. ≪석명≫에 이르기를 "신은 몸(身)이다. 만물이 모두 이루어져 신체를 펼친다."하였으니 이전에 자라온 모든 생물이나 만물이 성장을 멈추고 이제 몸을 단단히 함을 알겠다.

펼 신, 뻗칠 신, 납 신, 잔나비 신, 원숭이 신, 아홉째지 지 신의 의미를 가진다. 글자의 중앙을 차지한 글자는 밭 전(田)이나 일(日)이 아니고 절구를 의미하는 글자인 구(臼)이다. 흔히 구(臼)는 음양을 표시하는 글자인데 곤(丨)이 뚫고 들어가 구획을 나누었으니 양의 계절에서 음의 계절로 바뀌는 것을 나타낸 것이다. 혹은 음과 양이 균등하게 대립하고 있는 상이기도 하다. 음은 나눈다는 의미를 지닌 곤(丨)의 옛 훈인 신이다. 칠월에 무수히 뻗어나가려고 하는 것을 음기가 다가와 체(體, 滯)를 이루니 무성하게 뻗어나가지 못하도록 묶은 것이다.

음양의 조화를 가른 것이 중요하다. ≪설문≫에 이르기를 "神也 七月陰气成體自申束 從臼自持也 吏臣鋪時聽事申旦政也 失人切申"라 이르렀으니 칠월에 해당하는 절기임을 알겠다.

3. 음양적(陰陽的) 관점

절기가 이미 기울어 여름을 지나 환절기를 거쳐 가을에 접어들었으므로 천지간을 장악하고 있던 양기가 물러나고 피어난 음기가 자리를 잡았음을 알겠다. 천지간을 장악하고 있던 양의 기운을 대체하여 음기가 스며드니 삼양삼음(三陽三陰)이라. 표면적으로 양가 음이 동수를 이루고 평온을 유지하나 이는 표면적일 뿐 내부는 음이 양을 몰아가고 있음이다. 삼음(三陰)이 양기를 굴복시켜 음기가 만물을 지배하기 시작한다. 그러나 아직은 음기가 모든 세상을 장악하거나 지배한 것은 아니다. 아직 음과 양의 조화는 3대3으로 이루어지고 있다. 그러나 양은 기우는 해요, 음은 피어나는 달이다. 화의 양기가 이미 미토에 의해 수렴된 것이 차가운 바람이 일어나는 신금(申金)에서 응축되기 시작하여 겉이 단단해지기 시작한다. 이로써 씨가 단단해지고 열매의 겉이 단단해진다.

4. 계절적(季節的) 관점

가을의 산들바람이 불면 신월(申月)인줄 알 것이다. 바람 중에 시원한 느낌이 섞여 있다면 신월(申月)인줄 알 수 있다. 신월(申月)은 입추(立秋)가 절입일로 이미 어깨와 가슴을 파고드는 선득한 바람이 아침과 저녁의 기온을 떨어뜨린다. 이 차가운 기운은 가을을 재촉하는 금(金)의 기운이며 숙살지기(肅殺地氣)의 흐름이다.

신월에 접어들면 초기에는 전 달을 이어온 미월(未月)의 정기인 토가 사령하게 되어 여기로 남아 지배하는 중에 시간이 흘러 중기에 들어서면 다음의 계절로 이어지는 동절기의 기운인 수(水)의 기운을 장악하는 임수(壬水)가 사령하기에 이르니 쌀쌀하고 냉랭한 기운이 밀려오기 시작한다. 처서(處暑)가 지나게 되면 열기가 사라지고 온기가 밀려가며 차갑고도 예리한 금기(金氣)가 달려 나온 듯 점점 강해지게 된다.

5. 오행적(五行的) 관점

가을은 결실의 계절이다. 결실은 태양을 받아 성숙해진 모든 것이 차가운 기운을 받아 거죽이 단단해져야 한다. 이로써 씨가 익어 후사(後嗣)를 이어간다. 신금(申金)은 만물을 결실하는 계절이다. 신금은 만물의 기운을 거두어 들이는 숙살(肅殺)의 기운으로 정화(淨化)와 정비(整備)의 의미가 있다.

신금의 지장간에서 보이듯 신금에는 임수(壬水)가 장간되어 있어서 금생수(金生水)의 기능이 강한데, 다시 자수(子水)를 만나면 신자진(申子辰)으로 이루어지는 삼합(三合)의 반합(半合)을 이루어 수(水)의 기운이 극도로 강하게 된다. 신금이 다시 인목(寅木)을 보면 극(剋)하여 지극히 상하게 한다. 신월에 사화를 보면 사신합수(巳申合水)로 합하여 금의 기운이 강하게 되기도 하나 지나치게 화기(火氣)가 강하면 도리어 화극금(火克金)의 작용을 무시할 수 없다.

6. 상징

신금은 양금(陽金)으로 만물의 성장을 억제한다는 의미가 있다. 다 자란 수목(樹木)은 겨울을 나고 다음 세대를 이어가기 위해 영양분을 수축하고 응고시켜 체내나 외부에 저장하여야 한다. 이 영양분은 긴 겨울을 나기 위한 방편이고 자손을 퍼트리기 위해 열매로 남기는 것이니 천지의 기가 위로 오르고 아래로 내려가는 것이니 이를 상통하달(上通下達)이라 부른다.

신월은 음양의 기운이 정확하게 양분한 형상이다. 허공에는 양의 기운이 떠 있지만 서서히 물러가는 중이고 지중에는 음의 기운이 피어올라 충만하여 서서히 양기를 밀어내며 허공으로 밀려 올라오는 형상이다. 천지간에 두 개의 기운이 대립하는 형상이나 이미 내실은 음기에 점령당했으니 점차 양기가 멀어지고 있음이다. 신금은 가공되지 않은 거대한 바위를 의미하고 철광석(鐵鑛石), 가공되지 않은 무쇠덩어리, 부딪치면 요란한 소리를 내는 강한 금붙이를 의미한다.

신(申)은 시간으로 계산한다면 15시30분에서 17시30분 사이를 의미하며 신월은 음력 7월을 나타낸다. 입절은 입추가 되므로 완벽한 가을로 접어든 것으로 볼 수 있다. 맛은 매운맛이다. 숫자는 9를 나타내며 색은 금의 색인 백색이다. 방향은 서남쪽으로 풍수적으로 노모(老母)의 자리이며 재물을 나타낸다. 신체는 대장, 폐, 경락, 관절과 관련이 있으며 짐승은 원숭이다. 잔나비라고 불리기도 하는 원숭이는 인간과 비슷한 형상을 지니고 있으며 변화무쌍한 행동을 보이고 있다. 진지함은 떨어지지만 임기응변이 능하고 예민하며 때로는 놀라울 정도로 신경질적으로 반응하거나 미친 듯 소리를 지르는 등 심신이 불안정한 동물이라고 할 수 있다.

7. 인간적 의미

신월은 가을의 절기이다. 이미 차가운 숙살지기에 꽃이
졌으며 미래의 이어짐을 위한 결실이 시작되었다. 꽃이 피
었던 자리에 열매가 매달리며 씨방이 형성되어 미래를 준
비한다. 인간의 생장기(生長期)로 비추어 보면 인간은 가
장 왕성했던 청년기를 지나 중년기와 장년기 사이에 머문
시기이다. 자식들을 대부분 키워가고 있으며 머리가 희고
활동력도 점차 약해지는 시기이다. 방향이 해가 저무는 서
녘을 의미하듯 인생의 황혼기에 접어들기 직전이다.

8. 성격

1) 결실을 의미하듯 총명한 두뇌를 가지고 있다.
2) 신은 방향을 서(西)로 하는데 이는 방향의 특성상 소
녀(小女)의 위치이다. 순수하고 천진난만하다. 때로 그 천
진난만함이 주위사람을 힘들게 한다.
3) 금의 성분이라 단단하며 쇠뿔고집이다.
4) 맺고 끝는 맛이 있으며 의리와 의협심이 있다.
5) 약속은 지키려고 노력한다.
6) 유머와 재치가 있으며 깊이 파고드는 사고력이 있다.
7) 합리적인 대안을 가지고 임하며 자제력이 있다.
8) 평소에는 묵직하지만 때로 산만하며 힘이 생기면 교
만해지며 목적을 위해 경박스러워지기도 한다.
9) 지극히 현실적인 사고를 한다.

10) 이기적인 면도 강하다.

11) 변덕이 있어 고독하다.

12) 대립하거나 의견 충돌이 있으면 타인을 억누르려는 호승심이 있어 서로가 상처를 입는 충돌이 자주 있을 수 있고 고독을 자초한다.

13) 자기주장이 강하다.

14) 가정적이지 못하다.

15) 마음이 불안해지면 안정이 무너져 행동과 사고가 불안정하고 신경질적으로 변하며 원칙이 무너진다.

16) 풍류와 주색을 즐긴다.

17) 절약하고 아낄줄 안다.

18) 지나친 아집으로 성공과 실패가 춤추듯 한다.

19) 신금은 불을 만나 제련되는 것을 좋아하니 불을 두려워하지 않는다.

20) 신은 역마에 속한다.

21) 해운계통에 종사하면 좋다.

22) 신(申)이 사(巳)를 보면 합(合)이 되기도 하고 형(刑)이 되기도 하는데, 우선은 좋으나 일이 진행되면 후반은 불리하다.

23) 신이 연이어 나와 병립을 이루어 신이 2개가 서면 역마가 연이은 격이니 활동적이고 움직임이 큰 직업이 좋다. 바다를 건너는 무역이나 여행업도 좋다.

10장

유금론
(酉金論)

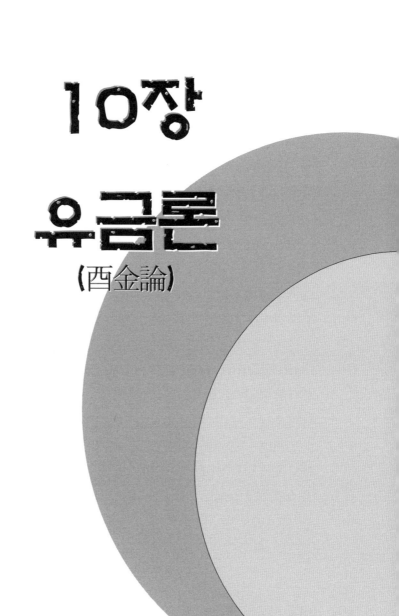

10장. 유금론(酉金論)

1. 지장간 : 庚10, 辛20(地支藏干 : 辛)

2. 자의(字意)

　한자(漢字)는 상형(象形)에서 시작한다. 어떤 물체를 형상화 했는가가 중요하다. 형상화한 물체의 의미를 깨달으면 그 글자가 나타내고자 하는 의미의 이해가 되기 때문이다. 유(酉)는 술 단지를 형상화시킨 글이다. 술 단지를 형상화 한 것은 8월에 기장이 익으면 이를 축하하고 곡신(穀神)에게 제사를 지내기 위해 술을 담는 데서 기인한 것이다. 유금은 닭을 의미하는 글자로 사용되며, 열째지지, 술, 못, 물을 대다는 의미가 있지만 때로는 여자의 자궁이라는 속설도 존재한다. 〈갑골문자〉에서는 아가리가 좁고 배는 불룩한 술 단지의 모습을 보고 형상화한 글자라고 한다. 지금의 일반 항아리 모습과는 다르지만 작은 규모로 만들어지거나 중국에서 만들어지는 술병이나 꽃병이 이런 모양을 가지고 있으며 호리병도 이러한 모습이다. 중국의 옛 술 단지가 어떤 모습이었는지 알 수 있다.

　고전에서 풀이한 내용을 살피면 ≪설문≫에는 "8월에 기장이 익으면 강신주를 담는다. 술 단지의 모습이다."라고 명쾌하게 기록되어 있다. 무엇을 담는 그릇의 모양이니 담을 것이 있다는 의미이다. 그런데 익은 곡식으로 술을 담았으니 추수의 계절인 것을 알겠다. ≪사기≫에서 이르기를 "酉란 만물이 늙는 것이다."라고 하였으니 이미 성장을 멈추고 노년기에 접어든 것을 알겠다. ≪한서≫에 이르기를 "유(酉)에서 머무른다"하였으니 인생의 종착을 알겠다.

뜰 유, 익을 유, 술 유, 닭 유, 열 번째 지지 유, 별 유, 나아갈 유, 술두루미가 뜨다, 술을 담그는 그릇의 모양, 술병의 모양, 발효를 의미, 옛 중국의 황하와 장강 사이의 평원에서 농사는 매우 중요한 문화였다. 기장을 심어 익으면 그 노고를 치하하고 곡신에게 바치며 즐기고 축하하기 위해 술을 담는데 그때 술을 빚는 술 단지를 형상화 한 글씨가 유(酉)이다. 따라서 술단지, 발효라는 의미가 있고 해당하는 절기는 음력 8월이다. 유(酉)는 주(酒)의 본(本)자이다. 십이지지를 따지거나 띠를 적용할 때는 닭의 동물명이 해당한다. 음은 술통을 나타내니 술통유(卣)로 통하니 그 발음을 유라 한다.

유는 속설로 여인의 자궁을 형상화 한 것이라고도 한다. ≪설문≫에 이르기를 "就也 八月黍成 可爲酎酒 上古文酉之形 與九切酉 古文酉從卯 卯爲春門 萬物已出 酉爲秋門 萬物已入 一閉門象也"라 하였으니 유(酉)의 달이 오면 모든 생물이 자람을 멈춘다는 것을 알겠다.

3. 음양적(陰陽的) 관점

천지간의 모든 기가 융화를 이루지만 음과 양의 관점은 피하기 어려우니 신월(申月)에 균형을 이루었던 음양이기의 변화가 급격하게 이루어져 온기를 머금은 양기가 물러나고 차가운 기가 넘치는 음기가 더욱 강해졌다. 천지간을 지배했던 양이 물러가고 음이 지배하기 시작하며 날씨가 차가워지고 계절은 점차 추운 계절로 변해가기 시작한다.

신월은 사음(四陰)의 강성한 음기가 동하는 계절이다. 강성한 음기가 양기를 압박하여 천지간에 양기는 이양(二陽)에 불과하니 이미 양기는 음기에 밀려 힘을 잃었다. 따라서 시간이 흐를수록 음기가 더욱 단단해지며 수간(樹幹)과 잎에 수렴되었던 수기(水氣)가 뿌리로 하강하여 나뭇잎에 단풍이 들기 시작한다. 수목은 더 이상 수기를 흡입하지 않고 겨울을 대비한다. 수기를 빨아들이면 수관에 물이 차 겨울에 얼어 죽으니 모든 수기를 방출하여 수관에서 물을 뽑아냄으로써 모든 것이 단단해진다.

4. 계절적(季節的) 관점

추운 계절이 돌아왔다. 태양은 힘을 잃었고 수기는 수목을 괴롭힌다. 바람에 양기가 사라져 차가운 음기가 파고드니 차갑고 싸늘하다. 초목은 수관에 차 있던 습기를 버리기 시작한다. 모든 수관에서 물을 빼 내어야 음기가 강한 한겨울에 얼어죽지 않으니 수목은 수기를 하강시켜 뿌리로 빼어낸다. 따라서 단풍이 들고 열매는 성숙해진다.

유월(酉月)은 백로(白露)가 절입일이 되며 진정한 가을로 접어들었음을 알린다. 입절이 지나 초순에는 지난달인 신월(申月)의 여기가 10일간 사령하게 되고 중순이 지나면서 신금(辛金)의 왕성한 기운이 20일에 걸쳐 형성되어 와서 완벽한 금의 기운으로 이루어졌다. 강한 금기에 초목이 모두 결실의 숙성을 추구하니 모든 과일이 결실을 이루게 되고 결국 땅으로 떨어지게 된다.

5. 오행적(五行的) 관점

유금(酉金)은 금의 왕지(旺地)로 순수한 금의 기운이 뭉쳐 형성된다. 어떤 금의 성분보다 강한 성분으로 오로지 금의 기운만 충일하게 채워진 달이다. 이로써 금속성 장신구, 무기 등을 나타내며 강하고 강한 성질이 드러난다. 베고 찌르는 성질, 남을 다치게 하는 성질, 화를 내는 성질, 쓰러뜨리는 성질이 모두 유금의 성질이다.

살기가 극에 달하니 모든 것을 썩게 만들기도 한다. 성숙되어 푹 익은 과일 등을 변질시키는 세균이나 효소의 속성도 이 때문에 가지게 되는 것이다. 모든 것을 익혀버리고 베어버리는 강력한 숙살지기(肅殺之氣)로 목(木)을 극한다. 천지간이 완벽하게 금(金)으로 이루어져 있어 지나치게 순수한 금으로 금생수(金生水)의 역할은 오히려 약하다. 유월에 사화(巳火)나 축토(丑土)를 보면 합이 되어 금의 기운이 강해진다. 진토를 보아도 합을 이루어 힘이 강해진다.

6. 상징

유금은 음금(陰金)으로 순수한 금의 성분이라 강도만 따진다면 지나치게 약한 금이다. 순수하고 정밀하여 예리하고 날카롭기는 하지만 둔탁하거나 강하지는 못하다. 유금은 수렴하는 시기인지라 오곡백과(五穀百果)가 익고 시간이 지나치면 씨가 물러 땅으로 떨어지는 시기이다. 씨는 땅으로 떨어져서 깊이 파고들어야 깊은 겨울을 이겨내고 이듬해 싹이 튼다. 유금은 결국 열매가 맺힌 형상을 의미하고 12지지 중 가장 깨끗하고 아름답다. 음의 기운이 넷이고 양의 기운이 둘이니 양의 기운이 점차 물러나고 있음을 알 수 있다. 주옥, 모래, 자갈, 금음보석, 칼, 돌을 의미한다.

유는 유시(酉時)를 나타내며 17시 30분에서 19시 30분까지를 나타내며 유월(酉月)은 음력 팔월이며 입절은 백로가 된다. 백로가 되니 이슬이 서리로 변하는 계절이 왔다. 유금은 매운맛을 내며 숫자로는 4이다. 색은 금속성이니 백색을 드러내고 방향은 서쪽이니 풍수적으로는 소녀(小女)의 자리이다. 건강상으로 해당되는 신체부위는 폐장, 뼈, 혈관이다. 짐승은 닭이다. 닭은 새벽을 알리는 가축이며 알을 낳는다. 장 닭은 사람을 공격하고 암탉은 사람을 따르지 않고 도망가니 사람이 기르는 가축 중에 가장 인간을 멀리하는 가축 중에 하나이기도 하다.

7. 인간적 의미

봄에 씨앗이 터서 여름을 달려 가을에 이르면 모든 초목은 결실을 이루게 된다. 초목은 신월에 열매를 맺어 유월에 결실의 결과를 드러내니 이를 숙성되었다고 한다. 인간의 일생에 비추어 보면 유월이란 일생의 유아기에서 시작해 이제 장년기에 도달했음을 보여준다. 자연의 봄에 해당하는 유아기와 유년기를 지나, 여름의 청년기를 통해 일가를 이루고 자식을 낳아 중년기에 기르고 가리키며 드디어 정년기에 다다르니 지난날의 노력과 노동으로 얻은 부와 명성으로 남은여생을 안정과 평화로 지내야 하는 시기에 도달하였다.

8. 성격

　1) 총명하다.

　2) 금의 성분은 대단히 이기적이다.

　3) 자기중심적 사고가 강하고 직선적 표현을 한다.

　4) 외유내강형이며 자신의 의견을 드러내지 않으려 하며 감정이 있다 하여도 쉽게 겉으로 표출하지 않는다. 대신 마음속에 적개심을 품는다.

　5) 자신의 의견을 내세우면 지지 않으려 애쓰고 끝까지 주장을 굽히지 않는다.

　6) 환경변화에 민감하여 감기 등이 잘 걸린다.

　7) 변덕이 매우 심하다.

　8) 성격이 까다롭고 고집도 세다.

　9) 예지력이 있으며 부지런하다.

　10) 보석같이 빛이 나는 성격이고 과시욕이 강하다.

　11) 타인과 융화하기 힘든 성격으로 불화가 심하고 늘 구설수가 따른다.

12) 집착력이 강하고 두려움이 없다.

13) 겉으로 친절하나 화가 나면 참지 못한다.

14) 예민하고 성정이 날카롭다.

15) 신경성 질환을 앓을 수 있다.

16) 지나치게 냉철하고 분석적이라 성격적으로 살기를 지닌다.

17) 유혹에 약하니 금전적 손해가 많다.

18) 색을 밝히고 색정이 강하다.

19) 유금은 이미 제련되어 옥이나 액세서리가 만들어진 상태의 성분이므로 다시 화(火)가 오면 만들어진 기물을 녹이는 격이라 화의 출현을 두려워 한다.

20) 유금(酉金)은 칼을 다루는 직업이 좋다.

21) 사주에 묘유술(卯酉戌) 중 두 글자가 있으며 칼을 쓰는 직업인데 활인의 운명이니 의약계통이나 의사와 같이 사람의 생명을 다루는 직업이 좋다.

22) 유(酉)가 연이어 나와 병립을 이루어 유(酉)가 2개가 서면 재능이 있어 인기를 기반으로 하는 직업을 가지는 것이 좋고 또한 사람의 생명을 다루는 직업을 가지는 것이 좋다.

11장

술토론
(戌土論)

11장. 술토론(戌土論)

1. 지장간 : 辛9, 丁3, 戊18(地支藏干 : 辛, 丁, 戊)

2. 자의(字意)

　무성함을 의미하는 글자에 더 이상은 아니라는 뜻의 글자를 첨가한 것이니 어떠한 경우에도 무성할 수 없음을 보인다. 무(戊)자는 무성함을 의미하고 이 자에 일(一)자를 첨가해 무성하지 않다는 의미를 나타낸 것이 술(戌)자이다. 음기가 강하게 밀어내니 양기가 다하여 땅 속에 숨어드는 형상이다. 이미 겉으로 드러날 양기마저 약해진 것이다. 양기가 있어도 움직이지 못하고 양기로서 제 역할을 하지 못하니 불 꺼진 아궁이 모습이며 화로에 묻어둔 불씨의 모습이다.

　술(戌)이란 본시 개를 의미하는 글자인데 열한번째 지지를 나타내며, 온기, 정성, 사물의 형용, 마름질하다라는 의미를 내포한다. 〈갑골문자〉에서는 전투에 사용하는 도끼를 본뜬 글자라고 한다. 그러나 오랜 세월 변화를 거쳐 그 모습이 달라져 본 모습은 볼 수 없을 정도이다.

　고전에서 논한 해설을 참고로 살펴보면 ≪설문≫에서는 "멸망이다. 양기가 미약해지고 만물이 다 이루어지면 양기는 땅 속으로 숨는다"라고 하였으니 천지간에 양기가 모두 사라지고 있음을 보여주는 글자이다. ≪사기≫에 이르기를 "만물이 모두 사라진다"하였으니 모든 초목이 사그라져 더 이상 활동을 하지 않는 시기임을 알겠다. ≪한서≫에서는 "무(戌)에서 다 들어간다."하였으니 생존하고 움직이거나 자라는 것이 없다는 것이다. 아마도 다 들어간다는 의미는 양기를 말함일 것이다. ≪석명≫에 이르기를 "술(戌)은 가엾다. 수렴되어 돌아가는 것은 다 가엾다"라고 하여 묘에 들어가는 듯 묘사하였다.

개 술, 열한번째 지지 술, 개를 의미하는 지지의 글자이다. 이 글자는 무성하다는 의미를 지닌 무(戊)자에 더 이상은 아니다 라는 의미로 쓰일 수 있는 일(一)자를 가로지른 것으로 술(戌)의 글자가 정해진 듯하다. 한 일(一)은 오래도록 결실, 혹은 멈춤의 의미로도 사용되었다. 결실을 의미하는 이 달은 구월(九月)이다. 음이 강해지니 수기가 얼음의 성분으로 변해간다. 서리가 와서 무성하던 잎이 지고 음기가 가득한 계절이 구월이다. 다만 6개의 효(爻)에서 양이하나 남아 버티고 있으나 이는 겨우 명맥일 뿐 자신의 양화를 표출하지 못하고 곧 스러질 것이다. 구월이 되면 양기는 극도로 약해지고 만물은 결실이 바쁘다. 십이지지에서 배속된 동물은 개다. 비슷한 글씨로 개를 나타내는 술(戌)이 있고 지킨다는 의미의 수(戍)가 있는데 이는 변방에서 국경을 지킨다는 의미이므로 착각은 곤란하다. 혹자는 술자나 수자나 모두 지키는 것에는 변함이 없다고 한다.

음기가 극도로 강해지고 양기가 미약해지니 서리가 올 것이고 열매는 숙성되어 익었을 것이다. ≪설문≫에 이르면 "滅也 九月陽气微 萬物畢成 陽下入之也 五行土生於戊

盛於戌 從戌含一 辛聿切戌"이라 기록하니 구월이 되면 양기가 극도로 미약해짐을 알겠다.

3. 음양적(陰陽的) 관점

천지간의 기세가 음기로 가득차가고 있다. 온갖 조화는 음과 양의 결합과 대립으로 일어나는 것인데 음의 기운이 지나치게 강하니 양이 수그러들고 변화가 약하다. 음양이 상접(相接)하고 상배(相背)하여야 변화가 강하게 일어나는 것인데 음은 강하고 양이 지나치게 약하니 격한 움직임은 고사하고 변화도 약하다. 천지간이 오음(五陰)으로 가득하여 양기는 변화를 일으킬 여력이 없다. 다만 꼬리를 말고 도망치기에 바쁘니 온기를 넘기기도 어렵다. 강한 음기로 양기를 몰아내니 양기가 어둠속으로 숨어든다. 양기가 지나치게 약하여 힘을 잃고 음기가 천지에 가득하여 변화의 기운은 사라졌다. 따라서 모든 만물이 본래의 모습으로 돌아 가려하는 때이다.

4. 계절적(季節的) 관점

찬바람이 대지를 쓸고 지나간다. 옷깃을 세우는 추운 날이다. 술월(戌月)은 한로(寒露)가 절입일이 되며 차가운 바람과 이슬이 얼어 얼음으로 변한다. 바닥에는 이미 서리꽃이 피니 세상이 음기 가득하여 얼어들기 시작한다. 술월에 들어서면 초기 9일간은 지난달인 유월(酉月)의 여기인 신금이 사령하게 되지만 중기에 드는 3일간은 화(火)의 고지로서 정화(丁火)가 사령하게 된다. 이것이 미약한 양기를 채우고 있다. 그러나 상강(霜降)이 계절이 겨울철로 접어드는 기운이 미치고 있다. 상강이 지나면서 토(土)의 기운이 왕성해지며 김의 기운을 수로 변화시키는 작용을 하게 된다.

5. 오행적(五行的) 관점

술토(戌土)는 가을과 겨울을 연결시키는 다리와 같다. 이를 환절기, 혹은 간절기라 부르는 것으로 변화를 주도하는 기간이다. 술토도 가을의 기운과 겨울의 기운을 모두 가지고 있는데 특히 정화(丁火)를 간직하여 습토가 아니라 조토의 성질을 가진다. 가을이 지나가는 시기의 토라 하지만 건조한 토로서 미토(未土)와 마찬가지로 화(火)의 문화적 활동의 바탕이 되는 여러 가지 사물이나 환경, 상황을 형성한다. 이는 정화만의 특성이다.

인간이 만들어낸 문화적인 형상인 학교, 극장, 도서관, 마트, 기타 여러 학습기관 등을 나타내기도 하며, 소형제품이나 작은 소품으로서는 화기를 보호하는 보온병이나 화로 같은 형상을 의미하기도 한다. 따라서 가정에서 사용하는 전기난로나 음식을 조리할 때 사용하는 가스렌지도 이 범주에 들어간다. 술토는 오화(午火)를 만나면 합을 이루니 화로 변화하기 쉬우며 수를 만나면 조토(燥土)의 성분을 살려 수극화(水剋火)의 작용이 크고 목(木)을 만나면 극을 받아 무너지기 쉬운 토가 된다.

6. 상징

술이라는 것은 모든 만물의 일대기(一代記)가 끝을 맺었음을 나타낸다. 나고, 자라고 성숙하고, 자식을 낳고 열매를 맺거나 익는 과정 전체가 모두 끝났음을 나타낸다. 만물의 일대기가 모두 끝나 정리되어 소멸되었음을 보여주고 그나마 남은 양기를 보관하여 씨앗을 살리는 것을 보여준다.

그러해서 다섯개의 음과 하나의 음으로 이루어진 절기이니 천지간은 모두 음으로 가득차고 오로지 열매만이 양으로 뭉쳐 있다. 아직은 열매가 생기를 보존하여야 하는 시기이므로 양의 기운이 남아 열매를 성숙시킨다. 다섯의 음은 힘을 모아 하나의 양마저 허물어뜨리려고 안간힘을 쓰는 격이다. 술토는 만물을 보관한다는 의미의 글자이며 저장하는 형태의 땅이기도 하다. 이미 생명을 키울 수 있는 땅이 아니고 절기도 해당되지 못하고 수기도 없으니 이를 일러 사토(死土)라 하고 지나치게 건조하니 조토(燥土)라 한다.

술은 술시(戌時)로 표현하며 19시 30분에서 211시 30분까지의 시간이며 술월(戌月)은 음력 9월로 한로(寒露)가 입절이다. 그 맛은 단맛을 내며 숫자는 5를 나타낸다. 색은 황색(黃色)이나 미색, 베이지색, 황토색을 포함하고 있으며 방향은 서북쪽으로 풍수지리에서는 가장 강한 기를 의미한다. 동물은 개로 인간과 가장 친하고 충성스러운 가축이다. 정직한 성향을 지닌 개는 열기가 많고 예민하여 깊은 잠을 자지 못하고 행동에 일관성을 가지는데 희생정신(犧牲精神)을 가진 영민한 가축이고 귀신을 볼 수 있다고 알려져 있다.

7. 인간적 의미

초목은 이미 이파리마저도 떨어지고 수간에는 한 방울의 물기도 남아있지 않다. 수간에 물이 있다면 얼어 죽으니 수간에 물기가 없는 것이 정상이다. 그러나 다음에 파종해야 하는 씨는 남았고 이를 저장하고 보관하는 시기이다. 인간의 생애에서는 환갑(還甲)이 지난 늙은 사람으로 흔히 노년기(老年期)라고 칭한다. 인간적으로 살피면 모든 것을 정리하고 휴식기의 입구에 서 있는 상태이다.

8. 성격

1) 정직하고 예의바르며 매사에 겸손하고 착실하다. 정도를 지나치지 않으며 상관을 모실줄 아는 성정을 보인다.

2) 학문적 기능을 타고 나며 예능에도 조예가 있고 예술적 감각도 탁월하다.

3) 외유내강으로 희생정신을 지니고 있다.

4) 고집과 자존심이 강하다.

5) 어떤 경우도 내색하기를 싫어하니 어려움이 닥쳐도

표정을 드러내지 않으니 듬직하다는 소리를 듣는다

6) 활동적이고 인내심이 있으며 의리가 있다.

7) 애정표현은 솔직 담백하다.

8) 귀가 얇아 속임수에 잘 속아 넘어가기도 하지만 의심도 많아 스스로를 괴롭힌다.

9) 지나치게 냉철할 때가 있다.

10) 자기주장이 너무 강해 장애로 작용한다.

11) 사행심(射倖心)이 있어 투기로 작용하고 돈을 벌면 투기성향이 드러난다.

12) 포용력이 있어 배신하지 않는다.

13) 충직하다. 비서나 보디가드로 제격이다.

14) 복수심이 지나쳐 자신과 타인을 망치거나 해하는 경우가 많으며 잔인함도 지나쳐 자신과 주변 사람에게 피해를 준다.

15) 지나치게 강한 고집을 앞세워 일을 해결하려는 속성이 있고 인색함은 타의 추종을 불허함으로써 주변의 타인으로부터 배척당할 가능성이 많다.

16) 영감과 직관력이 있다.

17) 주변을 파악하거나 의식하지 않는 무례한 행동으로 구설이 따르는데 이는 자기우선의 사고를 가지고 있기 때문이다.

18) 겁이 많으며 망설임으로 기회를 놓치고 나서 늘 탄식한다.

19) 색정이 지나치다.

20) 술해는 신살론(神殺論)에 입각해 천문성(天文星)이니 종교계통(宗敎界通)이나 철학(哲學)에 관심이 많다. 명리학에도 관심이 많다.

21) 지나치게 마른 조토인지라 토극수(土克水)는 가능하지만 토생금(土生金)은 인색하다.

22) 갑목은 깊이 뿌리를 박아야 하기 때문에 술토에서는 말라죽을 수밖에 없으나 뿌리가 얕은 을목은 술토에서도 잘 살아남는다.

23) 화기(火氣)는 술토(戌土)에 입묘(入墓)된다.

24) 사주에 어떤 글자가 있는가 하는 것이 중요하다. 사주에 묘유술(卯酉戌) 중 두 글자가 함께 있으면 활인(活人)하여야 하므로 의학계통이나 의사, 약사, 한의사가 좋으며 가능한 사람을 살리는 계통에 종사하면 좋다.

25) 술(戌)이 연이어 나와 병립을 이루어 술(戌)이 2개가 서면 활동성이 증가하고 직선적 성격이 되는데 유학, 이민, 무역을 하거나 외교관이 좋다. 특히 외국 공간의 무관은 가장 어울리는 직업이 된다.

12장

해수론

(亥水論)

12장. 해수론(亥水論)

1. 지장간 : 戊7, 甲7, 壬16(地支藏干 : 壬, 甲)

2. 자의(字意)

　씨앗이라는 의미가 있다. 목이 수로 응결되면 이는 씨앗이라. 핵(核)의 의미가 있는데 이는 씨앗, 알갱이 혹은 모든 것의 중심이라는 의미 이외에도 가장 차가운 물이라는 의미도 있다. 핵(核)은 생명의 기틀이고 해(亥)는 뿌리에 보관되어 자수(子水)로 이어 주는 역할을 한다.

해(亥)는 돼지라는 근본적인 의미 이외에도 열두째지지, 간직하다, 단단하다 라는 의미가 있어 씨를 의미하는 글자임을 알 수 있다. 〈갑골문자〉에서는 멧돼지의 모양을 본뜬 글자라고 한다.

고전에서의 내용을 살펴보면 ≪설문≫에서 기록하기를 "풀 뿌리이다. 10월에 미약한 양이 일어나 무성한 음에 접한다."어떤 양도 강한 음기에 접할 수 없음이다. 양은 단단한 껍질 속에 숨어 땅속에서 때를 기다린다. ≪사기≫에 이르기를 "해(亥)는 갖추는 것이다. 양기가 땅속에 간직되어 갖춘다고 한다"라고 기록하였으니 역시 씨앗이 땅 속에 떨어져 긴긴 겨울을 대비하는 것으로 풀이할 수 있다. ≪한서≫에서 기록하기를 "해(亥)에서 막힌다."하였으니 미동조차 없는 것이다. ≪석명≫은"해(亥)는 고른다는 뜻이다. 사물을 걷어 들여 그것의 좋고 나쁨을 가린다."고 하였으니 농부의 심정까지 헤아려 종자의 좋고 나쁨을 가린 것을 의미하는 것인지 알 수 없다.

　도야지 해, 돼지 해, 돗 해, 열두번째 지지 해, 돼지를 나타내는 글자다. 〈갑골문자〉에서는 돼지를 의미하고 그린 글자이다. 돼지는 가장 강한 음의 성질을 지닌 음물(陰物)이다. 따라서 돼지고기는 찬 음식에 속한다. 돼지는 무엇이든 가리지 않고 잘 먹는 잡식성(雜食性)으로 식탐(食貪)이 강하고 몹시 뚱뚱한데 아랫배나 몸통이 굵어지는 것으로 자연히 기운이 하강하고 음성적(陰性的) 성질을 가진다. 먹는 것에 집중하고 움직임을 줄이면서 자기 몸에 물질적인 저축을 늘리는 것 자체가 음성적인 성향이다. 사람이 나이가 들어 배가 나오는 것은 음성적인 체질로 변해가는 것을 반증하는 것이다. 돼지의 성질은 온순하니 이도 또한 음성적인 본능을 가지고 있다.

　돼지는 물에 속하는 짐승이라 신수(腎水)를 채워주고 피부를 윤택하게 한다. 하지만 성질이 음성적이고 차가우니 양기가 약한 사람은 조심해야한다. 더불어 체질이 찬 사람은 돼지고기가 체질적으로 더욱 차게 만든다. 급한 성격에 다혈질(多血質)이며 열이 많은 체질은 진액(津液)을 보충하고 몸의 열기를 서늘하게 식혀주는 돼지고기가 좋다. 돼지는 가장 강한 음의 성질을 지니고 수(水)의 성격을 지니니 음이 가장 성한 10월에 배속되고 음기가 양기를 해(害)하니 음도 해이다.

　가장 강한 음의 기운을 지닌 생물이다. ≪설문≫에 이르기를 "亥也 十月 微陽起接盛陰 從二 二古文上字一人男一人 女也 從乙 象裏子咳 咳之形 春秋傳曰 亥有二首肉身 古皆切 亥 古文亥爲豕 與豕同 亥而生子 復從一起"라 기록하였으니 아주 약한 양기가 음기가 접했음을 알 수 있겠다.

3. 음양적(陰陽的) 관점

해(亥)의 달은 가장 음기가 강한 시기이다. 여섯 개의 효가 모두 음으로 채워지니 극음(極陰)의 달이라. 즉 육음 (六陰)이 만물을 걷어 들여 씨앗으로 만들기 시작한다. 온 천지간은 음기가 가득 채워져 있다. 한 점의 양기조차 찾아 볼 수 없으니 수기의 집합인 씨앗이 밖으로 노출되면 얼어 죽을 수 있다. 초목이 성장의 기운이 없이 꽁꽁 얼어 있고 과일이 떨어져 땅속으로 들어가 썩어 버리고 다시 씨앗으로 연결되는 시기이다. 씨앗이 밖에 노출되면 얼어 죽거나 사라지므로 땅에 파고들어가는 것이 결국 나중에 싹이 트는 것이다.

4. 계절적(季節的) 관점

차가움의 절정으로 내달리는 해월(亥月)은 입동(立冬)이 절입일이 된다. 절기상으로 겨울로 들어간다는 의미를 가지지만 이미 천지간은 차가운 음기가 물결처럼 덮쳐 있는 시기이다. 입동이니 절기로는 겨울이 시작되는 때로 표면적으로 수(水)의 기운이 강해지는 시기이나 지장간의 구성은 차가운 한기로만 얽혀 있는 것은 아니다. 지장간을 살피면 초기 7일은 지난달인 술월(戌月)의 무토(戊土)기운이 남아 사령하게 되니 토의 기운은 차가운 수의 기운을 일정 부분 막아주는 격이다. 중기 7일은 다음 계절인 봄의 목기운(木氣運)이 사령하여 소춘(小春)이라고도 한다. 하순에 이르게 되면 수기가 만연하여 임수(壬水)가 사령하게 된다.

5. 오행적(五行的) 관점

해수(亥水)는 차가운 물이다. 해수는 극냉(極冷)의 물이다. 아울러 맑은 물이다. 해수는 사람의 신체에서 혈액의 순환과 같다. 해수가 고립되면 병이 온다. 해수는 사람의 몸에 흐르는 혈액과 같아 충(沖)이나 극(剋)을 받게 되면 매우 불리해진다. 즉, 혈액 순환에 문제가 생기고 병이 생기는 것과 다르지 않다. 따라서 해수는 충과 극을 받으면 고혈압(高血壓), 중풍(中風), 당뇨(糖尿) 등의 질병을 일으킨다.

해수는 임수(壬水)와 같이 큰물로 양수(陽水)이며 호수, 바닷물, 강물 등을 상징하고 갑목(甲木)의 생지(生地)가 된다. 갑목은 반드시 병화와 임수를 필요로 하는 것인데 대신 진토나 해수로 보충할 수 있다. 음수(陰水)인 자수(子水)보다 활발하게 움직이는 특성을 지니고 있어 활동적이다.

해수는 수생목(水生木)의 작용이 강하며 인목(寅木)이

나 묘목(卯木)을 만나면 목생화(木生火)의 운기가 일어나 목기운(木氣運)이 강해지기 쉽다. 그러나 사화(巳火)를 만나면 충(沖)하여 불을 꺼트리게 되고 금을 보면 설기(洩氣)하여 쇠약하게 된다. 물은 흘러가는 것인데 토를 보게 되면 막히고 목을 보면 순리대로 흐르게 된다.

6. 상징

해수는 잠자는 것이다. 해수는 쉬는 것이다. 출렁이지 않는 바다와 같다. 해수는 만물의 생로병사에서 일대기는 끝났지만 새로운 것을 준비하는 시기이다. 은일자중이라는 말이 어울리는 것이다. 자신의 산물인 씨앗이 수정된 것이다. 천지간이 모두 음으로 구성되어 모든 활동이 중지되어 다음 해의 봄이 와야 움직일 수 있다. 해는 다음 해를 준비하는 휴식의 시기이다. 바다, 강, 호수, 큰 물, 댐에 담긴 물, 저수지를 의미하는 것으로 매우 규모가 큰 물을 의미하고 있다.

해는 시각적으로 해시(亥時)를 의미하니 21시 30분에서 23시 30분까지로 자시(子時)에 이르기 전까지이다. 해월(亥月)은 음력 10월을 가리키고 입절은 입동(立冬)부터이다. 해수는 짠맛을 내고 숫자는 1이다. 색은 깊은 바다와 같은 색인 흑색이고 방향은 북서쪽이다. 북서쪽은 풍수지리에서 가장 강한 기의 유입구이고 노부(老父)를 지칭한다. 신체는 고환, 방광, 생식기를 의미하고 해당되는 짐승은 돼지이다.

돼지는 여러 가지 용도가 있는 짐승이다. 예전부터 뱀이 많은 지역에서는 집 안이나 집 둘레에 돼지를 키워 뱀을 방어하였고 고사의 재료로 사용한다. 돼지는 인간이 복과 행복을 기원하고 복을 가져다주는 가축으로 여겼다. 돼지는 아둔하고 순하며 식탐이 많은 가축으로 부의 상징이다.

7. 인간적 의미

만물은 영원하지 않아 돌고 또 도는 과정을 되풀이 하는데 이를 순환(順換)이라 하고 불교(佛敎)에서는 윤회(輪回)라 한다. 모든 사물은 순환의 과정을 겪어 대를 이어 나간다. 이 과정에서 죽고 다시 살아나는 과정이 씨앗이라는 존재를 통해 반복적으로 이어진다. 초목은 술월(戌月)에 이르러 종자를 남기고 해월에 들어 모든 일생을 마친다.

인간의 생로병사(生老病死)에서 해(亥)는 노년기(老年期)에 해당하고 묘(墓)에 들어가는 시기에 해당한다. 결국 삶을 마무리 하는 시기인 것이다.

8. 성격

1) 지혜가 있으며 총명한 두뇌의 소유자다.

2) 유연성이 뛰어나고 순간적인 순발력이 뛰어나다.

3) 문일지십(聞一知十)이라, 한 가지를 들으면 열 가지를 알아듣고 유추하는 비상한 두뇌의 소유자이다.

4) 지나치게 강하면 부러지고 지나치게 똑똑하면 도를

넘는 법이라, 천재 중에도 가장 많고 정신박약아(精神薄弱
兒)에서도 가장 많이 볼 수 있다.

5) 건망증도 심하다. 천재가 도를 넘으면 건망증도 심하
다고 했던가? 천재와 바보는 종이 한 장 차이다.

6) 인정이 많고 어질며 포용력까지 갖추었다.

7) 사색적이고 집착력이 강하다.

8) 다양한 상황에서 흑심을 가지고 있어 이성에 대한 유
혹도 많이 한다. 해(亥)는 역마(驛馬)다. 인신사해(寅申
巳亥)가 모두 역마이듯 해도 역마인데 역마의 속성에는 도
화(桃花)가 녹아 있다.

9) 음흉하다.

10) 변덕이 심한 경우가 많다.

11) 새로운 시작을 잘하지만 결과는 예측불가이다.

12) 속이 깊다. 따라서 행동을 알기 어렵고 변화가 많지
만 알기 어렵다. 바다처럼 깊은 속이라 변화를 알기 어렵
지만 생각은 많다.

13) 속마음을 알기 어렵다.

14) 타인을 돌봐 주고도 배척을 당한다.

15) 환경 변화에 따라 폭발적인 성향이 나타날 수 있다.

16) 타고난 식복(食福)은 죽을 때까지 이어지지만 경제
관념은 매우 부족하여 다가오는 재물의 보관이나 활용은
효율적이지 못하다.

17) 사람을 사귀는데 능숙하지 못하다.

18) 강한 고집이 일을 망친다.

19) 사람의 살고 사는 문제, 생명 공학과 같은 학문에 관심을 가진다.

20) 흔히 생목지수(生木之水)라고 하는데 수생목(水生木)도 잘하고 수극화(水剋火)도 잘하니 물의 기능이 가장 뛰어나다.

21) 해(亥)는 역마라, 해운계통의 직업은 매우 좋다.

22) 술과 해는 천문성이니 종교계통이나 철학에 관심이 많다. 역학(易學)이나 천문학(天文學), 풍수지리(風水地理)와 같은 학문에도 관심이 많다.

23) 해(亥)가 연이어 나와 병립을 이루어 해(亥)가 2개가 서면 건달이라 하고 아무 것도 하지 않고 돌아치고 놀며 먹으려고 한다.

24) 해(亥)가 연이어 나와 병립을 이루어 해(亥)가 2개가 서면 사람의 생명을 다루는 직업이나 활동 범위가 크고 바다를 건너는 무역, 해운업에 종사하면 건달을 면하고 좋은 직업으로 만족감을 느낄 수 있다.

25) 해(亥)가 연이어 나와 병립을 이루어 해(亥)가 2개가 서면 남자는 건달, 호걸, 한량이 많고 여자는 쌍둥이를 낳는 경우가 있다. 이는 해(亥)가 해(孩)의 속성을 지니기 때문이다.

.